《武汉大学刑法学博士文库》总序

《武汉大学刑法学博士文库》以出版武汉大学刑法学博士研究生的学位论文，促进刑法学的研究，扶植刑法学新生力量为宗旨。

刑法是国家的基本法律之一，刑法学是研究刑法所规定的犯罪、刑事责任和刑罚的法律科学。它既有深邃的理论，又与司法实践具有极为密切的关系。所以刑法学的研究，一直为法学工作者所重视。1979 年《中华人民共和国刑法》公布后，发表和出版了大量的刑法学论文和著作。80 年代中期以后，几所法学院系招收了刑法学博士研究生，给刑法学的研究注入了新鲜血液。一些博士生年轻有为，思想敏锐，功底扎实，研究深入，所撰博士论文，对刑法理论的研究具有相当深度。一本一本的博士论文出版成书，使刑法学的研究生机勃勃，呈现更加繁荣的景象。

武汉大学刑法学博士生是从 1987 年开始招生的。这些博士生都很注意学位论文的撰写，他们的论文大多具有真知灼见，理论水平较高。一部分论文出版之后，在社会上得到颇好的评价。但由于学术著作出版较难，致使有些论文未能付梓；研究成果无法与读者见面，实在令人婉惜。有鉴于此，遂筹措刑法学基金，用于资助优秀刑法学博士论文的出版。同时考虑到过去我们的几位博士生虽然出版了几本博士论文，但由于各自为战，分散在不同的出版社出版成书，未能集结一起，形成一股学术力量，因而与武汉大学出版社洽商，设立《武汉大学刑法学博士文库》，出版社慨然允诺，给予支持。这样每年出版两三本刑法学博士论文，积土成山，集腋成裘，经过若干年，便可形成一套洋洋可观的丛书，为刑法学界增添较有分量的学术成果。

《武汉大学刑法学博士文库》，由武汉大学法学院法律系刑法学教授组成编委会，负责编辑出版事宜，以每年答辩的刑法学博士论文为选题范围，审慎选择其中优秀的博士论文逐年编辑出版。希望我们的刑法学博士生，在攻读博士学位期间，认真学习，刻苦钻研，锐意进取，勇于探索，写出高质量的博士论文，使这套文库不断有优秀著作问世。

最后需要说明：《武汉大学刑法学博士文库》是由刑法学基金资助，在武汉大学出版社大力支持下出版的。刑法学基金是关心我校刑法学发展的校友、校外有识之士与刑法教研室的老师捐款成立的。没有这些同志的资助和出版社的支持，就没有这套文库的出版。对于他们的贡献，我们会铭记于心，永志不忘。这里谨向为建立刑法学基金出资出力的同志们和武汉大学出版社表示由衷的感谢！

马克昌

1997 年春于珞珈山

前　言

自近代“刑法学之父”费尔巴哈将“无法律，即无犯罪”以及“无法律，即无刑罚”的概念导入刑法学后，刑法在规范的适用上得到了相当明确的标准。后更因罪刑法定原则的确立，使得刑法的评价对象被严格限定在行为而非行为人之上，行为刑法的理念从而得以真正建立。与行为人刑法将刑罚的可罚性的基础归结于行为人的人格和反社会性格不同，行为刑法强调刑罚可罚性的基础和前提在于客观存在的行为。

实行行为是行为刑法中最重要的概念之一。在大陆法的犯罪论体系中，实行行为与众多问题紧密关联，是犯罪论的基石。首先，在刑法体系的构建上，大陆法系刑事立法者一般认为，虽然犯罪行为存在预备行为和实行行为的区分，但由于预备行为的犯罪内容不足，实践中犯罪意思的证明极其困难，只有预备行为侵犯了刑法保护的重要利益或者预备行为本身极具危险性时，才作为例外受处罚。所以，能够成为刑法评价对象的主要是犯罪的实行行为，大陆法的刑法分则也是以实行行为为中心构建的，实行行为是使犯罪构成具有自身特色最主要的构成要件要素。其次，从处罚范围看，一般认为，实行行为的开始就是实行的着手，实行的着手是预备行为和实行行为的分界点，只要行为人实施了犯罪的实行行为，即使未得逞，那么，处罚该行为的未遂也成为可能，实行行为是未遂犯的本质性要件。再次，实行行为是刑法因果关系的重要范畴。刑法因果关系理论所要解决的就是实行行为和法益侵害结果之间是否存在引起和被引起的关系，即是否能将一定的结果归属于某种实行行为的问题。此外，实行行为还是大陆法系刑法区分正犯与共犯的标准，是不能犯问题的核心内容等。

由于实行行为在刑法理论上的地位，大陆法系刑法自然不会放过对实行行为的深入研究，有关实行行为的问题已形成了丰硕的成果。比如，在实行行为的本质问题上，日本的刑法理论以不能犯与未遂犯的区分为背景进行了深入的研讨，形成了“主观说”、“抽象危险说”、“具体危险说”、“客观说”以及形形色色“修正客观说”的复杂对立。关于实行的着手，大陆法系存在“主观说”、“形式客观说”、“实质客观说”、“印象说”等激烈争论。另外，在不作为的实行行为、间接正犯的实行行为、原因自由行为的实行行为、共同正犯的实行行为等问题上也观点纷呈、见解各异。大陆法系刑法理论对上述问题研究的积极成果，对于正在成长中的我国刑法学来说，自然不乏可借鉴之处。

将实行行为确定为博士论文的选题，对我来说，经历了一个思考的过程。2003 年暑假，刚刚结束了硕士阶段的学习，博士阶段的学习也尚未开始，由于没有了论文写作的压力，便可利用此机会多读些书。偶然的机会，在学习实行行为部分时，我对实行行为概念产生了疑问。众所周知，在国内外，学者们对于实行行为的概念的认识可以说相当一致，特别是在我国，几乎所有的著述都写道，实行行为是指刑法分则规定的构成要件的行为。那么，为什么实行行为是指刑法分则规定的构成要件的行为？学者们这样下定义的根据是什么？当时并没有得出答案，后来我甚至怀疑不该提出这样的问题或者说提出的是一个假问题。但对实行行为概念的疑问，促成了我对实行行为问题的进一步关注。随着对实行行为问题的关注，我慢慢地发现，刑法中的众多问题都与实行行为直接关联。比如前文所指出的不作为犯的问题、原因自由行为的问题、间接正犯的问题、共同正犯的问题、不能犯的问题等，至此我才恍然大悟，原来实行行为犹如一根线，它可以把刑法学的众多问题串连起来，于是便萌发了将“实行行为研究”作为博士论文选题的想法。当我把这一想法反映给导师和教研室的其他老师时，也得到导师和其他各位老师的一致肯定和鼓励。

在我国，深入研究实行行为，具有以下重要意义：

1. 有重要的理论价值。实行行为是我国刑法学的最为基础的问题，既然如此，那么，到底什么是实行行为？实行行为有哪些具体形态？实行行为的本质是什么？实行行为对刑法处罚范围的限定如何实现等这些基础而重要的问题，自然有必要深入研讨。

2. 有重要的实践意义。实行行为既是一个理论问题，也是一个实践问题。我国司法实践中许多问题的解决都与实行行为直接关联。比如对行为人犯罪形态的认定，即行为人是属于预备犯，还是属于中止犯或既遂犯？考察实行人是否实施了犯罪的实行行为就具有重要意义。又如，在判断行为人是属于（共同）实行犯，还是属于帮助犯时，考察行为人是否实施了犯罪的实行行为就是解决该问题的关键。再有，我国一直不处罚迷信犯，却处罚不能未遂，为何要处罚不能未遂？这种做法是否合理？不能未遂到底应当在何种限度内被处罚，同样离不开对实行行为问题的关注。

3. 有一定开拓意义。在我国，无论是对犯罪的停止形态、共同犯罪形态的研究，还是对间接正犯、不作为犯问题的研究，都取得了丰硕的研究成果，当前对这些问题的认识也已达到相当的深度，其中，自然不乏对实行行为的有益探讨。但是，前述问题的研究多是从犯罪形态的角度着眼的，对实行行为本身的研究还相当缺乏。本书以实行行为为主线，试图对犯罪总论的相关联问题做系统研究，自然有其创新意义。

囿于篇幅和能力所限，我并没有对实行行为的所有问题做研究。有些问题如过失的实行行为等即使有所涉及，也未充分展开。对于这些本应当涉及而未涉及或者只是作了浅尝辄止论述的问题，将留待日后进行充实与探讨。

实行行为涉及的问题众多，许多问题是以刑法的任务作为背景讨论的，有些和违法性的本质、行为无价值以及结果无价值等众多问题紧密关联。由于在这些问题上学术观点林立，要想对这些问题作出具有相当深度的研究并提出颇有见地的看法，必须以对刑法学的任务、违法性的本质深入认识为前提。本人能力有限、刑法学基本理论积淀尚不够，对于其中不少问题的研究常有心有余而力不足之感。书中错讹、不当之处，欢迎方家批评、指正！

目　录

第一章　实行行为概论

"概念乃是解决法律问题所必需的和必不可少的工具。没有限定严格的专门概念，我们便不能清楚地和理智地思考法律问题。"①科学界定实行行为的概念是研究实行行为的逻辑前提。

在我国刑法理论上，有关实行行为概念可以说是一个没有太大争议的问题。很长时期以来，学者们都认为，实行行为是指符合刑法分则规定的某种具体犯罪构成要件的行为。② 这种对实行行为概念的界定实际上暗含着这样一个逻辑前提，即我国的刑法分则是以实行行为为模式而构建的。那么，我国的刑法分则是否以实行行为为模式而构建？这一问题的回答直接关系到对实行行为概念的认识。本书将从此导入。

第一节　刑法分则条文的立法模式

一、概述

刑法是规定犯罪与刑罚的法律。为了保障人权、维护刑法的安定性，自近代以来，刑法只关注人的行为，不再处罚单纯的思想。刑法之所以要将某种行为规定为犯罪，根本原因就在于该行为破坏

① 参见［美］E·博登海默著，邓正来译：《法理学　法律哲学与法律方法》，中国政法大学出版社 1999 年版，第 486 页。

② 参见高铭暄主编：《中国刑法学》，中国人民大学出版社 1989 年版，第 173—174 页。

了人类生活的基本规范，侵害了人们生活的基本利益。那么，刑法究竟应当将什么样的行为规定为犯罪，刑罚的处罚范围究竟应当控制在何种限度内？这便是刑罚的处罚范围问题。由于世界各国法律文化传统不同，立法者的认识存在差异，刑法对行为的处罚范围的规定也不尽相同。

在大陆法系的近现代刑法中，虽然刑法的处罚范围不再局限于既遂犯是其刑事立法的特色之一，但正如“处罚故意犯是原则，处罚过失犯是例外”一样，多数国家的刑法也只是在例外的场合才处罚未遂犯，而对于预备犯原则上不予处罚。在立法者看来，预备行为的犯罪内容不足，行为本身也缺乏定型性，实践中犯罪意思的证明极其困难，而且，不处罚预备行为也有利于为行为人搭建迷途知返的黄金桥，所以，只有当预备行为侵犯了刑法保护的重要利益或者其本身极具危险性时，才有必要作为犯罪给予处罚。① 而对于需要处罚的预备行为，从德、日等大陆法系国家或地区的刑事立法的一般做法看，并非是在刑法总则中规定，而是由刑法分则特别设定。也就是说，如果立法者认为某种特定犯罪的预备行为需要处罚，就在刑法分则条文中规定其行为特征，作为一种特定的犯罪，即预备罪加以处罚。对于刑法分则条文没有明文规定的预备行为，则不能追究刑事责任。未遂犯的处罚，同样需要刑法分则的特别规定。如果立法者认为某一犯罪的未遂需要处罚，就在该罪条文中专门设置条款，明确写明“某种犯罪的未遂，应当处罚”。如果没有处罚未遂的专门条款，该罪的未遂就不处罚。

在大陆法系的这种立法体例下，刑法分则条文规定的犯罪实际上都是以既遂为模式。并且由于共同犯罪是由刑法总则规定的，所以，其刑法分则条文还是以单独犯的既遂为模式建立的。刑法分则条文规定的犯罪行为类型既然原则上不包括犯罪的预备行为和共同犯罪行为，所以，刑法分则条文设置的行为模式自然也只能是实行

---

① 参见沈鸿年著：《刑法上预备罪》，台湾“中国文化大学”出版部1986年版，第24—25页。

行为，而不包括犯罪的预备行为以及共同犯罪的行为。

与大陆法的立法思想不同，我国向来强调刑法的预防机能，认为犯罪的预备行为虽然没有造成现实的社会危害，但行为人主观上毕竟具有明确的犯罪意图，客观上实施了为实行犯罪准备工具、创造条件的行为，具有造成社会危害的危险性，对我国刑法保护的社会关系造成了威胁，为了防患于未然，犯罪的预备行为原则上都应当加以处罚。虽然立法上处罚预备犯的一般原则与司法实践中的具体犯罪的预备行为是否都实际追究了刑事责任并非是一回事，① 但是，这种原则上处罚预备犯（包括未遂犯）的立法模式却影响到了学者对我国刑法分则条文构建模式的理解。

二、我国刑法分则条文规定模式的不同理解

在我国刑法理论上，除必要共犯外，刑法分则是以单独犯为模式构建的并不存在争议。不同看法主要集中在我国刑法分则究竟是以既遂为模式建立的，还是以犯罪成立为模式建立的？对此，有两种观点的对立。

（一）“犯罪既遂模式说”

“犯罪既遂模式说”认为，我国刑法分则条文是以犯罪的既遂为模式规定的，而且（除必要共犯外）还是以单独犯的既遂为模式规定的。刑法分则条文规定的构成要件，只是既遂犯的构成要件，分则条文罪状设置的法定刑只是既遂犯的法定刑，包括犯罪未遂、犯罪预备和犯罪中止在内的犯罪未完成形态是通过刑法总则条款规定而获得处罚根据的。与我国刑法分则体系的设定模式相适应，我国刑法规定的犯罪构成分为基本的犯罪构成和修正的犯罪构成。单独的既遂犯符合的是由我国刑法分则条文规定的基本的犯罪构成，而共同犯罪、未遂犯、中止犯以及预备犯符合的是我国刑法规定的修正的犯罪构成，修正犯罪构成的内容需要根据刑法总则和

---

① 参见马克昌主编：《犯罪通论》，武汉大学出版社 1999 年版，第 433 页。

分则共同确定。

早在上个世纪80年代，当时的全国刑法学统编教科书就明确指出："刑法分则规定的各种犯罪构成及其刑事责任，都是以犯罪既遂为标准的。"① 这种观点后来为我国学者广泛接受，成为我国刑法理论上通说的主张。只是与该教科书的表述方式不同，后来的多数学者并不是直接表达对该问题的看法，而是在对我国犯罪构成进行分类和对犯罪既遂概念进行定义时表达其对通说观点的支持。如我国现在的刑法著述一般都这样写道："确定犯罪是否既遂，应以行为人所实施的行为是否具备了刑法分则所规定的某一犯罪的全部构成要件为标准。"② "既遂犯应当是指行为人在犯罪意思的支配下，已经具备了刑法分则所规定的某种犯罪构成全部要件的犯罪形态。"③ 而犯罪预备、犯罪中止和犯罪未遂等犯罪的未完成形态具备的是与犯罪既遂形态的基本犯罪构成有所不同的修正的犯罪构成。④

至于为什么要主张"犯罪既遂模式说"，在持"犯罪既遂模式说"的学者看来，似乎是一个不言自明的问题，长时期以来，少有学者做出理论的说明。

(二)"犯罪成立模式说"

该说是在批判"犯罪既遂模式说"的基础上形成的。认为我国刑法分则条文并不是以犯罪既遂为模式，而是以犯罪成立为模式规定的。刑法分则条文的规定，既包括既遂形态的犯罪构成，也包括犯罪未完成形态的犯罪构成。无论是犯罪既遂，还是犯罪未遂与

① 高铭暄主编：《刑法学》（修订本），法律出版社1985年版，第172页。

② 高铭暄、马克昌主编：《刑法学》（上），中国法制出版社1999年版，第264页。

③ 马克昌主编：《犯罪通论》，武汉大学出版社1999年版，第488—489页。

④ 参见高铭暄、马克昌主编：《刑法学》（第2版），北京大学出版社、高等教育出版社2005年版，第156页。

预备，都是由刑法总则和分则共同规定，并不是说刑法分则规定的是犯罪既遂，而刑法总则规定的是犯罪未遂、犯罪中止和犯罪预备。与这种认识相适应，刑法分则条文罪状对具体犯罪设置的法定刑，不仅适用于既遂犯，也同样适用于包括未遂犯在内的我国刑法规定的各种犯罪未完成形态。对于为何刑法总则只是设置犯罪未遂、犯罪中止以及犯罪预备的处罚条款而不规定既遂犯，该论者的解释是，一方面是立法技术问题，在总则中规定犯罪未遂、犯罪预备和犯罪中止旨在强调它们都是不同形态的犯罪，以免误认为它们不是犯罪，而犯罪既遂构成犯罪则不容易为人误解；另一方面在于犯罪行为的表现形式多种多样，分则不可能逐一描述，由刑法总则规定犯罪未完成形态的特征，然后将总则描述的特征与具体犯罪结合起来，就可以明确具体犯罪的预备、未遂以及中止的特征。①

“犯罪成立模式说”的观点在我国一直为张明楷教授极力倡导，近年来正得到越来越多的学者的支持。② 由于刑法分则构建模式的问题与我国犯罪构成理论紧密关联，因此，对该问题的认识必然涉及对我国传统犯罪构成理论的态度。一般而言，如果坚持刑法分则是以犯罪成立为模式建构的，刑法分则条文自然既包括既遂犯的犯罪构成，也包括未完成形态犯罪的犯罪构成，那么，势必会导致否认我国刑法理论关于基本犯罪构成与修正犯罪构成的传统分类。持“犯罪成立模式说”的张明楷教授在论及我国犯罪构成分类时就指出：“一般认为，基本的犯罪构成是指分则性条文就单独的既遂犯所规定的犯罪构成；修正的犯罪构成是指总则性条文以基本的犯罪构成为基础并对之加以修正而就共犯、未遂犯等所规定的犯罪构成……我国能否采取这种分类，尚需研究。”③

---

① 参见张明楷著：《犯罪论原理》，武汉大学出版社 1991 年版，第 469 页。

② 参见段立文：《犯罪既遂与未遂的宏观研究》，载《法律科学》1996 年第 5 期。

③ 张明楷著：《刑法学》（第 2 版），法律出版社 2003 年版，第 125 页。

根据现有“犯罪成立模式说”论者的论述，主张“犯罪成立模式说”的理由归纳起来主要有以下几点：

第一，认为我国刑法分则条文以既遂为模式缺乏法律根据。如论者写道，与大陆法系不同，我国刑法总则没有规定对未遂犯等处罚以分则有特别规定为限，而是原则上处罚犯罪预备、未遂与犯罪中止，作为犯罪处理的既然包括犯罪既遂、未遂、预备、中止等形态，因此，规定具体犯罪的分则条文，不仅包含了犯罪既遂，而且包含了其他可能出现的形态，认为我国刑法分则规定的犯罪是以既遂为模式没有法律依据。① 从罪状规定看，分则条文的罪状并没有关于犯罪既遂条件的规定，那么，其罪状自然既可以适用于既遂犯，也可以适用于未完成形态的犯罪，应当是不同终结形态犯罪的共同性规定。②

第二，认为我国刑法分则条文以既遂为模式将会导致实践中对预备犯、未遂犯和中止犯无法适用刑罚。如论者说，如果认为刑法分则条文以既遂为模式，自然其法定刑也是既遂犯罪的法定刑，即刑法分则没有规定犯罪预备、未遂、中止的法定刑，那么，对它们的量刑就失去了依据。

第三，认为若坚持刑法分则条文是以既遂为模式，不利于鼓励犯罪人的犯罪中止。张明楷教授曾以刑法规定的放火罪③为例分析道：“放火……危害公共安全，尚未造成严重后果的，处 3 年以上 10 年以下有期徒刑。”这里的“尚未发生严重后果”包括已发生轻微后果和未发生任何危害结果，因而应当包括了犯罪未遂的情况。如果坚持刑法分则规定的犯罪构成以既遂为模式，那么，实施放火

---

① 参见张明楷著：《犯罪论原理》，武汉大学出版社 1991 年版，第 467 页。

② 参见刘之雄：《关于故意犯罪既遂标准的再思考》，载《法商研究》1998 年第 6 期。

③ 论者所指的放火罪，是指 1979 年刑法中规定的放火罪，由于现行刑法对 1979 年刑法规定放火罪未做修改，因此，该论述同样适用于现行刑法。

行为即使没有发生危害结果，只要危害公共安全就成立犯罪既遂，不可能再中止犯罪了。从保护国家和人民利益出发，从鼓励罪犯防止危害结果发生和悔过自新着想，并不符合立法精神。①

三、通说观点的论证

(一)“犯罪成立模式说”的检讨

刑法分则条文规定模式是刑法学最为基础的问题，也是我们研究刑法学的逻辑起点，它关系到我国刑法分则体系的构建，关系到刑法总则与刑法分则的关系，关系到对我国犯罪构成的基本理论的解释。正如我国学者指出，对刑法分则模式的认识不仅仅是个解释论的问题，而且还涉及价值观、方法论以及定罪量刑的实践问题，② 因此，是一个必须要标明立场的问题。根据我国刑法规定，我仍然坚持通说的认识，在阐述对通说观点赞同理由之前，首先对上述“犯罪成立模式说”的论点做简要评析。

第一，“犯罪成立模式说”论者以“我国犯罪的成立包括犯罪既遂、未遂、预备、中止等形态，就断定具体犯罪的分则条文不仅包含了犯罪既遂，而且包含了其他可能出现的形态”的观点，在逻辑上是不能成立的。

正如持“犯罪成立模式”论者指出，在我国，犯罪成立与犯罪既遂并非是同一层次的问题，成立犯罪的形态除了包括犯罪既遂外，还包括犯罪未遂、犯罪中止和犯罪预备。由于我国作为犯罪处罚的形态并不局限于犯罪既遂，与大陆法系国家或地区的刑法相比，我国的立法者在确定刑法分则的建构模式时就有选择的余地。立法者既可能选择既遂模式设计刑法分则条文，也可能将刑法分则条文规定为犯罪成立的模式。刑法分则的规定是否以既遂为模式，

① 参见张明楷著：《犯罪论原理》，武汉大学出版社 1991 年版，第 468 页。

② 参见张波：《刑法学的若干基本理论探讨》，载《现代法学》2004 年第 6 期。

在理论上，应该说没有固定的对错之分，都是有可能性的。① 那么，最终立法者究竟选择何种模式确定刑法分则条文，还必须考量立法技术的问题。既然我国立法者对刑法分则构建模式存在选择的可能性，我们就不能因为我国刑法处罚犯罪预备和未遂就简单地得出刑法分则是以犯罪成立为模式构建的结论。相反，如果以我国刑法处罚犯罪预备和未遂就得出我国刑法分则是以犯罪成立模式构建的，那么，是否因为我国刑法不仅处罚单独犯，还处罚共同犯罪，就说我国刑法分则还以共同犯罪为模式构建的呢?②

第二，上述"犯罪成立模式说"论者提出的"我国刑法分则条文以既遂为模式将会导致实践中对预备犯、未遂犯和中止犯无法适用刑罚"的担心，在现实中是不存在的。

的确，承认刑法分则条文只是以既遂为模式设置的，那么，在刑法没有再设置其他条款的情况下，分则条文设置的法定刑自然只能适用于既遂犯，而不能直接适用于未遂犯、中止犯和预备犯，这是罪刑法定的基本要求，也是我国刑法解释必须坚持的基本原则。问题是，我国的立法者已经注意到了这个问题，为了避免出现犯罪未完成形态无法适用刑罚的情形，在总则中设置了特别的条款。我国刑法第 22 条第 2 款规定："对于预备犯，可以比照既遂犯从轻、减轻处罚或者免除处罚。"第 23 条第 2 款规定"对于未遂犯，可以比照既遂犯从轻或者减轻处罚。"第 24 条第 2 款规定"对于中止犯，没有造成损害的，应当免除处罚；造成损害的，应当减轻处罚。"刑法总则的这些规定明确了未遂犯、中止犯以及预备犯的处罚原则，为未遂犯、中止犯以及预备犯刑罚适用提供了明确的法律根据，根本不会出现"犯罪成立模式说"论者所说的对预备犯、未遂犯和中止犯无法适用刑罚的情形。持"犯罪成立模式说"论

① 参见李洁著：《犯罪既遂形态研究》，吉林大学出版社 1999 年版，第 65 页。

② "犯罪成立模式说"如何解释共同犯罪的问题，必将是个难题，而欲主张"犯罪成立模式说"，必须回答该问题。

者之所以会提出“若认为我国刑法分则条文以既遂为模式将会导致实践中对预备犯、未遂犯和中止犯无法适用刑罚”的疑问，主要是因为其未能将刑法总则和刑法分则的有关规定有机结合起来考虑导致的。

第三，“犯罪成立模式说”论者以放火罪为例，提出若坚持刑法分则是以既遂为模式构建的，那么，放火罪的既遂的标准就会是危害公共安全危险的发生，而不是危害公共安全严重后果的发生，这样将不利于鼓励犯罪人中止犯罪，这种观点也不符合我国刑事立法的基本精神。①

我并不否认立法者在设置刑法条款时需要尽可能考虑条款的科学性、人性化，其中就包括应尽可能发挥“鼓励犯罪人中止犯罪、防止犯罪结果的发生”的功能。但刑法根本目的在于保护法益、预防犯罪，理论上之所以区分犯罪既遂与未遂，主要是为了解决行为人是否应当就其行为承担完全刑事责任的问题。② 世界上没有任何一个国家的立法者非要等到犯罪行为造成了危害结果时才让行为人承担既遂犯的刑事责任。在德国，受贿罪保护的法益一般认为是公职行为的纯洁性和人们对该纯洁性的信赖。行为人在关于公职的事项上要求、约定贿赂的，就已经破坏了公职行为的纯洁性和人们对公职行为的信赖，无须等到行为人取得财物时才将行为认定为既遂。同样，在我国，也必须根据刑法分则具体犯罪保护的法益认定犯罪的既遂和未遂。只要行为人的行为符合了刑法分则规定的构成

---

① 按照“犯罪成立模式”论者的逻辑，他们往往会在犯罪既遂标准上坚持“结果说”。参见张明楷著：《刑法学》，法律出版社 2003 年版，第 309 页。而以“结果说”作为犯罪既遂的判断标准，本身存在很大的疑问。对“结果说”的批判，参见林亚刚：《对犯罪既遂标准通说观点的辩护》，载刘明祥主编：《马克昌教授八十华诞祝贺文集》，中国方正出版社 2005 年版，第 502 页以下；李洁著：《犯罪既遂形态研究》，吉林大学出版社 1999 年版，第 10 页以下。

② 参见林亚刚：《对犯罪既遂标准通说观点的辩护》，载刘明祥主编：《马克昌教授八十华诞祝贺文集》，中国方正出版社 2005 年版，第 506 页。

要件，造成了法益的现实侵害或危险，就应当成立既遂，让行为人承担完全的刑事责任。若非要为了所谓的鼓励犯罪人中止犯罪而等到犯罪结果发生时才将其认定为既遂，刑法的保护机能势必难以真正实现。

在日常生活中，放火者不是法律专家，又有几个是因为知道了放火罪的既遂和未遂标准才决定是否中止实施放火的呢？但不能否认的是：在一般人的法感情中，放火行为是否造成了严重后果，其社会危害性是不一样的，行为人刑事责任轻重也是不一样的。没有造成严重后果的，罪行往往会轻；造成严重危害后果的，罪行往往相对较重，这也是罪责刑相适应刑法基本原则的要求，因此，如果说刑法的规定需要考虑鼓励犯罪人中止犯罪的话，那么，即使根据我国刑法规定，以公共危险作为放火罪既遂的标准，也同样能够发挥鼓励犯罪人中止犯罪的效果，只是在这种情况下，行为人不再能成立我国刑法规定的中止犯而已。

以上分析我们可以看出，“犯罪成立模式说”对我国通说观点关于刑法分则条文既遂模式规定的批评并没有形成强有力的论证，“犯罪成立模式说”所指出的通说观点存在的缺陷也是不存在的。

（二）“犯罪既遂模式说”理由的说明

“犯罪既遂成立模式说”论者对通说观点批判的理由不成立，并不表明通说观点对我国刑法分则条文模式的理解就是科学的。通说的观点是否科学，同样需要作出理论的解释。

第一，主张我国刑法分则条文是以犯罪的既遂为模式的通说观点在解释论上具有可行性。众所周知，在罪刑法定条件下，不仅某种行为是否构成犯罪以及构成何种犯罪需要有刑法的明确规定，而且对于行为构成何种形态的犯罪同样需要根据刑法的规定。我国不仅处罚既遂犯，原则上也处罚未遂犯、中止犯以及预备犯，这是我国刑事立法的一贯精神，也是我国刑法的特色所在。既然我国刑法既处罚既遂犯，也处罚未遂犯、中止犯和预备犯，根据罪刑法定的要求，各自的概念和特征以及处罚原则都必须在刑法上作出明确规定。刑法典第二章第二节专门对犯罪预备、犯罪未遂、犯罪中止的特征及处罚原则作出明确规定的意义正在于此。在第二章第二节，刑法之所以没有对犯罪既遂的特征及处罚原则作规定，既不是立法者的疏忽，也不是如“犯罪成立模式”论者所说的“犯罪既遂成立犯罪不会被人误解，勿需特别规定”。① 真正的原因只能解释为我国刑法分则是以犯罪既遂为模式构建的，既然犯罪既遂的特征和刑罚已在我国刑法分则各条文中作了明确规定，总则中当然无须重复规定。②

第二，坚持我国刑法分则条文是以犯罪的既遂为模式的观点符合我国立法者的意图和我国刑法的规定。如前述，从理论上分析，刑法分则的立法模式既可以是既遂模式，也可以是犯罪成立模式，我国立法究竟采用的何种模式，必须考查立法者的意图，但必须注意的是，立法者的立法意图，也只能根据立法的规定为根据进行分析。③ 我国刑法明确规定：“未遂犯可以比照既遂犯从轻或者减轻处罚。”“预备犯可以比照既遂犯从轻、减轻或者免除处罚。”刑法条文的用语实际已经内含了我国刑法分则条文是以既遂犯为模式设

---

① 张明楷著：《犯罪论原理》，武汉大学出版社 1991 年版，第 469 页。

② 其实，“犯罪成立模式论者”也不否认我国刑法分则条文规定有犯罪既遂，只是认为刑法分则条文除了规定犯罪既遂形态外，也同时规定了犯罪未遂、犯罪中止、犯罪预备等犯罪未完成形态。至于刑法总则为何只是规定犯罪未遂、犯罪中止和犯罪预备，该论者的解释如前文所述，认为是因为“犯罪既遂不容易被认为误解为不成立犯罪，勿需特别规定”。另外，将犯罪未遂、犯罪中止和犯罪预备规定在总则中，由总则描述它们的一般特征，再将总则描绘的特征和分则具体犯罪结合起来，可以明确具体犯罪预备犯、未遂犯以及中止的特征。如果按照论者如此的解释，问题是：既然刑法分则条文既包括犯罪既遂，又包括犯罪未遂、犯罪预备和犯罪中止，是规定犯罪停止各种形态的条文，为何犯罪既遂的特征及处罚原则不需要在总则中描述，而单单将犯罪未遂、犯罪中止和犯罪预备的一般特征需要在刑法总则描述呢？犯罪既遂是一个复杂的问题，也同样是一个极具争议的问题，“犯罪既遂成立犯罪不容易为人误解就不需要在总则中规定”的理由显然不符合客观事实。

③ 参见李洁著：《犯罪既遂形态研究》，吉林大学出版社 1999 年版，第 65 页。

置的这样一个命题。

我们知道，所谓比照，即对比参照，就是按照已有的标式、标准方法进行处理。① 从一般认识出发，A 事物之所以需要比照 B 事物处理，必然是 A 事物本来不具备 B 事物的某一属性。如果 A 事物具备 B 事物的特定属性，自然无须再比照 B 事物处理。同样，也只有在刑法分则条文没有为未遂犯和预备犯设置独立的罪状和法定刑时，未遂犯和预备犯的定罪和量刑才有必要比照既遂犯处理。如果刑法分则已经为未遂犯和预备犯设置了独立的罪状和法定刑，那么，未遂犯和预备犯只需要径直按照该罪状和法定刑适用，比照既遂犯处理的必要性就不复存在。相反，如果认为刑法分则条文规定的犯罪包括犯罪的未完成形态，则会导致我国刑罚的规定难以理解。我国刑法规定："未遂犯可以比照既遂犯从轻或者减轻处罚。""预备犯可以比照既遂犯从轻、减轻或者免除处罚。"而所谓从轻是指在法定刑之内选择较轻的刑罚，减轻是在法定最低刑之下判处刑罚。如果我国刑法分则规定的犯罪包含了犯罪未遂和预备等未完成形态，那么，与之对应的法定刑就应包括未完成形态的法定刑，为何还要对预备犯、未遂犯和中止犯设置减轻处罚的规定呢？②

综上，我认为，通说的观点对我国刑法分则条文设置模式的解释仍然是可行的，我国传统刑法理论关于基本犯罪构成和修正犯罪构成的分类同样需要继续坚持。既然我国刑法分则是以单独犯的既遂为模式构建的，既不包括犯罪预备等未完成形态，也不包括共同犯罪形态，所以，刑法分则条文设置的行为模式也只能是实行行为，刑法分则是以实行行为为中心建立的。从这一前提出发，通说认为的"实行行为是指刑法分则规定的具体构成要件行为"的观点是正确的。

---

① 参见《现代汉语词典》，商务印书馆 1990 年版，第 57 页。

② 参见李洁著：《犯罪既遂形态研究》，吉林大学出版社 1999 年版，第 11 页。

第二节 实行行为的概念与特征

一、实行行为的概念

大陆法系国家或地区的刑法典一般在两种场合使用“实行”一词。一是关于未遂犯的场合，另一个是在规定共同犯罪的场合。作为大陆法杰出代表的德国和日本，刑法使用“实行”的概念也是在上述的情形。如日本刑法典第43条规定：“已经着手实行犯罪而未遂的，可以减轻处罚，但基于自己的意志中止犯罪的，应当减轻或者免除刑罚。”第60条规定：“二人以上共同实行犯罪的，都是正犯。”第61条规定：“教唆他人实行犯罪的，判处正犯的刑罚。”上述条文所使用的“实行”的概念实际上都指的是犯罪的实行行为。其中，关于未遂犯中的“实行”是从实行着手的角度来把握实行行为的；而刑法第60条、第61条使用的“实行”则是作为区别正犯和狭义共犯的标准，作为正犯的基本性要件使用的。① 由于它们都只是实行行为的具体表现形式，并不是关于实行行为概念的一般性规定，因此，从严格意义上讲，即使在德、日等大陆法系国家或地区的刑法上，实行行为仍然不能说是一个法定的概念。关于实行行为概念的界定是刑法理论探求的问题。

在日本，由于实行行为的概念在多种情形下使用，使用的场合不同，定义的角度有别，学者们对实行行为概念的表述自然也就不一致。从学者们既有的论述看，有关实行行为概念的认识主要是定义角度的差异，并非是一个存在争议的问题。而将实行行为作为一个基本概念对其内涵进行较为完整界定一般是在构成要件符合性阶段进行的。

按照日本刑法理论多数学者的观点，犯罪是符合构成要件、违

① 参见［日］大塚仁著，冯军译：《犯罪论的基本问题》，中国政法大学出版社1993年版，第68页。

法且有责的行为。行为是否成立犯罪，必须对该行为进行构成要件符合性、违法性及有责任性的判断。其中，行为是否符合构成要件是行为是否成立犯罪的第一要件，在对某一行为进行违法性和有责性判断之前，必须首先进行构成要件符合性的判断。由于实行行为是构成要件的核心要素，理论上在对构成要件要素的阐述时自然免不了对实行行为给予重点关注。学者们一般也会在构成要件符合性的判断阶段对实行行为的概念作出界定。只是由于构成要件被认为是违法有责的类型，构成要件符合性的判断属于形式的、类型的、抽象的判断，与此相适应，多数学者对实行行为概念的界定时也是立足于形式主义的立场。比如佐久间修教授说："符合构成要件的各个行为是实行行为。"①又如大塚仁教授指出："符合构成要件的狭义的行为，称为实行行为。"② 虽然从形式的角度界定实行行为的概念是多数学者的做法，但他们一般也不否认实行行为的实质内容。比如大塚仁教授在坚持实行行为是符合构成要件行为的同时，又进一步强调："在这种意义上，可以把包含着实行犯罪的现实危险性的行为解释为实行行为。"③

为了使实行行为的概念的表述更加完整，在日本的刑法理论上，也有学者在坚持实行行为是指符合构成要件的行为的前提下，还对构成要件符合性作出进一步说明，强调实行行为不仅在形式上是符合构成要件的行为，还必须在实质上也是符合构成要件的行为。大谷实教授说："确定实行行为，要靠是否符合构成要件来确定，因此，就得判断该行为或事实在形式上是否充分满足法定的构成要件。由于所有的构成要件都是以保护一定法益为目的而被法律

① ［日］佐久间修著：《刑法讲义》（总论），成文堂2000年版，第60页。

② ［日］大塚仁著，冯军译：《刑法概说》（总论），中国人民大学出版社2003年版，第134页。

③ ［日］大塚仁著，冯军译：《犯罪论的基本问题》，中国政法大学出版社1993年版，第71页。

规定出来的，因此，成为实行行为，仅在形式上满足构成要件要素还不够，还必须具有实施该行为的话，通常就能引起该构成要件所预定的法益侵害结果程度类型的危险。”“实行行为，是具有侵害法益的现实危险，在形式上和实质上都符合构成要件的行为。”①

我国台湾地区的“刑法”一直秉承大陆法传统，尤其是深受德、日刑法理论的影响，对于实行行为概念的界定与德、日刑法理论的认识基本相同。学者们也多是从形式上对实行行为的概念进行界定的，其中也不乏坚持从形式与实质相结合的立场来界定实行行为的概念。如甘添贵教授说：“实行行为，乃该当于构成要件之狭义行为”，② 而高仰止先生则写道：“实行者，实践刑法各条构成事件之行为也。易言之，即实施犯罪内容的行为。”③

与德、日刑法一样，实行行为的概念在我国同样是一个理论问题。与德、日不同的是，目前，我国刑法理论对实行行为的概念的认识不仅存在定义角度的不同，还有观点的对立。从我国学者对实行行为概念的表述看，争议主要集中在两点：其一，实行行为到底是指具体犯罪构成客观方面的行为，还是应当指刑法分则条文规定的构成要件的行为？其二，实行行为的概念究竟是应当从形式的立场，还是从实质的立场界定？

对于第一个方面的问题，我国刑法著述在阐述实行行为概念时，一般都是强调实行行为是刑法分则条文规定的具体犯罪构成的行为，但也有一些著述在解释实行行为时说：“犯罪的实行行为，指刑法分则中具体犯罪构成客观方面的行为。”④ 也就是说，在持

---

① ［日］大谷实著，黎宏译：《刑法总论》，法律出版社 2003 年版，第 104 页。

② 甘添贵著：《刑法总论讲义》，台湾瑞兴图书股份有限公司 1992 年版，第 73 页。

③ 高仰止著：《刑法总论理论与实用》，台湾五南图书出版公司 1986 年版，第 180 页。

④ 高铭暄、马克昌主编：《刑法学》（上），中国法制出版社 1999 年版，第 269 页。

该定义的论者看来，实行行为在我国只不过是犯罪构成客观方面的要素。上述定义的差别实际上涉及对实行行为地位的认识。我们知道，长期以来，由于受到我国犯罪构成理论和犯罪论体系的影响，我国教科书一般将行为和危害行为置于犯罪构成客观方面这一要件中进行研究。将危害行为置于犯罪客观方面研究主要是出于便利的考虑，并不是表明危害行为只是属于犯罪客观方面的要件，而与犯罪主观方面无关。行为是主观意志的客观化，是意志的实现，①是主观与客观的统一，在我国早已是一个不存在争议的问题。即使是将行为和危害行为放在犯罪客观方面论述的论者也不否认这一点，他们在对危害行为的概念和特征进行说明时都仍然强调危害行为的有意性。实行行为同样应当是主观与客观的统一，将实行行为仅仅解释为“刑法分则中具体犯罪构成客观方面的行为”的观点否认了实行行为的基本构造，其不科学性应当是显而易见的。所以，理论上对实行行为概念界定真正的难题在于，究竟是应当从形式的立场还是从实质的立场去界定实行行为。

从形式主义②的立场对实行行为的概念作出解释可以认为一直是我国刑法上通说的观点。在 1979 年刑法实施期间，有关实行行为的概念，当时的教科书大都写道：“所谓实行犯罪，就是实施符合刑法分则所规定的某种具体构成要件的行为。例如，杀人罪中剥夺他人生命的行为，盗窃罪中的秘密窃取他人财物的行为等等。”③现行刑法施行以来，这一观点在根本上并未被动摇，坚持对实行行为的概念的形式理解仍然是我国绝大部分的刑法学著述的基本立

---

① ［日］小野清一郎著，王泰译：《犯罪构成要件理论》，中国人民公安大学出版社 2004 年版，第 74 页。

② 在我国，犯罪构成是形式和实质的统一，认为“实行行为是我国刑法分则规定的构成要件的行为”的通说很难被认为完全属于形式说。而我国学者之所以将通说的观点归纳为形式说，主要原因在于，通说观点的定义中没能对实行行为的实质内容展开论述。

③ 高铭暄主编：《中国刑法学》，中国人民大学出版社 1989 年版，第 173 页。

场。近几年，随着我国刑法理论研究的深入，出现了强调从实质立场上界定实行行为的新看法。持这一看法的同样是张明楷教授，①他在其力作《法益初论》中发表了他对实行行为概念的看法，指出："形式的客观说并没有从实质上回答什么叫实行行为，离开犯罪本质讨论实行行为，必然使实行行为成为没有边际、没有定型的抽象概念。""实行行为是'具有发生结果的一定程度以上的危险性的'行为，或者说，实行行为只能是具有侵害法益紧迫危险性的行为。"② "刑法理论应当根据实质的观点根据法益侵害说界定实行行为，摒弃形式主义的观点。"③

究竟应当是从形式的立场还是从实质的立场界定实行行为的概念，表面上看，似乎是认识的角度问题，而在实质上，则与论者对犯罪论的解释所持的立场密切关联。张明楷教授之所以坚持对实行行为进行实质界定，这与其一贯坚持对构成要件进行实质解释的观

① 对于实行行为究竟应当从形式还是从实质立场上解释，张明楷教授这样写道："诚然，实行行为必须是符合犯罪客观要件的行为，这是罪刑法定原则决定的。但问题在于如何认定何种行为符合刑法分则所规定的构成要件？例如，究竟什么行为叫'杀人'？甲意欲杀乙，乙迅速逃离，甲在追赶途中，从腰里掏出手枪，然后瞄准乙，接着开枪射击，但没有打中。我们从何时起可以认定甲'杀人'或'剥夺他人生命'？又如，什么行为叫'秘密窃取他人财物'？A进入某银行后，寻找保险柜，找到后便开始使用所携带的工具撬保险柜，但未得逞。我们从何时起可以认定A'秘密窃取他人财物'？这是不可能从形式上进行认定的，必须以对法益的侵犯程度为根据。"从张明楷教授的这段论述看，似乎张教授应当主张从形式和实质两个方面理解实行行为的概念，但由于张教授在结论中明确说"刑法理论应当根据实质的观点即根据法益侵害说界定实行行为，摒弃形式主义的观点"，正是根据这一结论，我认为，张明楷教授的观点是实质的。参见张明楷著：《法益初论》，中国政法大学出版社2000年版，第358—364页。

② 张明楷著：《法益初论》，中国政法大学出版社2000年版，第360页。

③ 张明楷著：《法益初论》，中国政法大学出版社2000年版，第364页。

点不无联系。

我不否认应当从实质的角度认识实行行为的概念，特别是在大陆法系，构成要件符合性的判断是抽象的、类型的判断，形式上符合构成要件的行为并非都是违法的，更不能说是有责任的行为，判断某一行为是否属于犯罪的实行行为，必须要从实质上考查行为是否符合构成要件、是否具有侵害法益的现实危险。也正因为如此，在当今的德、日刑法中越来越多的学者对构成要件符合性的判断出现了实质化的倾向。

我国的犯罪构成理论与德、日有别，犯罪构成是刑法规定的成立犯罪必须具备的各个要件的有机整体，长期以来被认为是形式与实质的统一。行为符合构成要件便具有形式的违法性，同时，我国的犯罪又是以犯罪的概念为基础的，要件的总和说明行为的社会危害性达到了应当追究刑事责任的程度，符合犯罪构成的行为也具有实质的违法性。① 既然我国犯罪构成同样具有实质的内涵，从实质上判定某一行为是否符合构成要件同样必要。但是，我们并不能因为实行行为需要从实质的角度进行认识就排斥形式认识的必要性。正如大谷实教授所强调，只要是以罪刑法定主义为原则，就应以构成要件该当性作为犯罪成立的第一性的要件。只有在确定该行为是构成要件该当行为之后，才能再作实质性判断。否则，就有可能对即便不是刑法所预先规定的行为，但仍以该行为性质恶劣、应予以处罚为由而认定为犯罪。② 作为犯罪行为阶段类型之一的实行行为，对其概念的认识也必须坚持这一基本立场。

张明楷教授之所以倡导从实质上界定实行行为的概念，重要原因在于在张教授看来，“离开犯罪本质讨论实行行为，必然使实行行为成为没有边际、没有定型的抽象概念”。但不知道张明楷教授

---

① 参见张明楷著：《法益初论》，中国政法大学出版社 2000 年版，第 338 页。

② 参见［日］大谷实：《日本刑法中正犯与共犯的区别》，载《法学评论》2002 年第 6 期。

是否意识到：若离开了实行行为的形式特征，而只是从实质上界定实行行为的概念，实行行为岂不成为一个更加没有边际、更加无法定型、更加抽象的概念？实行行为是刑法分则规定的构成要件的行为，被刑法分则规定，作为一种无法否认的客观事实，为何在对其界定时不加考虑呢？实行行为既是一个理论上应当研究的概念，更是一个需要在司法实践中被贯彻的概念，对于一个司法者来讲，摒弃了刑法分则的规定，他将如何确定实行行为的类型？如何确定行为的罪名？

形式与实质（内容）是构成事物的两个方面，是揭示事物属性的一对哲学范畴，二者本身并非是对立的，应当是对应的范畴。任何事物都是形式与实质（内容）的有机统一，因此，从方法论上讲，对事物无论是从形式上还是从实质上进行认识应当说都是必要的。为何非要将形式和实质对立呢？如果从这一逻辑前提出发，我认为，无论是从形式上认识实行行为，还是从实质上认识实行行为都应当是必要的。具体看：

第一，从形式上界定实行行为的概念是罪刑法定的基本要求。在罪刑法定主义时代，对任何行为性质的判断都必须根据该行为是否符合刑法规定的构成要件来认定，行为是否为刑法条文所规定是判断行为性质的前提和基础。我国刑法分则是以犯罪既遂为模式建立的，并不包括犯罪预备，刑法分则规定的行为自然只能属于实行行为，因此，从形式主义立场出发，强调实行行为是指刑法分则中具体犯罪构成客观方面的行为，符合我国刑法的规定，同时，可以避免将那些虽然具有侵害法益危险但未被刑法规定的行为纳入处罚之列，有助于维护刑法的安定性。

第二，从实质上解释实行行为的概念符合我国犯罪构成的基本理论，是实践中认定实行行为的需要。我国的犯罪构成是形式与实质的统一，即我国的犯罪构成不仅具有定型的、抽象的属性，而且能够被认为符合分则犯罪构成的行为都具有实质的内涵，即必须具有法益侵害的现实危险性。强调实行行为的实质内涵，对实践中认定某种行为是否符合刑法分则规定构成要件具有重要的意义。如故意杀人罪，我国刑法第232条只是规定：“故意杀人的，处死刑、无期徒刑或者10年以上有期徒刑；情节较轻的，处3年以上10年以下有期徒刑。”但何谓“杀人”？必须进行价值评判，必须对构成要件做实质解释。另外，在不作为犯的场合，强调实行行为的实质特征也尤为必要。在母亲不给婴儿喂奶导致婴儿饿死的案件中，并非该母亲一开始不给婴儿喂奶的行为就可以评价为是故意杀人罪的实行行为，只有不喂奶的行为对婴儿的生命具有现实的危险时，才可以认定该母亲实施了故意杀人的行为。所以，实行行为的形式判断是认定具体犯罪的前提和基础，为了认定某一行为是否属于特定犯罪的实行行为，必须对该行为是否属于特定犯罪的实行行为进行实质判断。

我国传统的观点指出实行行为是刑法分则规定的构成要件的行为，而我国的犯罪构成又被认为是形式和实质的统一，若按这种逻辑，似乎我国刑法理论上的实行行为是一个形式兼实质的概念。但由于多数学者在概念中并没有对构成要件的实质内涵作进一步解说，如前说述，最终只能认为是形式说的观点。所以，虽然我国刑法并不否认实行行为的实质特征，① 但由于通说刑法理论在对实行行为概念的界定中，并没有有机兼顾形式与实质两个方面要素，从概念的科学性而言，是不完整的。

坚持从形式和实质两个层面界定实行行为的概念，还必须回答这样一个问题：是否会出现“形式”和“实质”不一致，即冲突的现象？换句话说，是否某种行为具有实行行为的实质特征但不具有形式特征呢？我认为答案是否定的。虽然在一般认识论上，实质是事物的内在根基和属性，实质决定事物的形式，具有基础性地位，② 但在现代刑法中，基于罪刑法定原则要求，形式特征具有基础地位，是认定实行行为的出发点，一种客观存在的行为若不具备

---

① 如学者们在对实行着手的解释时，就存在对实行行为的实质理解。

② 参见肖前主编：《马克思主义哲学原理》（上册），中国人民大学出版社1994年版，第202页以下。

刑法分则规定的属性，就不应当纳入刑法规范的视野。实行行为的实质属性是在其实行特征的框架下进行的，是对形式的深层次解说，或者说，实行行为实质特征是其形式特征的具体判断标准。

从形式和实质相统一的立场出发，我国刑法中实行行为的概念，应当是指符合刑法分则具体犯罪构成规定的对构成要件预定的法益侵害具有现实危险性的行为。

二、实行行为的特征

实行行为，作为刑法中危害行为的重要类型之一，首先必须具备危害行为的一般特征。第一，有体性，即必须表现为人的一定的身体动静；第二，有意性，即必须为行为人的意思所支配；第三，有害性，即必须是对刑法保护的法益具有严重的社会危害性。此外，作为一种与非实行行为相区别的重要概念，实行行为具有以下重要特征：

（一）实行行为是我国“刑法分则”条文规定的行为

这是实行行为的法律特征。虽然刑法分则是以单独犯的实行行为为模式建立的，但为了充分保护法益，世界各国的刑法都不只是处罚犯罪的实行行为。在我国，能够作为犯罪处罚的行为也不限于实行行为。根据我国刑法的规定，作为犯罪处罚的行为在纵的类型上可以分为犯罪的预备行为和犯罪的实行行为；在横的类型上除了实行行为之外，还包括共同犯罪中的组织行为、帮助行为和教唆行为。不论是属于纵的类型之一的犯罪预备行为，还是属于横的类型的组织行为、帮助行为和教唆行为，原则上都为我国刑法总则所规定。这些行为因为符合了刑法总则规定的修正的犯罪构成从而获得了处罚的根据。所以，是否为刑法分则具体犯罪构成所规定，既是实行行为的法律性质，也是实行行为与非实行行为区分的依据。

由于刑法规定的犯罪行为不限于实行行为，还包括非实行行为，实践中在判定某一行为是否属于犯罪的实行行为时，必须结合刑法的规定，看该行为是否为刑法分则条文所规定。即使某一行为在自然属性上或者在某一犯罪中属于犯罪的非实行行为，如组织行为、预备行为等，一旦刑法分则条文对其作了规定，该行为就不再属于犯罪的非实行行为，而是属于另一具体犯罪的实行行为。

根据我国的刑法规定，我国的实行行为包括以下重要形态：

1. 普通的实行行为。普通的实行行为，也可以称“原始的实行行为”，是指刑法分则将在一般社会观念上具有实行性的行为规定在刑法分则中成为特定犯罪实行行为的情形。普通的实行行为是我国刑法分则规定的实行行为的主体，刑法分则规定的实行行为大都是普通的实行行为，如刑法第232条规定的故意非法剥夺他人生命的行为，第264条规定的秘密窃取公私财物的行为等。

2. 拟制的实行行为。① 拟制的实行行为是指这些行为本来并不属于犯罪的实行行为，而是属于共同犯罪中的共同犯罪行为，或者故意犯罪阶段中的犯罪预备行为，只是由于刑法分则的特别规定而成为另一具体犯罪的实行行为。在我国刑法中，属于拟制实行行为的又具体包括：

（1）组织性的实行行为。组织行为，一般是指在犯罪集团中实施组织、领导、策划、指挥的行为。根据我国刑法的规定，组织行为是针对犯罪集团而言的，为组织犯实施，② 属于共同犯罪的行为，自然是犯罪非实行行为，如组织盗窃集团的行为。但是，当立法者将特定的组织行为规定为独立的罪名时，该行为就不再属于共同犯罪行为，而是成立该特定犯罪的实行行为。如刑法第120条规定的组织、领导、参加恐怖组织罪。即使行为人实施了组织恐怖组织的行为，也不成立该恐怖犯罪的组织犯，而是构成组织、领导、参加恐怖组织罪的实行犯。此外，我国属于组织性实行行为的还有刑法第358条规定的组织卖淫罪，第294条规定的组织、领导、参加黑社会性质组织罪，第317条规定的组织越狱罪等。

---

① 关于立法者将其规定为特定犯罪的实行行为原因的论述，请参见本书第二章第三节的相关论述。

② 参见马克昌主编：《犯罪通论》，武汉大学出版社1999年版，第542页。

（2）帮助性的实行行为。帮助行为一般属于共同犯罪中使犯罪实行行为容易实施的加功或加担行为，或者维护犯罪利益的行为。帮助行为由于对法益的侵害具有因果关系，客观上对法益侵害的实现具有促进作用，各国多是将其作为独立的共犯行为类型在刑法总则中加以规定处罚，因此，帮助行为原则上属于共同犯罪中与正犯实行行为相对的非实行行为。但是，如果刑法分则将某种帮助行为规定在刑法分则中时，该种帮助行为就不再属于犯罪的非实行行为，而成为被规定犯罪的实行行为。在我国刑法中，协助组织卖淫罪，帮助毁灭、伪造证据罪等中的帮助行为就属于帮助性的实行行为。

（3）教唆性的实行行为。同帮助行为一样，教唆行为也是属于共同犯罪中与正犯实行行为相对的犯罪非实行行为。教唆行为由于积极地启动了他人的犯罪意念，创造原不存在的法益风险而被处罚。① 在大陆法系，刑法一般是将其作为教唆犯进行处罚的，我国刑法也在总则中规定有教唆犯，因此，教唆犯在我国属于一种独立的共同犯罪人类型，教唆行为是与正犯实行行为相对的犯罪非实行行为。但是当刑法分则将某种特定的教唆行为规定为独立的犯罪类型时，该特定犯罪中的教唆行为也不再属于犯罪的非实行行为，而是属于该种特定犯罪的实行行为。我国刑法第353条规定的教唆他人吸毒罪中的“教唆行为”就是属于教唆性实行行为。

（4）预备性的实行行为。预备性的实行行为是指某种行为本来属于某一犯罪的预备行为，但由于刑法分则的规定而成为另一犯罪的实行行为。如为实施杀人行为而购买毒药的，由于购买毒药的行为在刑法分则中并没有单独规定为犯罪，因此，购买毒药的行为属于故意杀人罪的预备行为。但若行为人为杀人而盗窃爆炸物，盗窃爆炸物相对于要实施的杀人犯罪而言，可以说是预备行为，但由于我国刑法规定有盗窃爆炸物罪，因此，盗窃爆炸物的行为就不再

① 参见林东茂著：《刑法综览》，台湾学林文化事业有限公司2003年版，第210页。

是故意杀人罪的预备行为，而是成立盗窃爆炸物的实行行为。此外，我国刑法规定的属于典型预备性实行行为的犯罪是刑法第205条规定的虚开增值税专用发票、用于骗取出口退税、抵扣税款发票罪。

（二）实行行为是对法益的侵害具有“现实”危险性的行为

这是实行行为的实质特征。某一行为之所以会受到刑法规范的评价而被规定为犯罪，根本原因在于该行为侵害了法益或具有侵害法益的危险性。其中，组织行为是因为其对实行行为具有支配性而受到处罚，教唆行为是因为制造了犯罪人，创造原不存在的法益风险而受到刑罚的处罚；帮助犯的帮助行为和犯罪的预备行为之所以受到处罚，原因在于帮助行为使法益侵害的危险变得更加容易，而预备行为则蕴涵着法益侵害的危险性，只是与犯罪的实行行为相比而言，法益侵害的危险性较低而已。因此，实行行为与非实行行为的区别并不在于法益侵害危险性的有无，而在于法益侵害危险性的程度不同。立法者之所以将某一行为规定为犯罪的实行行为，根本原因在于该行为对法益的侵害具有现实的危险性。

所谓对法益的侵害具有现实危险性，简单地讲，① 是指这种行为已使刑法保护的具体权益面临现实的危险，法益的侵害已经到达了紧迫、定型的程度，在有犯罪对象的场合，这种行为已直接指向犯罪对象，如果不出现行为人意志以外的原因的阻碍或者行为人自动中止犯罪，这种行为将会继续下去，直到完成犯罪达到既遂，在结果犯的场合，将会发生犯罪的结果。

在我国刑法理论上，对于是普通（原始）的实行行为具有法益侵害现实危险性是不存在疑问的，如扣动扳机的行为一般认为对人的生命具有现实的危险性，盗窃行为人进入房间寻找财物的行为对他人财物所有权具有现实的危险性。值得研究的是：是否拟制的实行行为也对法益的侵害具有现实的危险性？我认为结论应当是肯

① 关于“现实危险”内涵的具体分析，请参见本书第二章第一节的相关论述。

定的。如我国刑法第120条规定组织、领导、参加恐怖组织罪，行为人若只是实施了组织、领导、参与恐怖组织的行为，由于恐怖组织并不一定实施了特定的恐怖犯罪，自然并不会对行为人希望实施的恐怖犯罪所保护的法益造成现实侵害的危险，但是，行为人既然实施了对恐怖组织的组织、领导、参加的行为，对组织、领导、参加恐怖组织罪所保护的法益即社会公共安全来说却具有侵害的现实危险性。又如为了破坏交通设施而盗窃爆炸物的，虽然对交通安全还不具有现实的危险性，但盗窃爆炸物行为本身已经对社会的一般公共安全具有了现实的危险性。

作为实行行为本质内容的法益侵害的现实危险，因犯罪类型的不同，理解上也存在差别。其中，在不作为犯和过失犯中，法益的现实侵害的本质在于规范义务的违反；在未遂犯的场合，法益侵害的现实危险与实行的着手密切关联，表现出法益侵害的紧迫性特征。① 凡是实行行为对于法益的侵害而言都具有现实的危险性，这既是实行行为与非实行行为区别的关键，也是立法者将某种行为规定在刑法分则中的原因所在。

第三节 实行行为的地位与机能

一、实行行为的地位

（一）体系地位

所谓实行行为的体系地位，也就是实行行为在犯罪论体系中的地位。在当今世界各国的刑法中，某一行为成立犯罪都需要具备多个构成要件要素，根据何种原理将犯罪成立的各个条件及不同的犯罪形态进行合理组织使之成为一个有机整体，这便是犯罪论的体系问题。由于各国法律传统不同，学者们构建犯罪论体系的理论基础

① 参见［日］西原春夫著：《犯罪实行行为论》，成文堂1998年版，第367页。

有别，当今世界存在着形形色色的犯罪论体系。在英美法系，理论上采用的多是“犯罪——辩护事由”的犯罪论体系，学者们一般先分析成立犯罪所需要的行为事实、心理状态以及行为与结果之间的因果关系，然后再讨论构成犯罪抗辩的事实。而在大陆法系，构建科学、严谨的犯罪论体系一直是一个重要的理论课题，与英美法系相比，大陆法对犯罪论体系的研究也更为深入。归纳起来，不仅在宏观上存在着“二元说”、“三元说”、“四元说”的差别，① 即使在同一学说的内部，学者们建立的犯罪论体系也并非完全相同。

不管学者们最终采取的是何种犯罪论体系，但他们的初衷都是一致的，就是希望通过犯罪论体系的构建来科学认定犯罪的成立要件并合理解决行为人的刑事责任。如前所述，由于大陆法系的刑法以处罚既遂犯为原则，处罚未遂犯为例外，原则上不处罚预备犯，因此，能够作为犯罪处理的也主要是犯罪的实行行为，犯罪论体系评价的行为也主要是犯罪的实行行为，正是在这种意义上，大陆法系的学者才说大陆法系的犯罪论体系是以实行行为为中心的。②

我国刑法理论也同样重视犯罪论体系的构建。由于我国犯罪构成学说主要是借鉴前苏联刑法的，因此，犯罪论体系也深受前苏联刑法的影响。强调犯罪构成是客观要件与主观要件的统一，认为犯罪构成的要件包括犯罪客体、犯罪客观方面、犯罪主体、犯罪主观方面是该种犯罪构成最主要的特色，犯罪论体系也是以此为基础建立的。与德、日刑法递进式的犯罪论体系不同，我国的犯罪论体系一般认为是平面耦合式的。在我国犯罪构成体系中，危害行为一般是作为犯罪客观方面的构成要件要素进行论述的。由于受我国刑事立法思想的影响，危害行为的范围也并不局限于犯罪的实行行为，还包括犯罪的预备行为，因此，与大陆法相比，实行行为在我国刑

① 参见马克昌著：《比较刑法原理——外国刑法学总论》，武汉大学出版社 2002 年版，第 103 页以下。

② 参见［日］大谷实著，黎宏译：《刑法总论》，法律出版社 2003 年版，第 127 页。

法中的地位并不如大陆法突出。但我国刑法分则同样是以实行行为为中心建构的，实行行为在我国的犯罪构成体系中具有基础性地位，同样是我国犯罪论体系的中心。

（二）理论地位

既然犯罪论体系是以实行行为为中心建立的，那么，也就决定了实行行为在刑法理论中的基础性地位。第一，关于刑法分则条文的设定，实行行为是使构成要件具有自身特色最主要的构成要件要素，刑法理论对特定犯罪构成要件的解释，其核心其实就是对该罪实行行为的解释。第二，由于实行行为的开始被认为是实行的着手，实行的着手是预备行为和实行行为的分界点，只要行为人实施了犯罪的实行行为，即使未得逞，那么，也成立未遂犯，在大陆法系，该行为的处罚成为可能，在我国，虽然实行行为并不决定犯罪的处罚范围，但行为人是否实施犯罪的实行行为，是决定行为人是成立预备犯还是成立未遂犯的关键。第三，实行行为是刑法因果关系的重要内容。刑法因果关系理论所要解决的就是实行行为和法益侵害结果之间是否存在引起和被引起的关系，即能否将一定的结果的责任归属于某种实行行为。第四，实行行为是刑法上区分正犯与共犯的重要标准，实行犯罪的人为正犯，没有实施犯罪实行行为的人为共犯。① 第五，实行行为的个数是决定犯罪个数的要因。在当前的刑法理论上，关于犯罪个数的判定标准，虽然存在各种学说，但根据多数学者的认识，实行行为的个数对于犯罪单复的认定具有关键性地位。实行行为根据一个构成要件受到一次评价时是一罪，根据数个构成要件受到数次评价时则成立数罪。②

---

① 参见［日］前田雅英著：《刑法总论讲义》，东京大学出版会 1998 年版，第 124 页。

② 参见［日］西原春夫著：《犯罪实行行为论》，成文堂 1998 年版，第 24 页。

实行行为是罪刑法定主义犯罪论体系的主脉,① 它犹如一条主线，将众多的刑法问题串连起来，在刑法理论的解释中起着各种各样的作用，是犯罪论上最重要的概念之一。

二、实行行为的机能

(一) 犯罪化机能

犯罪化机能，也可称为实行行为的立法机能，是指实行行为具有指导立法者是否将某种行为规定在刑法分则中予以犯罪化的机能。回答立法者之所以要将某种行为规定在刑法分则条文中并处以刑罚的真正原因。

刑法是规定犯罪与刑罚的法律，作为犯罪主要后果的刑罚以剥夺人的利益为主要内容，刑罚的适用不仅关系行为人的财产、名誉，还有可能对行为人的身体、生命产生重要影响，因此，刑罚必须具有合理的处罚范围。如果刑罚的处罚范围过宽，就会导致人们行为的萎缩。相反，如果刑罚的处罚范围过窄，则难以有效保护法益主体的利益。因此，立法者必须要使刑罚的处罚范围限定在合理的范围内，绝不能为了惩罚而惩罚，也不能为了禁止而禁止，而必须是为了保护一定的利益。② 刑法之所以要将某种行为规定为犯罪，根本原因在于该行为具有侵害法益的危险性，处罚该行为表明刑法对该行为的否定评价。如果某种行为根本不可能对法益造成侵害，立法者自然没有必要将其犯罪化并处以刑罚。在大陆法系，由于刑法原则上不处罚预备犯，而不管是既遂犯还是未遂犯，都以行为人实施了犯罪的实行行为为必要，换句话说，正是因为存在侵害法益的实行行为、刑法才将其规定为犯罪。在这种立法体例下，实行行为的犯罪化机能较为容易理解。我国刑法不以处罚既遂犯为

---

① 参见［日］川端博：《正犯与共犯的区分标准》，载《现代刑事法》1999 年第 2 期。

② 参见张明楷著：《法益初论》，中国政法大学出版社 2000 年版，第 199 页。

限，未遂犯和预备犯原则上也处罚，因此，能够作为犯罪处罚的并不限于实行行为，也包括对法益侵害具有“较远”危险性的预备行为，但实行行为同样具有犯罪化的机能，因为如果一个行为不可能对法益侵害造成现实的危险，我国立法者同样不会将其规定在刑法分则中，那么，为该行为实行准备工具、创造条件的预备行为也就不可能作为犯罪处理。

因此，在我国，实行行为的犯罪化机能，并不是说在我国刑法中能够成为犯罪的只能是实行行为、刑法只处罚实行行为，而是强调只有某一行为具有法益侵害的现实危险性时，才有可能被规定在刑法分则中并设定为具体的犯罪类型。刑法在处罚实行行为之外，还处罚教唆行为、帮助行为，甚至包括预备行为，之所以要处罚这些非实行行为，其原因在于这些行为能够对实行行为起到制约、补充作用，处罚它们也是为了更为周全地保护法益。

坚持实行行为的犯罪化机能具有重要的意义：

1. 它可以将那些根本不具有对法益侵害或危险的行为一开始就排斥在构成要件之外，有利于思维的经济和诉讼的节俭。

在日本，学者们们经常援引类似下面的案例。如甲意欲利用雷击杀害乙，便使其在荒地行走，果真乙遭雷击而亡。又如，甲希望乙死于事故而劝乙乘坐高速火车，碰巧高速火车被放置炸弹，导致乙被炸身亡。对于以上案件，理论上有的学者是作为因果关系的问题进行研究的，认为该种场合下，乙的死亡和甲的行为之间不存在因果关系，因为甲具有杀人的故意，一旦承认了行为和结果之间的因果关系，甲故意杀人罪的责任将会被肯定。① 也有的学者是作为因果关系的错误问题对待。② 其实，以上两案，行为人甲不应当承担故意杀人罪刑事责任的根本原因既不在于行为和结果之间没有因

① 参见［日］阿部纯二等编：《刑法基本讲座》（第2卷），法学书院1994年版，第113页。

② 参见［日］大谷实著，黎宏译：《刑法总论》，法律出版社2003年版，第127页。

果关系，也不在于行为人的主观认识发生错误，而在于甲根本就没有实施犯罪的实行行为。虽然甲具有杀害乙的故意，但无论是其劝乙在野外行走的行为，还是劝乙乘坐高速火车的行为，根本不具有侵害生命法益的现实危险性，不是犯罪的实行行为，那么，自然也无须进一步讨论是否存在因果关系和主观认识错误的问题。

2. 有助于科学认识不能犯的性质和处罚原则。不论是在大陆法系还是在英美法系，不能犯都是一个十分重要的概念，各国对不能犯的处罚原则的认识也很不一致。在日本，不能犯，也称不能未遂，是指虽然形式上实施了实行行为，但不可能发生犯罪结果，没有发生值得处罚危险的情况。① 由于不能犯被认为缺乏实行行为，不具备侵害法益的危险性，日本刑法理论上通说的观点认为不能犯是不可罚的。在我国，理论上也一向重视对不能犯的研究。传统的观点认为不能犯属于犯罪未遂的一种，即不能未遂，是与能犯未遂相对的概念，只是与能犯未遂相比，其社会危害性较小，较能犯未遂从轻处罚。② 近几年，随着国外尤其是日本刑法理论的传入，越来越多的学者开始对通说的理论提出了质疑。比如，有的学者提出我国通说对不能犯的理解不符合主客观相统一的原则，③ 其实，不管是大陆法系的日本，还是在我国，不能犯问题的核心实际上与实行行为紧密关联。大陆法系的刑法理论虽然是在未遂犯部分论述不能犯，但学者们还是认为："不能犯是实行行为的定型性问题，而不是着手实行的问题。"④所以，欲科学认识不能犯的性质和处罚，必须以对实行行为的理解为基础。

3. 有助于科学认识具体犯罪行为的性质。比如对于强奸罪实

① 参见［日］前田雅英著：《刑法总论讲义》，东京大学出版会 1998 年版，第 126 页。

② 参见高铭暄、马克昌主编：《刑法学》（上），中国法制出版社 1999 年版，第 278 页。

③ 参见张明楷著：《刑法的基本立场》，中国法制出版社 2002 年版，第 245 页。

④ ［日］团藤重光著：《刑法纲要总论》，创文社 1990 年版，第 140 页。

行行为的解释，多数的观点认为强奸罪属于复行为犯，作为手段的暴力等行为和作为目的的奸淫行为都属于该罪的实行行为；但也有观点将强奸罪的手段行为解释为帮助行为，只有奸淫行为才属于强奸罪的实行行为。① 只要坚持实行行为的犯罪化机能，将强奸罪的手段行为解释为帮助行为的观点就难以得到支持。

强奸罪作为我国刑法分则规定的一种具体犯罪行为类型，之所以能够与通奸和男女自愿发生的性行为等相区分，并不在于法律对于强奸罪的性交行为与通奸等情况下的性交行为存在不同要求，而在于行为人在实施强奸罪的性交行为之前必须实施了暴力、胁迫等手段行为，并且正是因为行为人实施了暴力、胁迫等手段行为，从而使强奸罪场合的性交行为在根本上表现出违背了妇女意志，侵犯了妇女的性权利或贞操权；而在通奸和自愿发生性交的场合，由于行为人并没有实施暴力、胁迫等违背妇女意志的手段行为，男女双方的性交行为完全是基于男女双方的合意，是自愿的，并不存在刑法需要保护的法益。所以，从实现对法益侵害的地位和作用看，强奸罪中的手段行为是实现法益侵害不可或缺的行为，手段行为的存在对于认定行为人的行为成立强奸罪具有决定意义，只有对强奸罪中的手段行为作出实行行为性的认识，才能合理解决强奸罪与通奸等行为的界限，实现实行行为所具有的区分罪与非罪的机能。

（二）犯罪个别化机能

实行行为的犯罪个别化机能，是指实行行为具有将各个具体犯罪定型化，使各个犯罪有所区别以承担区分罪间界限的机能。比如抢劫罪和盗窃罪都属于侵犯财产的犯罪，二者区别的关键就在于它们的实行行为不同。由于实行行为是使刑法规定的构成要件具有自身特色最主要的构成要件要素，因此，实行行为的犯罪个别化机能，也有学者称为构成要件的类型化机能。②

---

① 参见肖中华著：《侵犯公民人身权利罪》，中国人民公安大学出版社 1998 年版，第 148 页。

② 参见［日］前田雅英：《刑法总论讲义》，东京大学出版会 1998 年版，第 124 页。

实行行为是事实与规范的统一。现实生活中，由于侵害法益的犯罪实行行为样态多种多样，每一种实行行为都有自身的特点，为了区分不同的实行行为类型，刑法分则根据实行行为的具体样态设置了不同的构成要件，从而使得实行行为在具有了区分罪与非罪机能的同时，也具有犯罪个别化的机能。比如，行为人若实施的是故意剥夺他人生命的实行行为，则成立故意杀人罪；行为人若实施的是秘密窃取他人财物的行为则构成盗窃罪，实行行为是区分此罪与彼罪的关键，行为人实施的实行行为不同，其成立的犯罪往往也不同。

（三）界限机能

界限机能一般被认为是行为的机能之一。行为的界限机能是指行为具有预先将不是行为的现象排除在犯罪之外的机能。① 世界上可能造成法益侵害的现象很多，其中，有些根本没有刑罚的意义，也没有必要成为刑罚的对象，如反射动作、睡梦中的动作等。行为界限机能的效用就在于快速过滤这些根本不可能构成犯罪的现象，② 实现思维的经济性。实行行为作为刑法理论的基石，在犯罪的认定过程中也承载着界限机能，与行为的界限机能不同，在我国，实行行为的界限机能主要表现在以下方面：

1. 实行行为是预备犯与未遂犯的界限

预备犯是指实施犯罪的预备行为，由于意志以外的原因，未能着手实行犯罪的一种犯罪形态；未遂犯是指已经着手犯罪的实行行为，由于意志以外的原因而未得逞的犯罪形态。在我国刑法中，预备犯和未遂犯都是在犯罪意思的支配下实施的，都具有严重的社会危害性，都是因为意志以外的原因而未能完成犯罪，都被认为是犯罪。作为两种截然不同的犯罪未完成形态，区别二者的关键就在于

---

① 参见马克昌著：《比较刑法原理——外国刑法学总论》，武汉大学出版社2002年版，第178页。

② 参见黄荣坚著：《基础刑法学》（上），台湾元照出版有限公司2003年版，第112页。

行为人是否实施了犯罪的实行行为。一般而言，之所以成为预备犯，是因为行为人只是实施了犯罪的预备行为，即为实行犯罪做准备、创造条件的行为；而在未遂犯的情况下，行为人则已开始实施了犯罪的实行行为，因此，行为人是否着手犯罪的实行行为是预备犯和未遂犯的界限与分水岭。

2. 实行行为是正犯与狭义共犯的界限

在大陆法系特别是德、日刑法，刑法一般采取正犯·共犯二元参与体系，将共同犯罪区分为共同正犯、教唆犯和从犯，其中，教唆犯和帮助犯又合称狭义的共犯。实行行为作为正犯与狭义共犯的区分标准既是立法的规定也是刑法理论上多数学者的观点。比如，日本刑法规定："两人以上共同实行犯罪的，都是正犯。""教唆他人实行犯罪的，判处正犯的刑罚。""帮助正犯的，是从犯。"而在刑法理论上，无论是一人全部实施实行行为的单独正犯，还是行为人分担实施实行行为的共同正犯，也不管是自己亲自实现构成要件实施的直接正犯，还是利用他人实现自己犯罪的间接正犯，成立正犯至少需要存在实行行为的分担。① 近些年，受行为支配理论的影响，虽然对实行行为概念的理解出现了实质化的倾向，但实施了犯罪实行行为的是正犯，实施教唆行为和帮助行为的为共犯的观念并未发生根本动摇。

我国刑法以共同犯罪人在共同犯罪中的作用为主要标准，同时兼顾共同犯罪人在共同犯罪中的分工，将共同犯罪人分为主犯、从犯、胁从犯、教唆犯等法定形态，并无正犯或共同正犯的明确规定。但是由于我国刑法规定有教唆犯，那么，对共同犯罪人进行分工分类在我国仍然具有重要意义；并且在我国的司法实践中，司法机关在认定共犯人行为的社会危害性程度大小时，一般也是先看行为人是实行犯、帮助犯，还是教唆犯、组织犯，然后再分析他们在

---

① 参见［日］曾根威彦著：《刑法中的实行·危险·错误》，成文堂1991年版，第11页。

共同犯罪中所起的作用大小，进而认定为是主犯、从犯还是胁从犯。① 因此，在我国区分正犯（或共同正犯）与教唆犯、从犯仍然是必要的。正犯的概念在我国的刑法理论上也频繁地使用。对于正犯与教唆犯和帮助犯的区分标准，我国学者意见也较为一致，认为实施刑法分则规定构成要件行为的是正犯，教唆他人实行犯罪的是教唆犯，实施帮助行为的是帮助犯。实行行为同样是我国刑法理论区分正犯与教唆犯和帮助犯的标志。

① 参见张明楷：《教唆犯不是共犯人中的独立种类》，载《法学研究》1986 年第 3 期。

第二章　实行行为本体论

第一节　实行行为的本质

一、实行行为本质的涵义

本质，又可称为实质，是指事物本身固有的决定事物性质、面貌和发展的根本属性。① 实行行为的本质就是实行行为本身固有的区别于非实行行为的根本属性，是实行行为的内在规定性。实行行为是符合构成要件的行为，必须具备各构成要件规定的要素，决定实行行为实质和内容的应该是刑法分则规定具体犯罪的构成要件，所以，实行行为的实质只有通过分则各个构成要件的解释才能确定，② 在这个意义上，对实行行为本质问题的探讨应该是刑法各论的任务。但是，实行行为作为刑法理论和司法实践中的基本概念之一，抽象并归纳出各类犯罪实行行为的共同特征，在刑法总则中探讨其共通的本质也是十分必要的，而且，实行行为的本质也只有在总论中得到充分的探讨，才能更好地指导具体类型实行行为的确定。

在我国，刑法上规定的行为除了犯罪行为之外，还有非犯罪行为。而犯罪行为中除了实行行为之外，还存在犯罪的非实行行为。

---

① 参见《现代汉语词典》，商务印书馆 1990 年版，第 52 页。

② 参见［日］西原春夫著：《犯罪实行行为论》，成文堂 1998 年版，第 16 页。

其中，在横的类型上有犯罪的预备行为，在纵的类型上则包括共同犯罪中的组织行为、教唆行为和帮助行为。因此，实行行为的本质实际上就是指实行行为区别于非犯罪行为以及犯罪的预备行为、共同犯罪的组织行为、教唆行为和帮助行为的内在规定性。

实行行为是指刑法分则条文规定对构成要件预定的法益侵害具有现实危险性的行为。其中，为刑法分则条文所规定是实行行为的形式特征，是实行行为的外在表现。具有对法益侵害的现实危险性是实行行为的实质特征，是立法者将某种行为规定在刑法分则中的根本原因，也是实行行为的本质所在。

实行行为的本质是法益侵害的现实危险，实际上包含两层含义：第一，实行行为必须具有侵害法益的危险性；第二，这种侵害法益的危险必须是“现实的”的危险。因此，解决实行行为的本质必须回答这两个问题。对于前者，问题的关键在于解决危险的认定标准；对于后者，重要的在于如何理解危险的“现实性”特征。

在我国传统的刑法理论上，关于实行行为的本质，刑法著述也不乏论述，如我国学者在分析实行行为实质特征时就特别强调，实行行为必须直接侵犯某种社会关系，对犯罪的直接客体具有现实而直接的威胁性或破坏性。① 但什么是“现实而直接的威胁性或破坏性”？实践中究竟应当如何判断？长期以来，我国的刑法理论只限于泛泛而谈，并未进行深入的研讨。

在大陆法系，有关实行行为的本质是一个被长期关注并存在复杂学说对立的问题。从现有的论述看，大陆法的刑法理论一般并不设专章对实行行为的本质进行探讨，有关实行行为本质特征的危险性判断问题是在不能犯的学说中展开的，对“现实性”的讨论则是在对实行着手认定中被论述。

众所周知，在大陆法系，不能犯的立法类型有二：其一，认为不能犯构成犯罪，但得免除其刑罚或减轻其刑罚，以德国刑法为代

① 参见马克昌主编：《犯罪通论》，武汉大学出版社 1999 年版，第 181 页。

表。德国刑法典第23条第3款规定："行为人由于对犯罪对象或手段认识错误，在性质上其犯罪行为不能实行终了者，法院得免除其刑罚，或减轻其刑罚。"其二，不能犯不成立犯罪，不罚，以奥地利、意大利刑法为代表。奥地利刑法第15条第3款规定："犯罪行为如欠缺法定之特定身份关系，或依行为之性质，或犯罪之对象，不能完成犯罪时，其未遂犯及未遂之参与行为均不罚。"意大利刑法第49条第2款也指出："因行为不致发生所预期之危险结果，或因欠缺犯罪之对象，而无发生侵害或危险之可能者，不罚。"

在日本，刑法没有对不能犯做明确规定，但不能犯不成立犯罪、不罚，不仅是其刑法理论的通说，也是日本刑事司法实践的一贯做法。不能犯被日本学者普遍认为是虽然形式上实施了实行行为，但不可能发生犯罪结果，没有发生值得处罚危险的情况。① 日本刑法理论之所以认为不能犯不成立犯罪，不具备可罚性，其根本原因在于不能犯实质上欠缺犯罪的实行行为，不可能实现构成要件的内容，没有发生值得处罚的危险；而未遂犯虽然未完成犯罪但因其着手了犯罪的实行行为，具有了侵害法益的危险，所以才被处罚。因此，日本刑法理论上关于不能犯学说，表面上看是不能犯与未遂犯区别的学说，而实质上则完全可以说是关于实行行为本质的学说。换句话说，在日本，作为实行行为本质的法益侵害危险性有无的判断是以不能犯和未遂犯的区别为背景而争论着的，实行行为本质中的危险性判断和不能犯与未遂犯的区分标准实际上是一个一体两面的问题。解决了不能犯与未遂犯的界限，也就解决了实行行为危险性的判定标准。

二、"危险"判断的学说与判例

（一）关于危险的学说

1. 主观说

---

① 参见［日］前田雅英著：《刑法总论讲义》，东京大学出版会1998年版，第126页。

“主观说”，也有学者称其为“纯粹主观说”，是主观主义刑法理论的产物。该说的特色在于将犯罪的处罚根据求诸于行为人意思的危险或对法的敌对意思。认为，只要行为人基于犯罪的意思实施了行为，不管该行为在事实上对法益的侵害是否具有危险，由于行为人实施犯罪的危险性格被确证，性格本身就获得了刑罚处罚的正当根据，即使行为没有得逞，也具有了值得处罚的法益侵害的危险，应当成立未遂犯，不再构成不能犯。只有在行为人没有真正的犯罪意思，或者由于行为人性格怯懦而采取超自然的方法实施行为，并没有诉诸现实手段之危险时，如以杀人为目的而念咒之类的迷信犯，才成立不可罚的不能犯。

在德国，“主观说”曾为主观主义刑法学理论大师布黎所极力倡导，并曾得到德国判例的支持。后又为刑法学巨擘威尔哲尔、H·迈耶、玛拉哈等著名学者继受，直至今日，主观说在德国刑法中仍然被有力地提倡着。①

主观说也是日本刑法理论中主观主义学者的见解。在刑法学的发展史上，宫本英修、江家义男、庄子邦雄等教授都是该说的积极支持者。宫本英修教授说：“未遂的处罚根据，应求之于性格的危险（犯罪反复的危险），既然有作为犯意飞跃表动的实行的着手，不管其原因如何，应当解释为可罚的未遂。因此，原则上不承认不能犯，不能犯仅限于迷信犯的场合。”②

根据“纯粹主观说”论者的看法，未遂犯处罚的根据并不在于行为侵害法益的现实危险，而在于行为人的犯罪意思。只要行为人存在犯罪意思并有表现该种意思的行为，就具有了值得刑罚处罚的危险。即使出于杀人的意图让他人喝下砂糖的行为，因为行为人有故意杀人的犯罪意图，应当成立未遂犯，不构成不能犯。这样一

---

① 参见［日］大塚仁著，冯军译：《刑法概说》（总论），中国人民大学出版社 2003 年版，第 227 页。

② 参见［日］中山研一著：《刑法总论》，成文堂 1982 年版，第 422 页。

来，在“主观说”的理论中，实际上行为的意义已经被淡化，行为的地位已为意思或性格的危险所取代，其不再具有决定法益侵害危险是否存在的功能，只是具有显像行为人是否具有犯罪意思的征表机能。

“主观说”仅仅重视行为人的主观意思而忽视了客观行为，从“意思的危险性”中寻找未遂犯与不能犯的区分根据，这与其主观主义思想基础是一脉相承的，从而也显示出了其理论根据的错误。该说遭到学者们的以下强烈批判。

其一，大塚仁教授说，未遂犯包含着实现构成要件的实行行为，不能犯不存在着这种实行行为……主观说偏重于行为人的危险性，有没有考虑到问题所在是作为实行行为的内容的危险性之嫌。根据主观说，应当认为所有的行为都应当是可罚的未遂，但是，又认为存在犯罪意思行为但没有产生犯罪结果时的迷信犯例外地不可罚，这实际上自己承认了主观说的不合理性。①

其二，西原春夫教授写道：“这种学说，仅仅认为基于重大无知的场合是不能犯，这也是向结论的重要性的妥协，在理论上缺乏连贯性。……将一般人不会感到有客观危险的行为基于行为人的犯意认为有违法性，就是意思刑法，违法性至少要使一般人感到危险。”②

其三，泷川幸辰教授批评指出：“主观说在理论上是明快的，在实际上也是简单的，但是它在超越处罚未遂目的的同时又和现行刑法的立场相矛盾。假如主观说是正确的话，那么，现行刑法关于未遂要比既遂从轻处罚、轻微犯罪的未遂不予处罚以及原则上不处罚预备的方针政策就变成了无意义的规定了。”此外，“如果按照主观说，一切的未遂，包括迷信犯，都应当受到处罚，从而也就没

---

① 参见［日］大塚仁著，冯军译：《刑法概说》（总论），中国人民大学出版社 2003 年版，第 230 页。

② ［日］西原春夫著：《犯罪实行行为论》，成文堂 1998 年版，第 117 页。

有不能未遂的存在余地。但是关于迷信犯，主观说却利用了客观危险的概念，这本身就暴露了主观说的弱点。主观说无非是犯罪表征主义的夸张”。①

其四，团藤重光教授也批评道，不能犯并不是故意的问题，而是客观行为的问题，不应用故意的存否来区分未遂犯与不能犯。②

“二战”后，随着主观主义刑法理论的逐渐衰落，“主观说”也被冷落。“主观说”在现在大多数大陆法系国家或地区的刑法理论上，也只是具有学说史的意义，有关危险判断的争论主要是在以下学说间展开的。

2. 抽象的危险说

“抽象的危险说”，也称“主观的危险说”，在德国又称“印象理论”。该说主张以行为人在行为当时认识到的事实为基础，根据一般人的见地，判断有无客观的危险。如果按照行为人计划实施的行为具有发生构成要件结果的危险，那么，犯罪实行行为就应当被肯定，行为人成立未遂犯；即使按照行为人的真实计划实施行为，也不可能发生构成要件的结果的危险，那么，该行为不属于犯罪的实行行为，行为人只能成立不能犯。③

“抽象的危险说”的特色在于，以“行为时”作为判断之时点，以“行为认识之事实情况”作为判断之对象或素材，以“社会通常的一般人”作为判断之基准。

“抽象的危险说”在德国曾为学者瓦琴费尔德（Wachenfeld）主张。为了与具体的危险相区分，瓦琴费尔德将抽象的危险解释为

---

① ［日］泷川幸辰著，王泰译：《犯罪论序说》，法律出版社 2005 年版，第 127 页。

② 参见［日］团藤重光著：《刑法纲要总论》，创文社 1990 年版，第 167 页。

③ 参见［日］中山研一、西原春夫等编：《现代刑法讲座》（第 3 卷），成文堂 1982 年版，第 131—132 页。

对法律秩序的危险。① 在日本，战前主要为牧野英一、木村龟二等持主观主义刑法理论的学者提倡。战后，随着主观主义刑法理论的没落，客观主义刑法理论中也有学者支持该说，如草野豹一郎、齐藤金作、下村康正、冈野光雄等。冈野光雄说，行为是客观面与主观面的统一体，“纯粹主观说”只是考虑了行为人的主观面，其他客观说只是考虑了行为的客观面，而抽象的危险说同时考虑了行为的客观面和行为人的主观面，所以是一种妥当的学说。② 由于从形式上看，“抽象的危险说”似乎在重视行为人主观面的同时，也考虑了行为的客观危险性，所以，该说理论上也称“主观的客观说”。③

与“主观说”一样，“抽象的危险说”也以行为人认识到的事实作为判断资料。但该说从一般人的观点判断行为人所认识到的事实有无发生结果的危险表现出了与“主观说”的不同。按照该说，如果以行为人认识到的事实作为判断资料，同时从一般人的立场判断危险性的有无，那么迷信犯不处罚就有了理论根据。在这个意义上，“抽象的危险说”较“主观说”有可取之处。但若严格贯彻该说，同样存在将客观上完全没有危险性的行为，仅仅因为行为人的认识错误就认为存在法益侵害的危险，作为犯罪处罚。比如，在行为人甲本想用毒药杀乙，但却误将砂糖当做毒药使用的场合，甲意图用毒药杀乙，从一般人的立场上看，该行为无疑具有结果发生的危险，存在杀人罪的实行行为，应当成立犯罪。

由于从处罚的结果看，该说实际上仍然将犯罪的处罚根据求之于行为人意思的危险性，所以，学者们认为抽象的危险说仍然是主

① 参见马克昌著：《比较刑法原理——外国刑法学总论》，武汉大学出版社2002年版，第565页。

② 参见张明楷著：《未遂犯论》，法律出版社、成文堂联合1997年版，第230—231页。

③ 参见［日］中山研一著：《刑法总论》，成文堂1982年版，第423页。

观主义刑法理论的产物。① 而正是在这一点上，刑法理论对之展开了激烈批评。大塚仁教授说："抽象的危险说想纠正主观说的偏颇，试图客观地进行危险性地判断，在这一点上有值得肯定之处，但是，它仅以行为时行为人认识的内容作为危险判断的基础，就不得不说有偏重行为人主观方面的缺陷。"② 大谷实教授也表达了同样的意见，他写道："抽象的危险说为了纠正主观说的缺陷，将危险性的内容作为实现犯罪的危险性客观地进行把握，但是，对该危险性的判断，仅以行为人的认识内容或计划内容为基础，所以，也并没有脱离主观主义的窠臼。"③

从当今大陆法系刑法理论的现状看，在德国，由于其刑法在未遂犯的处罚根据上采纳主客观混合的印象理论，从而抽象危险说被德国刑法理论广泛接受，被认为是目前刑法理论上的通说。在日本，该说由于被学者们广泛批评为没有脱离主观主义刑法理论的窠臼，少有学者提倡。

我国传统的刑法理论并不存在不能犯的概念，大陆法系刑法理论上所谓的不能犯在我国一般称之为不能犯未遂，是指因为行为人对有关犯罪事实认识错误而使犯罪行为不可能达到既遂的情况。不能未遂在理论上又被进一步区分为工具不能犯的未遂和对象不能犯的未遂。工具不能犯未遂是指犯罪人由于认识错误而使用了按其客观性质不能实现犯罪人犯罪意图、不能构成既遂的犯罪工具，以至犯罪未遂。比如，误把白糖等无毒物当做砒霜等毒药去杀人；误用空枪、坏枪、臭弹去射杀人等。所谓对象不能犯未遂，是指由于行为人的错误认识，使得犯罪行为所指向的犯罪对象在行为时不在犯

---

① 参见张明楷著：《刑法学》（第2版），法律出版社2003年版，第297页。

② 参见［日］大塚仁著，冯军译：《刑法概说》（总论），中国人民大学出版社2003年版，第230页。

③ 参见［日］大谷实著，黎宏译：《刑法总论》，法律出版社2003年版，第283页。

罪行为的有效作用范围内，或者具有某种属性使得犯罪不能既遂只能未遂。例如，误认尸体为活人开枪射杀，误认为空包内有钱而扒窃，误认为被害人在卧室而射击，误认男子为女子而实施强奸等。我国刑法理论通说认为，不管是能犯未遂还是不能犯未遂原则上都是可罚的，只是能犯未遂往往比不能犯未遂具有较大的社会危害性，对不能犯未遂的处罚较能犯未遂轻。①

从我国通说观点对不能犯未遂的论述看，我国在对未遂犯的处罚范围或者说对实行行为危险的判断上实际上采取的是抽象的危险说。

3. 具体危险说

“具体危险说”，或称“新客观说”，该说将未遂犯罪的处罚根据求诸于法益侵害的危险，认为，以行为当时一般人所认识到的事实以及行为人特别认识到的事实为基础，以行为时为标准，从一般人的立场出发判断有无发生法益侵害的危险。如果能够肯定存在法益侵害危险，实行行为被肯定，从而成立未遂犯；没有法益侵害危险的场合，实行行为被否定，从而构成不能犯。

该说的核心思想在于，以“行为时”作为判断之时点，以“一般人有认识可能性之事实情况以及行为人特别认识之事实情况”作为判断的对象或素材，以“社会通常的一般人”或“具有科学知识的一般人”作为判断的基准。其中，关于危险判断的基准，木村龟二、植松正等认为应以“具有科学知识的一般人”的认识；而团藤重光、福田平、大塚仁、大谷实等则主张根据“社会通常的一般人”的认识。从理论根基上看，该说系依据将刑法视为行为规范的立场和在违法论上采不法二元论的观点。②

具体危险说在进行危险判定时，虽然也同时考虑了行为的主观

① 参见高铭暄、马克昌主编：《刑法学》，北京大学出版社、高等教育出版社 2000 年版，第 159—160 页。

② 参见陈子平著：《刑法总论》（下），台湾元照出版有限公司 2006 年版，第 26 页。

和客观两个方面，在这一点上与抽象的危险说有共通之处，但是该说不仅以行为者认识的事情，还以一般人可能认识的事情作为判断的基准，这一点又与抽象危险说相区别。① 另外，该说和后述的旧客观说都是从行为对法益侵害的危险性中寻求未遂犯的处罚根据，但是与旧客观说不同的是，该说是在具体情况下，并且从一般人的事前的立场上来判断行为所具有的发生结果的可能性。②

具体危险说首先由德国著名刑法学家李斯特提出，③ 此后在大陆法的刑法理论上变得十分有力。继李斯特之后，学者 Kriegsman、Hippel、Henkel 又努力对具体危险说进行了发展和重构，在当代德国的刑法学理论上，仍有不少学者将其视为不能未遂的重要理论之一。

在日本，该说被认为与相当因果关系中对相当性判断的“折中说“具有相同的理论基础，得到植松正、佐伯千仞、团藤重光、平场安治、福田平、西原春夫、中义胜、大塚仁、大谷实、川端博、野村稔等一大批知名学者的支持，在战后很长的时间里，该学说一直发挥着作为通说的威力。④

川端博教授明确指出：“从人的不法论的立场，目前仍以具体的危险说较为合理。”⑤

大谷实教授分析道：“我认为，作为实行行为实质内容的发生结果的现实危险，不一定是物理的、科学的危险，而是以行为的具

① 参见［日］中山研一、西原春夫等编：《现代刑法讲座》（第 3 卷），成文堂 1982 年版，第 133—134 页。

② 参见［日］野村稔著，全理其、何力译：《刑法总论》，法律出版社 2001 年版，第 348 页。

③ 参见［德］李斯特著，徐久生译：《德国刑法教科书》，法律出版社 2000 年版，第 345—348 页。

④ 参见［日］西原春夫著：《犯罪实行行为论》，成文堂 1998 年版，第 115 页。

⑤ ［日］川端博著，余振华译：《刑法总论二十五讲》，中国政法大学出版社 2003 年版，第 338 页。

体情况为基础，从一般人的角度出发来判断的类型上的危险。刑法作为行为规范，以向一般人命令、禁止实施有关行为为内容，因此，只要是包含有这种危险的行为，就应当作为符合修正构成要件的行为，认定为未遂犯，从这一意义上讲，从一般人的立场来判断行为的客观危险性的具体危险说是妥当的。同时，即便是从一般人的观点来看并不危险的行为，例如，在一般人看来是稻草人，但行为人特别知道是真人的场合，向该人开枪的话就有发生结果的现实危险，所以，行为人特别认识到的情况也应当作为判断的基础。所以，不能犯中有无危险的判断，应以行为人特别认识到的事实和一般人能够认识到的事实为基础，以行为时为基准，从一般人的立场出发，在认为具有发生构成要件结果的现实危险的场合，就是未遂；没有的场合，就是不能犯。"①

大塚仁教授强调："相对于这些学说，具体危险说以行为人的认识和一般人的认识可能性为基础判断实行行为的危险性，是站在与相当因果关系说的折中说同样的思考态度上，能够根据社会观念适当地把握行为的危险性，应该说是妥当的见解。"②

当然，作为认定危险的众多学说之一，具体危险性同样受到来自其他学说学者的质疑与批评：

第一，有学者指出，具体的危险说将从事后看没有发生任何危险结果的行为，因为行为时一般人的畏惧感、危险感而被认为具有可罚性。也就是说，行为并不是因为对法益侵害的客观危险，而是因为其反社会性、反伦理性作为可罚的基础。③ 这是不妥当的。

第二，泷川幸辰教授说："（具体）危险说的缺点是没有从纯

---

① ［日］大谷实著，黎宏译：《刑法总论》，法律出版社 2003 年版，第 284 页。

② 参见［日］大塚仁著，冯军译：《刑法概说》（总论），中国人民大学出版社 2003 年版，第 230 页。

③ 参见［日］西原春夫著：《犯罪实行行为论》，成文堂 1998 年版，第 117—118 页。

粹的客观立场去决定什么是违法的问题。例如，按（具体）危险说的看法，相信手枪里装上了子弹（其实是空枪）并用这支枪射击时、以为自己已经妊娠（其实没有妊娠）的妇女去施行堕胎时，空的手枪、想象的妊娠这些事实都是后来才清楚的事，换言之，如果追溯到行为当时来判断其情况时，就存在着所谓的客观的危险。因而就不能不得出它们是可罚未遂的结论。然而，这样的场合其实并不存在着客观的危险，也不能说是违法。用空枪射击是杀不死人的，没有妊娠的妇女也堕不下胎来。也就是说，在客观上都是不能称为违法的情形，所以归入到可罚的未遂中是不合理的。"①

第三，齐藤信治强调，该说没有将作为必须具体个别判断的责任谴责内容和行为是否具有危险的内容区别开来。具体危险说认为，在危险的判断上，以"一般人难以认识的事实为基础的话，过于严苛"，因此，主张以一般人能够认识的事实为基础。但是，是否过于"严苛"是属于责任谴责的问题，和行为在客观上是否具有危险是两回事。②

第四，木村龟二教授指出，具体危险具有不明确性。具体危险说主张以行为人特别认识到的事实与一般人特别认识的事实作为判断资料决定行为是否具有危险性，但如果行为人特别认识的内容与一般人可能认识的内容不一致时，不明确究竟应当以何种事实作为判断资料。③

第五，前田雅英教授说，具体危险说对完全相同情况下实施的相同行为，若行为人知道对方患重度糖尿病而注射就有危险，不知

---

① ［日］泷川幸辰著，王泰译：《犯罪论序说》，法律出版社 2005 年版，第 128 页。

② 参见黎宏著：《日本刑法精义》，中国检察出版社 2004 年版，第 199 页。

③ 参见［日］木村龟二著，阿部纯二增补：《刑法总论》，有斐阁 1978 年版，第 354 页。

道对方患重度糖尿病而注射就没有危险，这是很不自然的。①

另外，还有论者提出，不管是木村龟二、植松正提出的以“具有科学知识的一般人”作为危险判断的基准，还是团藤重光、福田平、大塚仁、大谷实等主张的以“社会通常的一般人”的认识作为危险的判断基准，界限都不明确。②

我认为，上述对“具体危险说”的批评不乏中肯之处。比如，前田雅英教授的批评就触及到了问题的实质。由于行为人的主观认识不同，在行为人知道对方患重度糖尿病而注射与行为人不知道对方患重度糖尿病而注射时，若行为人都成立犯罪并且在其他条件都相同的情况下，二者的处罚确实应当有别，但这种差别主要是责任程度的不同而引起的，并不在于二者客观行为的危险性存在差异。就行为客观危险的程度而言，行为人知道与不知道不应当存在差别。③ 因此，欲主张“具体危险说”，必须要合理解释批评论者的疑问。

面对学者们的批评与质疑，有不少学者对“具体危险说”进行了修正，从而形成了形形色色的“修正的客观危险说”。

4. 客观危险说及修正的客观危险说

“客观危险说”，也称“绝对不能·相对不能说”，该说将未遂犯的处罚根据求之于现实的法益侵害的直接危险，④ 认为行为人意图侵害的结果始终都不可能实现，即绝对不能的场合，成立不能犯；由于特定的状况行为侵害的结果只是偶然不能实现，即相对不能时，成立未遂犯。如以杀人的意图而投毒，结果却误将白糖当毒

---

① 参见［日］前田雅英著：《刑法总论讲义》，东京大学出版会 1998 年版，第 158 页。

② 参见［日］平野龙一著：《刑法总论 Ⅱ》，有斐阁 1975 年版，第 326 页。

③ 参见黎宏：《刑法中的危险及其判断》，载《法商研究》2004 年第 4 期。

④ 参见［日］中山研一著：《刑法总论》，成文堂 1982 年版，第 425 页。

药，对于一般人而言，由于白糖始终不具有危害生命法益的危险，所以是不能犯，应当否定实行行为的存在；但若投的是毒药，只是因为剂量不足以致人死亡，属于相对的不能，构成未遂犯，肯定实行行为的存在。

"客观危险说"的特点有二：一是对结果发生的危险进行客观外部的判断，与行为人的意思、计划完全没有关系；二是法益侵害的危险不是从事前而是主张从事后的立场进行判断。① 由于该说在判断有无侵害法益的危险时完全不考虑行为人的主观方面，理论上也称"纯客观说"；又由于该说在德国是自费尔巴哈以来的主张，亦称"旧客观说"。

从理论渊源上看，客观危险说最符合以行为主义和权利侵害说为理论基础的客观未遂论的历史原型，② 正因为如此，该说曾为战前坚持客观主义刑法理论学者所极力提倡，如大场茂马、胜本勘三郎等。"二战"特别是20世纪60年代中期以后，客观主义刑法理论内部开始出现新的动向，强调刑法的谦抑主义，希望国家刑罚权的范围应当有所限制，提倡非犯罪化的立法与解释的观点再度被强调，尤其在犯罪论领域违法性本质论中表现得最为明显，尽可能排除行为无价值而贯彻结果无价值的倾向变得显著起来，在不能犯领域，开始对占通说地位的具体危险说展开了批判，客观的危险说在日本的刑法理论上出现了抬头的趋势。③ 在司法实践中，日本高等法院的判例也表现出对该说的青睐。但是，由于该说被认为存在以下问题，在理论上，还是未能获得大多数学者的支持。

第一，认为该说以绝对不能和相对不能作为危险性的判断标

① 参见［日］中山研一著：《刑法总论》，成文堂1982年版，第426页。

② 参见［日］中山研一著：《刑法总论》，成文堂1982年版，第426页。

③ 参见［日］西原春夫著：《犯罪实行行为论》，成文堂1998年版，第117页。

准，不具有明确性。如大塚仁教授分析指出：“绝对不能、相对不能这种观念本身也不明确。例如，在所谓相对不能的场合，只要适应某种具体事态进行考虑，也可以认为绝对不可能发生结果，在这个意义上并非不能说它也是绝对的不能。”① 一度支持该说后又该采具体客观说的大谷实教授也同样指出：“客观危险说在不能明确区分绝对不能与相对不能这点上，具有致命的缺陷，因此，难以支持。”②

第二，认为客观危险说忽视了刑法规范所具有的行为规范的性质，不利于刑法保护机能的实现。野村稔教授写道：“客观危险说没有把行为时一般人感觉到有危险的行为当作违法，只把事后判断为危险的行为判断为违法，从保护法益的观点看还不充分，无视在社会生活中刑法作为行为规范而发挥着的机能，所以，也不应该采用。”③

第三，认为从事后、客观的立场判断行为是否存在危险在方法论是错误的，且依客观的危险说，那么实际上所有没有造成法益侵害结果的行为都是绝对不能，即所以的未遂犯都将属于不能犯，与立法不符合。前田雅英教授指出，从事后判断，任何没有发生犯罪结果的未遂犯都是有理由和原因的，那么，就有可能导致所有的未遂都属于不能犯的结局，这和现行法处罚未遂的规定难以认为是吻合的。④ 西原春夫先生也表达了同样的旨趣。他分析道：“如前述，对事物的经过进行事后、科学的考虑时，一切都是必然的，没有发生结果也是必然的。使他人吞服毒药但后来他人因服用解毒剂而得

① 参见［日］大塚仁著，冯军译：《刑法概说》（总论），中国人民大学出版社 2003 年版，第 230 页。

② 参见［日］大谷实著，黎宏译：《刑法总论》，法律出版社 2003 年版，第 283 页。

③ 参见［日］野村稔著，全理其、何力译：《刑法总论》，法律出版社 2001 年版，第 354 页。

④ 参见［日］前田雅英著：《刑法总论讲义》，东京大学出版会 1998 年版，第 156 页。

救的，因没有瞄准而没有打中他人的，因被害人身体移动没有打中的，都是符合因果法则的必然归结，只是行为当时行为人没有预测到而已。在这个意义上所有的未遂犯都是不能犯。既然现行法的立场是承认未遂犯，就不能允许贯彻事后科学的判断。”①

此外，“若拒绝事前判断，那么，外形被认为紧迫、危险的行为，例如从警察手中夺过实际上没有子弹的手枪意图杀人的行为，对其逮捕或正当防卫就会有问题。如果认为该行为是不能犯，行为属于没有违法性的行为，逮捕就是误想逮捕，正当防卫也就不成立了。”②

我国著名刑法学家马克昌先生也批判说：“纯客观说与纯主观说相反，走向另一个极端，完全不考虑行为人行为时的主观意思，违反了刑法中主客观相统一的原则，极大地限制了未遂犯的范围，不利于对犯罪的有效惩治。”③

针对客观说存在上述疑问，一些学者对客观危险说进行了修正，提出了形形色色的修正的客观危险说。

山口厚教授的修正方法是，在侵害结果没有发生的场合，根据科学的因果法则事后考虑假定存在什么事实时才能发生侵害结果，再考虑这种假定的事实有无存在的可能性，进而决定有无具体危险。

前田雅英教授则主张，判断有无危险时，只能以行为时所认识的一切客观事实作为基础，但如果彻底进行事后判断，则所有的危险犯都将成为不能犯，因此，在政策上有必要事前作为未遂犯处罚的场合，应当以行为时存在的一切客观事实为基础，以行为时作为

---

① 参见［日］西原春夫著：《犯罪实行行为论》，成文堂 1998 年版，第 119 页。

② ［日］西原春夫著：《犯罪实行行为论》，成文堂 1998 年版，第 119 页。

③ 马克昌著：《比较刑法原理——外国刑法学总论》，武汉大学出版社 2002 年版，第 569 页。

判断时点，判断“从行为时来看结果发生的合理（科学）概率”；在进行危险判断时，没有必要连细微的情节也考虑，对客观事实有必要进行某种程度的抽象化；对危险的判断不是以神的眼光进行判断，而是以人的眼光进行，所以，结果的发生要以概率的形式来表现。①

此外，还有曾根威彦、名和铁郎等学者的修正客观说。鉴于这些学说内容繁琐，难以为司法实践接受，且与后文的观点联系也不大，故不再一一介绍。

（二）关于危险的判例

关于行为是否存在危险的判断，大陆法系各国或地区刑法判例的立场也不尽相同。

1. 德国

在德国，判例一直肯定不能犯的可罚性，这是由其刑法对危险的判断标准决定的。关于不能犯中行为危险的判断，由于很多判例采取的是主观说的立场，不能犯被认定为存在法益侵害的危险，当然应当加以处罚。如德国的联邦法院在抢劫罪的案件中，即使被害人没有出现在行为地，也肯定了抢劫罪的未遂；在意图杀人而投毒的案件中，即使药量过少，也同样肯定了杀人的未遂。②

2. 日本

在日本，判例的立场被理论上认为主要是游离于客观危险说和具体危险说之间。大多数学者的观点认为，自大审院以来，日本最高判例就一贯坚持的是“绝对不能·相对不能”的旧客观说，而且这种立场还为日本最高法院的判文所明确标明。

例如大审院在关于使用未达致死量的毒药的判例中这样写道：“杀鼠剂是毒药的一种，用它作为杀人的手段，应当有可能达到目的，偶尔误用分量未达致死量，以致未能达到目的时，就不可能与

① 参见张明楷著：《刑法学》，法律出版社2003年版，第299页。

② 参见［德］汉斯·海因里希·耶赛克、托马斯·魏特根著，徐久生译：《德国刑法教科书》，中国法制出版社2001年版，第636页。

实施了绝对不能成为犯罪手段的行为等量齐观。”

又如著名的硫磺杀人案。被告人 A 为了杀害情夫某甲，将硫磺粉末投入汤锅中，让某甲食用，后被告人又使用掐死的手段将甲杀害。对于本案，大审院的判文指出：“以杀人的意思对于他人实施两种不同的杀害方法。用第一种方法绝对不可能引起杀害的结果，只限于使他人受伤；用第二种方法才达到了杀人目的时……作为杀人罪，用第一种方法的行为只能属于不能犯，当然不能论以杀人罪……应按伤害罪处断。”①

还如 1904 年大审院著名的空枪注射事件案。案情如下：一男子为了骗取保险金企图杀害自己的侄女，为此，首先为该智力发育迟缓的侄女购买了高额的生命养老保险。经过反复思考，最后决定运用注射空气的方法将该侄女杀害。一天，该男子对在田里干活的侄女说：“叔叔给你注射一种对身体很好的药。”于是，他将 20CC 的注射器中注入大约 5CC 的水，剩余部分注入空气，随后就给自己侄女的手腕静脉注射了两支这样的制剂。一般认为，如果 30CC 至 40CC 的空气进入血管，由于血管很细，血会流干而致人死亡。但是，这个女孩并没有死亡。在事情败露之后，该男子以杀人未遂被起诉。一审法院认定该男子构成故意杀人罪未遂，其辩护律师以该男子的行为属于杀人的不能犯上诉至大审院。针对本案，大审院判决指出：“原判决以及其所支持的第一审判决认为，像本案这样，虽然向静脉内注射空气的量在致死量以下，但是，根据被注射者的身体条件以及其他情况，并不能说绝对没有引起死亡结果的危险。根据原判决所列举的各种鉴定书，可以充分肯定上述判决。”②

对于大审院的判决所依据的理论基础，也有许多学者指出主要

---

① 参见［日］木村龟二主编，顾肖荣等译：《刑法学词典》，上海翻译出版公司 1991 年版，第 316—317 页。

② 参见［日］西原春夫著：《犯罪实行行为论》，成文堂 1998 年版，第 110 页。

是以具体危险说为基调的。① 比如对于著名的硫磺杀人案，大谷实教授认为同样可以从具体危险说的立场进行解说。“现在，在一般人的科学观念中，难以想象可以用硫磺杀人，因此，这个判决即便从具体危险说的立场看，也能得到支持。”②

在德、日等大陆法系国家，法院特别是该国最高法院的判决在理论研究中具有十分重要的地位，学者们之所以要对判决作出不同解说，主要目的在于论证其主张的合理性。也正是因为实践中的许多案件即使根据不同的学说进行解释也会得出相同的认定结果，所以学者们为了论证自己理论主张的合理性，对实践中大量判决往往作出有利于自己理论主张的解说。但是，客观危险说和具体危险说毕竟存在本质的差异，并非每一个案件按照客观危险说和具体危险说都会得出相同的结论。从当今既有的日本刑事判决看，的确存在不少以具体危险说为理论基础的判例。比如对于以杀人目的将苛性钠放入鱼汤中让被害人喝下，被害人由于味道太苦而没有喝的案件，朝鲜高等法院判文明示，首先从“有可能产生侵害法益的结果”中寻求未遂犯的可罚性，侵害法益的危险应该以“行为时的具体情况作为判断的基础，按社会观念评价的一般性质进行判断”。③

另外，在广岛、福冈、东京等地的高等法院也存在大量采用具体危险说的判例。著名的案例如福冈夺空枪射击警察案。受到逮捕的犯罪嫌疑人，从正在执行公务的警察手中夺取手枪，将枪口对准警察腹部连续两次扣动扳机，由于手枪碰巧没有子弹，结果没有发生。对于此案，1953 年福冈高等法院的判决指出：“身着制服正在

---

① 参见［日］大塚仁著，冯军译：《刑法概说》（总论），中国人民大学出版社 2003 年版，第 231 页。

② ［日］大谷实著，黎宏译：《刑法总论》，法律出版社 2003 年版，第 285 页。

③ 参见［日］野村稔著，全理其、何力译：《刑法总论》，法律出版社 2001 年版，第 351 页。

执勤的警察，其右腰部佩带的枪支，在一般人看来都会装有子弹，夺取手枪，以杀人的目的向人发射，有发生危害结果的可能性。”①

综上分析可见，在日本，由于不能犯理论争议复杂，而这种理论上的不同意见不可能不对判例产生影响，以某一种学说来概括不能犯判例的态度都是困难的。

3. 我国台湾地区

有关不能犯的问题，在我国台湾地区是由其“刑法”第 26 条规定的，“未遂犯之处罚，得按既遂犯之刑减轻之。但其行为不能发生犯罪之结果，又无危险者，减轻或免除其刑。”② 实践中如何界定行为的危险，实务见解很不一致，根据台湾地区学者陈子平教授的归纳，判例的主张如下：

其一，对“不能发生犯罪之结果，又无危险”的理解，大多数判例着重于“无危险”的解释，并由“无危险”导出“不能发生犯罪之结果”；也有判例着重于“不能发生犯罪之结果”，而导出“无危险”；还有判决将“不能发生犯罪之结果”视为“无危险”或者从事实直接导出“不能发生犯罪之结果、又无危险”。

其二，对“不能发生犯罪之结果”，有的判例指出是指“无发生结果之可能性，即其行为之实质上并无危险性”；有的判例主张是“客观上则有不能与可能发生结果之分”。

其三，对“无危险”的理解，多数判例主张“危险，系指客观之危险而言……须其行为仅具有主观之抽象危险，而在客观事实上并无具体危险”；也有判例主张“行为之实质上并无危险性”、“客观上并无危险性”；还有判例指出是“形式的危险性”、“实质的危险性”、“客观上无危险性”。其中，多数判例见解所称“主观

① ［日］植松正、川端博等著：《现代刑法论争 Ⅰ》，劲草书房 1983 年版，第 280 页以下。

② 需要注意的是：我国台湾地区自 2006 年 7 月 1 日施行的新“刑法”对该条款做了重大修改。现行“刑法”规定：“行为不能发生犯罪之结果，又无危险者，不罚。”

之抽象危险”，似乎都是以行为人主观认识的危险加以理解的。

陈子平教授在作出了上述归纳后，评述如下：

第一，对于第26条所谓“不能发生犯罪之结果，又无危险”，判例的理解并不一致，亦即对于不能犯成立要件中“不能发生犯罪之结果”与“无危险”之关系，究竟是认为属于各自独立的不同要件，还是认为“不能发生犯罪之结果”即“无危险”，或者“无危险”即“不能发生犯罪之结果”，实务见解未明确说明。

第二，对于“不能发生犯罪之结果”之解读，判例虽然指出“客观上有不能与可能发生结果之分”，但对于“不能”与“可能”之素材与基准，判例丝毫未再解说。

第三，判例对“无危险”的解释，多以“主观之抽象危险”与“客观之具体危险”，或者以“形式的危险”与“实质的危险”加以说明，可谓参考韩忠谟教授与陈朴生教授的见解，但其判断危险的素材、基准与时点为何？依然阙如。①

（三）学说争论的实质及问题点

1. 学说争论的实质

从表面上看，以上学说的复杂对立是关于危险的判断问题，但在本质上却与刑法的基本理论问题密切关联。学者所持的理论基础不同，对于危险判断标准的认识往往也各异。具体地看，若片面强调刑法的威慑机能，将刑法理解为控制社会秩序的手段，必然会主张绝对主观主义的刑法观，将一切对社会具有危险，哪怕只是抽象危险的行为，都作为犯罪予以处罚，那么，在危险的判断上就会采取“主观说”。若片面重视刑法的保障机能，将刑法作为保障个人权益、限制国家刑罚权任意发动的手段，必然会坚持绝对客观主义的刑法观，认为只有在人的行为对刑法保护的利益已经造成了实际损害的时候，才能作为犯罪予以处罚，那么，在危险的判断上就会倾向采取“纯粹客观危险说”。但是，在现代多元的现代社会中，

---

① 以上参见陈子平著：《刑法总论》（下），台湾元照出版有限公司2006年版，第32—33页。

并没有哪一个国家的刑法完全采用了上述绝对主观主义或者绝对客观主义的刑法观，而是在二者之间进行平衡。现代各国的刑法，实际上是根据现代社会中保护个人法益和维持社会秩序的需要，将上述客观主义刑法学和主观主义刑法学的见解进行折中和调和而制定出来的。①

犯罪是主客观的统一，与纯粹的主观主义刑法和纯粹的客观主义刑法相比，经过折中、调和的刑法理论无疑更符合犯罪的客观实际，更具有科学性与合理性。但也不是不存在问题，经过调和的折中主义刑法观由于试图兼具有主观主义刑法理论和客观主义刑法理论的共同特征，在使刑法理论走向更加科学合理的同时，也埋下了问题争论的种子。在折中主义刑法理论的前提下，由于学者们立论的侧重点不同，必然导致了理论上众多问题的激烈争论。具体危险说、客观危险说以及修正的客观危险说之所以在危险判断标准的认识上各具特色，就是因为论者在对危险的判断上，需要在多大程度上考虑以及如何考虑主观和客观有机结合，存在不同认识而导致的。

日本著名学者川端博教授还曾以刑法规范的性质对“因果关系、不能犯、实行着手”判断时点标准的影响作出过说明，他指出：“在因果关系、不能犯、实行着手等问题上，以行为时为标准的学说与以裁判时为标准的学说彼此的对立，最终应该可以归结为对刑法到底是行为规范还是客观的裁判规范这个根本问题在理解上的差异，因此，必须探究这个问题。”② 我国学者张明楷进一步指出：“刑法上的危险判断不是一个简单的事实判断问题，而直接关系到刑法的规制范围；不仅仅与法律规范的逻辑分析有关，也与刑罚规范的性质、刑法机能的认识有关。上述国外刑法学中的各种主

① 参见黎宏：《刑法中的危险及其判断》，载《法商研究》2004 年第 4 期。

② ［日］川端博著，余振华译：《刑法总论二十五讲》，中国政法大学出版社 2003 年版，第 337 页。

张之所以存在各种各样的问题，难以得出令人满意的结论，就在于忽视了这一点。”①

张明楷教授在分析了关于危险判断各种不同学说之后指出，具体危险说与客观危险说以及修正的客观危险说对立的实质涉及三个问题：

第一，刑法规范是行为规范，还是裁判规范？如果强调刑法规范是针对一般人的行为规范，则主张以一般人的认识为基准的事前判断，即采取具体的危险说；反之，如果强调刑法规范是裁判规范，则主张以科学的因果法则为基准进行事后判断。

第二，违法的根据是行为无价值，还是结果无价值？强调行为无价值，将行为本身的反社会性、反伦理性以及行为人的主观恶性作为违法性的本质，同时认为构成要件具有社会心理的基础，因此，根据社会一般人的判断，某种行为具有侵害法益的一般危险时，该行为就具有反社会性、反伦理性，因而具有违法性，成立未遂犯。相反，强调结果无价值，将行为对法益造成的侵害与具体危险作为违法性的根据，同时认为侵害与危险是一种客观存在的事实，因此，根据因果法则，某种行为具有侵害法益的具体危险时，该行为才具有违法性，才成立未遂犯。

第三，违法性的实质是对社会伦理规范的违反，还是对法益的侵害与威胁？具体危险说论者往往认为，违法性的实质是违反社会伦理规范，因此，主张以行为人认识到的事实以及一般人可能认识到的事实为基础、以一般人的认识为基准判断行为的危险性。与此相反，客观的危险说论者通常认为，违法性的实质是对法益的侵害与威胁，即使行为本身具有反伦理性，但如果客观上没有对法益造成侵害与威胁，也不具有违法性。因此，判断行为是否具有违法性时，只能以客观存在的事实为基础，以科学的因果法则为基准做出

① 参见黎宏：《刑法中的危险及其判断》，载《法商研究》2004 年第 4 期。

结论。①

既然危险判断在实质上与刑法规范的性质、违法性的本质和根据以及刑法机能等问题紧密关联，因此，欲科学阐明危险的判断标准，必须以坚持对上述问题的科学认识为前提。

2. 学说争论的焦点

在具体的层面上，关于危险判断不同学说分歧的焦点主要集中在以下三个方面：

（1）关于危险判断基础的事实

危险判断基础的事实即在进行危险判断时，究竟是应当以行为人认识的事实，还是以一般人能够认识的事实，抑或是客观存在的事实作为危险判断的基础。主观说和抽象危险说都是主张以行为人认识的事实作为判断基础；具体危险说认为，应当以一般人可能认识的事实和行为人特别认识的事实作为判断基础；而客观的危险说和部分修正客观危险说则强调要以事后查明的客观存在的事实为判断的基础。

（2）关于危险判断的时点

所谓危险判断的时点，即是应当站在行为人行为时（事前），还时站在裁判时（事后）进行危险的判断。主观说、抽象的危险说和具体的危险说都主张以行为时为判断的时点；客观危险说要求以事后进行危险的判断；修正客观说认识不一，前田雅英教授提倡的修正客观危险说主张事前的判断。

（3）关于危险判断的基准

危险判断的基准即行为危险的有无，是以行为人的认识，还是以社会一般人的认识，抑或根据科学法则进行判断。主观说强调，完全根据行为人的主观认识来决定行为的危险性有无。抽象的危险说认为，应当根据社会一般人的认识为根据判断行为的危险。具体危险说，如前所述，木村龟二、植松正等主张以具有科学知识的一

---

① 参见张明楷著：《未遂犯论》，法律出版社、成文堂出版社 1997 年版，第 287 页以下。

般人为基准进行危险判断；而团藤重光、福田平、大塚仁、大谷实等则认为，应当按照社会通常一般人认识进行判断。旧客观说强调，危险判断应当以具有科学知识的一般人或者根据科学法则进行。修正的客观危险说认识比较复杂，其中，山口厚主张的是以科学的因果法则在事后进行判断。

3. 案件适用上的差异

对于具体案件，不同的判断基准，得出的结论也各异。

设例 A：甲意图以砒霜放入乙饮用的鸡尾酒内毒杀乙，但误将保健品当砒霜使乙食用。

第一，按照主观说，由于甲具有杀人的意图，并且认为自己使用的砒霜能够导致乙的死亡，所以，具有致人死亡的危险，该案能够肯定实行行为，成立未遂犯。

第二，按照抽象危险说，既然甲认为其所使用的是砒霜，而在一般人的观念中砒霜足以致人死亡，所以，具有法益侵害的危险，存在实行行为，该案成立未遂犯。

第三，按照体危险说，则需要具体分析：如果在行为的当时一般人都会认为使用的是毒药的场合，以毒药为资料进行危险判断，有结果发生的危险，应当认为具有实行行为，成立未遂；如果一般人都可能认为是保健品，根据一般人的立场，使他人喝保健品不会发生侵害生命的危险，没有实行行为，属于不能犯。

第四，按照客观危险说，因为行为人甲在事实上投入的是保健品，无论如何都不可能对乙的生命造成危险，该案没有实行行为，成立不能犯。

第五，修正的客观危险说观点各异，依照前述前田雅英教授的观点，既然行为时行为人投入鸡尾酒的是保健品，不可能存在法益侵害的危险，该案不存在犯罪的实行行为，属于不能犯。

设例 B：甲意图以毒药杀害乙，但由于没有使用足够的剂量而未引起乙的死亡。

第一，按照主观说，该案中甲具有杀人的意图并且使用了毒药，具有致人死亡的危险性，实行行为能够肯定，成立未遂犯。

第二，按照抽象危险说，既然行为时甲以为其所使用的是毒药，而在一般人的观念中毒药具有致人死亡的危险性，该案件中存在法益侵害的危险，有实行行为，该案成立未遂犯。

第三，按照具体危险说，既然行为当时一般人和行为人都认为使用的是毒药，而一般人也都会知道毒药具有侵害生命的危险，该案存在实行行为，属于未遂犯。

第四，按照客观危险说，因为行为人甲在事实上投入的是毒药，只是因为剂量不足才偶然没有发生致人死亡的危险，属于相对不能，该案有实行行为，成立未遂犯。

第五，按照前田雅英教授的修正客观说，既然行为时行为人投入的是毒药，而投入毒药的行为在一般人看来致人死亡的危险的概率也相当高，成立未遂犯。

设例C：甲意图杀乙，向其屋内射击，乙偶然外出。

第一，根据主观说，由于甲具有杀人的意图并且实施了开枪射击的行为，具有致人死亡的危险，实行行为被肯定，该案成立未遂犯。

第二，按照抽象危险说，既然行为时甲知道其使用的是手枪，而在一般人的观念中手枪射击足以致人死亡，所以，该案具有法益侵害的危险，存在实行行为，成立未遂犯。

第三，按照具体危险说，既然行为当时一般人和行为人都知道行为人使用的是手枪，而一般人也都会知道手枪射击具有侵害生命的危险，该案存在实行行为，属于未遂犯。

第四，按照客观危险说，因为行为人甲在事实上实施的是手枪射击行为，只是乙偶然外出才没有发生致人死亡的危险，属于相对不能，该案有实行行为，成立未遂犯。

第五，按照照前田雅英教授的修正客观说，既然行为人实施了开枪杀人的行为，射击对于致被害人死亡的概率也相当高，该案属于未遂犯。

设例D：甲意图杀乙，向其连续开枪射击，事后查明乙在中弹前已死亡。

第一，按照主观说，既然甲具有杀人的意图并且实施了开枪射击的行为，具有致人死亡的危险，肯定实行行为，该案成立未遂犯。

第二，按照抽象危险说，既然行为时甲知道其实施的是开枪射击的行为，而在一般人的观念中射击足以致人死亡，所以，该案具有法益侵害的危险，存在实行行为，成立未遂犯。

第三，按照具体危险说，则同样需要具体分析：如果在行为的当时一般人都会认为乙是活人，具有侵害生命的危险，存在实行行为，属于未遂犯；而一般人都可能认为是尸体，则没有侵害生命的危险，属于不能犯。

第四，按照客观危险说，因为客体根本不存在，属于绝对不能，该案成立不能犯。

第五，按照照修正客观说，严格意义上讲，既然行为时乙已死亡，进行客观的判断，按理说本案应当属于不能犯，但修正客观危险说论者一般都强调，对于属于本案的情形需要进行具体考虑。

三、“危险”判断标准的论证

关于危险判断的标准，我的基本认识如下：

（一）主观说与行为刑法的根本观念抵触，在理论根基上是失当的

近代以来，关于刑法的属性，存在行为人刑法和行为刑法的根本对立，行为人刑法将刑罚的可罚性的基础归结为行为人的人格属性和反社会性格。与此相对，行为刑法则认为刑罚可罚性的基础和前提条件在于客观存在的行为。在学说的发展史上，行为人刑法是近代学派学者的主张，而行为刑法则是古典学派学者的观点。从当今世界各国的刑法规定看，各国（地区）刑法都展示的是行为刑法的基本立场。如德国刑法第1条规定：“本法只处罚行为前法律已明文规定予以处罚的行为。”我国台湾地区“刑法”也开宗明义地指出“行为之处罚，以行为时之法律有明文规定者为限”。我国刑法第3条也明确写道：“法律明文规定为犯罪行为的，依照法律

定罪处刑；法律没有明文规定为犯罪行为的，不得定罪处刑。”这些条款在规定罪刑法定原则的同时，也明示了行为刑法的基本立场。

主观说从行为人的危险意识寻求刑法的处罚根据，忽视了行为的基础意义，与行为刑法的观念根本抵触，在理论根基上是失当的，这正是主观说在现代刑法中失落的根源所在。此外，主观说片面强调行为者的主观意识，如西原春夫先生指出属于意志刑法的方法论，并且其将迷信犯排除在刑法处罚范围之外，与其观点根本上又是矛盾的。

（二）抽象的危险说在本质上还是主观说

抽象的危险说虽然能够解释迷信犯的不处罚问题，但抽象的危险说不是根据行为的客观属性判断行为是否存在危险，而主张以行为人的认识作为危险判断的材料，其结果是：即使行为的客观危险并不存在，只要行为人认识的事实在一般人看来具有法益侵害的危险性，该行为的实行行为性就要被肯定。这在根本上仍然否认了行为的客观属性，本质上仍然是主观主义的刑法观。根据该说，即使误将砂糖作为毒药实施“杀人”的，同样要肯定杀人的实行行为，扩大了实行行为的范围。

（三）具体危险说、客观说中主张“以科学方法判断危险”的观点以及主张对危险进行“事后”判断的观点，我都不赞同

具体危险说、形形色色的客观说及修正的客观说，从理论根基上讲，都是客观主义刑法的产物。但具体危险说中，不管是强调以行为人的特别或一般人的认识的事实作为危险判断的资料，只要以人的认识作为危险的判断资料，就无法避免偏重主观的缺陷，最终走向与客观主义刑法观背离的趋向。客观说中主张“以科学方法判断危险”的做法实际上忽视了刑法作为人文社会科学的根本特征，忽视了刑法中危险的规范属性。而主张“事后”判断的做法则不符合刑法规范的性质，也不利于刑法预防机能的实现。关于这一点，下文再详细展开。

（四）是否存在危险，我主张以“事后所查明的客观行为事实，站在行为的当时，根据社会上一般人的观点”进行判断

如前分析，既然对危险判断基准的理解在深层次上与违法性的本质与根据、刑法规范的性质以及刑法机能等基本理论问题相关联，因此，对这些基本理论问题的认识直接决定着在危险判断上所坚持的立场。

对于危险的判断基准，我坚持以事后所查明的客观行为事实（主要是行为手段）为基础，站在行为的当时（即事前），根据社会一般人的观念进行危险有无的判断。若根据事后所查明的客观行为事实，站在行为的当时，社会上一般人都会认为该行为具有侵害某种法益的危险，那么，该种犯罪的实行行为就可以被肯定；相反，若根据事后所查明的客观行为事实，站在行为时的立场上，社会上一般人都会认为该行为不具有侵害某种法益的危险性，那么，特定犯罪的实行行为就不应当被肯定。由于该认识是立足于客观主义刑法观，但又与“纯客观说”存在不同，所以，我姑且也将其称为“修正客观说”。

我之所以持该认识，根本原因在于：

1. 关于危险判断的基础事实，之所以主张根据事后查明客观事实进行判断，是由违法本质“二元论”的立场决定的。

在大陆法系的刑法理论上，关于违法性的本质一直存在着结果无价值论和行为无价值论的争论。通说的观点认为，结果无价值论将刑法的目的理解为对法益的保护，认为违法是对法益的侵害或威胁，不法的本质在于结果的无价值。与此相对，行为无价值论从规范违反说的立场出发，在违法的判断上重视行为的反伦理道德性，认为恶的行为、恶的内心是违法的根据，强调不仅结果无价值，而且行为的样态、行为人的意图、目的也是决定违法性的根据。① 刑法的目的在于保护法益，刑法之所以将一定的行为规定为犯罪并加

① 参见张明楷著：《外国刑法纲要》，清华大学出版社 1999 年版，第 138、139 页。

以处罚，根本原因就在于该行为侵害了人类生活的基本利益，危及了人类生存的基本秩序，所以，将违法的本质界定为对法益的侵害和危险的结果无价值论无疑是值得肯定的。但问题是，将违法性的本质只是归结为法益侵害很难符合刑法的规定。现实生活中对法益侵害的行为很多，并不是只要发生了法益侵害的结果，行为就会被认定为违法，要认定某一行为违法必须还要特别考察行为的属性，比如行为是否存在故意或过失等。另外，即使侵害的法益相同，但若行为的手段不同时，成立的罪名往往也有别，只是“按照结果无价值论，在如杀人罪与伤害致人死亡罪以及过失致人死亡罪等发生同一结果的情况下，无法解释为何予以不同的处罚。”① 所以，“只有通过一并考虑结果的无价值和行为的无价值，才能正确的评价违法性。”② 这便是所谓的“违法本质二元论”。

在我国传统的刑法理论上，有关违法性本质和根据的认识，虽然不存在行为无价值论与结果无价值论的对立，但是，一直以来，我国大多数的学者都强调犯罪的成立行为必须存在严重的社会危害性，而社会危害性是主客观的统一。若一种行为只有主观犯意，而无客观上的社会危害性，同样不能评价为违法。这样看来，我国传统的刑法理论对社会危害性的理解，其实也表现出了违法本质二元论的基本观点。此外，主张违法本质的二元论也是我国刑法的要求。我国刑法第 13 条在规定犯罪概念时，已明确规定了犯罪必须具有严重的社会危害性，而对社会危害性的理解必须贯彻违法本质二元论。

既然结果无价值或者说客观上的社会危害性是构成违法的基本要素，那么，在关于行为是否具有危险的判断上必须坚持以事后所查明的客观行为事实为基础。只有坚持以事后所查明的客观行为事

① ［韩］李在祥著，韩相敦译：《韩国刑法总论》，中国人民大学出版社 2005 年版，第 98 页。

② ［日］大塚仁著，冯军译：《刑法概说》（总论），中国人民大学出版社 2003 年版，第 313 页。

实为基础，才能将那些根本不具有社会危害性的行为排除在实行行为之外，才能符合我国刑法的规定。误将保健品当毒药使他人食用，在客观上行为人食用保健品无论如何都不可能造成社会危害。相反，如果不坚持以事后所查明的客观行为事实为基础，而是以行为人认识的事实或者一般人认识的事实为基础进行判断，就可能将误将保健品当毒药的行为评价为对法益的侵害具有危险，是不符合客观事实的。

2. 关于判断的时点，之所以主张事前判断，与刑法目的相关。

刑法的目的在于保护法益，即法益侵害的预防。为了周全地保护法益，现代各国刑法都不限于只处罚那些现实上已经造成法益侵害的行为，对于那些行为时可能造成利益侵害的行为模式刑法也要禁止。之所以如此，是因为人的行为在最后是否真的能够实现犯罪，有很多因素是行为人无法控制的，正如我国台湾学者指出，是一种运气。例如，甲开枪射杀乙，第一次开枪没有射中，其原因可能是甲没有瞄准，也可能是风向的关系。但决不能因为甲第一次开枪没有射中就否定其行为的危险性，如果对于该种行为刑法不评价为危险给予禁止，允许甲再次开枪，或许下一次乙就没有如此好的运气，① 因此，对于某一行为是否具有法益侵害危险性的判断必须立足于行为时。若是站在事后的立场，势必得出所有的未遂犯都没有法益侵害的危险，都不具有实行行为的错误结论。既然刑法禁止的行为是行为时对法益有危险的行为，那么，行为是否存在危险当然只能站在行为时进行判定。

3. 关于危险判断的基准，之所以根据社会一般人的认识，是由刑法规范的性质决定的。

刑法规范是裁判规范，同时也是对社会一般人的行为规范，为了发挥行为规范的机能，规范的内容必须以社会通常观念即一般人的理解为标准判断。作为规范内容之一的行为危险性的判断，同样

① 参见黄荣坚：《不能犯》，载蔡墩铭主编：《刑法争议问题研究，》台湾五南图书出版公司 1998 年版，第 247 页。

要根据社会一般人的理解为标准。因为“只有根据社会一般观念，才有可能规制一般国民的行动，相反，即便是科学的危险，如果对于国民来说是未知的危险，也不是这里所说的侵害法益的危险。另一方面，在社会一般观念上的危险是否具有科学的危险情况并不明确的场合，如果放任这种行为不管的话，就会对社会秩序的维护不力”。① 因此，必须将危险作为规范的概念把握才符合刑法规范的属性。

从社会一般观念判断危险关键在于如何认定“社会中一般人”的含义。所谓“社会中的一般人”，是指在社会中受过正常教育，具有正常辨别和判断能力的人。现代社会，随着科学知识的普及和人们科学文化水平的提高，社会一般人的判断与科学认识实往往是一致的，完全违反科学认识的判断也只是少数情形。所以，社会一般人的认识往往也就是科学一般人的认识。因此，一般情况下，无论是主张以“社会一般人的认识”为基准进行危险的判断，还是以“科学知识一般人的认识”为基准进行危险的判断，并不会得出对立的结论。

在现代社会，由于社会分工越来越精细，每个人都是作为社会中的特定“职业者”从事特定的活动，因此，对于“社会一般人”的判断必须考虑这一点。对于特定的“职业者”来说，“社会一般人”标准即为其行业标准，是法律、法规所特别要求的业务标准。

理解“社会中一般人”还需要注意的是：主张以“社会一般人”为标准进行危险判断，但随着科学知识的普及，作为判断基准的一般人的认识也是变动的，所以，危险认定的标准也不是一成不变的。

(五) 设例的解答

根据我对实行行为危险判断标准的认识，上述案例解答如下：

第一，对于设例A，由于事后查明行为人使用的是保健品，由

---

① ［日］大谷实著，黎宏译：《刑法总论》，法律出版社2003年版，第82页。

于使用保健品在客观上不可能具有法益侵害的危险性，所以，不存在法益侵害的危险，本案不具备杀人罪的实行行为，不可罚。

第二，关于设例B，事后查明行为人客观使用的是毒药，而使用毒药的行为在社会一般人的观念中具有侵害生命法益的危险性，能够定性为杀人行为，所以，本案具备杀人罪的实行行为。

第三，在设例C中，甲向屋内开枪射击，开枪的行为在一般人看来具有侵害生命法益的危险性，能够定性为杀人行为，所以，本案也存在杀人罪的实行行为。

第四，关于设例D，甲同样实施的是开枪射击的行为，对人开枪的行为，由于在一般人的观念中具有致人死亡的危险性，能够被评价为杀人罪的实行行为。

（六）必要的说明

以上我提出对于实行行为危险的判断，要以事后查明的行为事实，于行为时根据社会一般人的认识进行判断，这一认识在对危险的判断上实际上坚持的是客观的标准。我对实行行为危险存在与否的判断采取客观的标准，并不是意味着我否认实行行为的主观构造，我仍然坚持实行行为是主客观的统一。强调实行行为的危险从客观上判断，其真实的含义在于强调只有在客观上具有侵害法益现实危险的行为才可能成立实行行为，决不是说只要客观上具有了侵害法益的现实危险性就是实行行为，成立实行行为同样需要具备行为的主观特征。另外，若不考虑引起危险的行为人的主观意思，无法确定危险的类型，难以辨明危险类型的判别方向。

四、“现实危险性”的内涵

实行行为在本质上是对法益侵害具有“现实”危险性的行为，其中，具有法益侵害的危险只是实行行为本质的要素之一，是实行行为区别于非犯罪行为的根本特征。而实行行为与犯罪的非实行行为的根本界限则在于是否具有法益侵害的“现实”危险性。所谓“现实”的危险性，我认为，至少应当包括以下内涵：

1. 从危险的性质上看，所谓“现实”危险性，就是指实际存在的危险。

根据前文所述，危险是否实际存在，并不是根据科学因果法则进行判断，而是根据社会一般人的观念进行认定，因此，现实的危险并不完全等同于物理上、科学上客观的危险。

2. 从因果流程上看，“现实”的危险表现为已经侵害了法益或者对法益侵害表现出了直接的紧迫性。

犯罪有的瞬间实施，有的则要经过一个过程。从犯罪发生和实施的过程看，一个完整的犯罪往往要经过以下几个阶段：意思决定→预备前行为→预备行为→实行行为→犯罪结果的发生。强调实行行为是具有对法益侵害的现实危险性，这是从行为本身的性质考查的，而从因果流程上看，实行行为一旦实施，其所具有的现实危险可能已经侵害了法益或者对法益侵害表现出了直接的紧迫性。其中，在行为犯（包括抽象的危险犯）的场合，由于构成要件行为的完成犯罪即可成立既遂，所以，只要存在犯罪的实行行为，法益侵害的结果就已实现；而在结果犯的场合，犯罪既遂的成立不仅需要实施构成要件的行为，而且还必须要发生构成要件结果，所以，实行行为与法益侵害的结果往往并不是同时存在，多是表现为对法益侵害结果发生的直接紧迫性。比如，在故意杀人罪中，有故意杀人的实行行为，并不一定就存在故意杀人的结果，但是只要具备了杀人罪的实行行为，那么，作为故意杀人罪结果的“人的死亡”的事实就会变得非常迫近。我国刑法中规定的其他类型的犯罪行为，不管是对法益侵害起支配作用的组织行为，还是对法益侵害起补充、辅助作用的帮助、预备行为，都不具有法益的直接侵害性或紧迫性，其对法益的侵害有赖于实行行为的实施。

3. 从与犯罪对象的关系上看，现实危险表现出了犯罪行为已直接指向、接近或者作用于犯罪对象。

犯罪对象是为犯罪行为直接作用的具体的人或物，我国刑法通说的观点认为，作为犯罪客体物质表现的犯罪对象并非存在每一个犯罪中，有些犯罪如非法集会、游行、示威罪等就很难认为存在犯罪对象。当某一具体犯罪不存在犯罪对象时，实行行为与犯罪对象自然无法产生联系。但是，在存在犯罪对象的场合，实行行为具备的现实危险性所表现出的就是实行行为已经直接指向、接近或作用于犯罪对象。比如意图杀人开枪射击的行为，从行为人瞄准被害人之时就被认为是实行行为的着手，从而具备了杀人罪的实行行为；又如，意图以刀杀人的，在行为人举刀刺向被害人时，就应当被认为具备了犯罪的实行行为。而在使用暴力手段实施强奸罪的情况下，侵害法益的现实危险性则往往存在于暴力行为直接作用了被害人身体之时。

4. 从构成要件的认定上看，现实危险性是指对法益侵害表现出了定型性，或者说，当法益侵害的危险能够定型时，即可以认定为具有法益侵害的现实危险性。

犯罪的预备行为也具有法益侵害的危险，与实行行为具有的侵害法益危险的重要区别在于其不具有定型性的特征。比如意图杀人而购买枪支，买枪的行为就只能认定为属于故意杀人罪的预备行为，因为仅从客观上判断，买枪行为还无法定型为杀人行为，购买枪支不一定就会用于杀人，也可能是为了收藏等目的。但是，当行为人举枪瞄准他人时，这种行为就能够定型为杀人行为，就具有了法益侵害的现实危险。

实行行为的定型属性，从诉讼证据的角度看，可以解释为行为人针对自己已经做出的行为不能再做出相反的解释。比如，在开枪射杀他人的场合，只要行为人实施了瞄准他人心脏、头部的行为，即可认定为杀人的实行行为，不必等到扣动扳机之时。因为一般情况下，行为人实施了枪瞄准他人心脏、头部的行为，就很难否认其不具有杀人的意图。又如在盗窃案件中，之所以将入户寻找财物的行为认定为实行行为，原因在于当行为人实施了“秘密入室”和“寻找财物”的行为时，就很难否认其实施的不是盗窃行为。理解这一点，对于刑事诉讼证据的适用，对于准确判定行为的属性具有重要的意义。

第二节 实行行为的构造

构造，即结构，指事物组成要素间的搭配与排列。在宏观上，实行行为由主观和客观两方面组成。

一、实行行为的客观构造

（一）客观构造的基本要素

与行为客观构造相同，成立实行行为，必须在客观上存在具有侵害法益现实危险性的身体活动，这种活动既可以表现为作为，也可以是不作为。所谓作为是指为一定的身体活动，不作为不是指没有为任何的物理性身体活动，而是指没有为法律期待的身体活动。行为在客观上可以由作为构成，在刑法理论上一直是一个不存在争议问题，而不作为能否认定为行为的客观表现形式，则经历了一个学说争论的过程。

“因果行为论”把行为理解为因果事实，从生理、物理的过程把握行为，认为行为是指由意思所惹起的外部动作。不作为因为没有任何招致外界发生变动的举动，自然不能属于行为的范畴，这是近代很长时期不作为在刑法上被认为是“无”的原因所在。“目的行为论”认为行为是行为人为达到一定目的并操纵、实现该目的因果过程。由于在不作为中难以认定对因果过程的操纵和支配，目的行为论一般也否定不作为的行为性。不作为的行为性被广泛肯定的理论是“社会行为论”和“人格行为论”。“社会行为论”从社会意义上把握行为的概念，认为行为是指具有社会意义的人的身体活动。不作为同样具有重要的社会意义，其行为自然得到肯定；而人格行为论把刑法中的行为理解为行为人人格的表现，行为是行为人人格的主体现实化的身体动静，不作为中不为法律所期待的行为，正是行为主体人格的表现，因此，这两种行为理论都可以为不作为的行为性提供理论基础。

传统的因果行为论从自然、物理的意义上理解不作为，将不作为理解为“静”，并不符合不作为的本来面目。不作为并非是身体的静止，而是没有为法律期待的行为。当行为人应该为一定行为而其却不为时，同样可以造成法益侵害的结果，所以，现代刑法评价的行为都不局限于作为，还包括不作为。作为与不作为都应当是客观行为的基本表现形式，对于实行行为也不例外。其中，以积极身体活动实施刑法分则规定的构成要件的行为，是作为的实行行为；以不作为的形式实施刑法分则规定构成要件的行为是不作为的实行行为。

（二）客观构造的特殊要素

在刑法理论上，行为与行为的主体、行为的对象、行为实施的时间、地点、方式、方法是分离的，可以说是一个众所周知的事实。那么，对于实行行为来讲，除了作为和不作为，实行行为是否在客观方面还包括其他要素，也就是说，对于某些特定类型的犯罪，其行为实施的主体、行为的对象、行为的时间、地点、方法是否属于该种特定犯罪实行行为的构成要素？我认为，答案应当是肯定的。行为与实行行为不同，刑法之所以建立行为的概念，重要原因在于如前所述，旨在尽早将那些根本不可能构成犯罪的现象排除在犯罪之外，实现思维的经济性。因此，只要受行为人意思支配的身体动静都可以被认为属于刑法上的行为，行为存在与否的判断侧重于事实的层面，正因为如此，行为与行为的主体、行为的客观情状应当是分离的，行为并不包括行为主体和行为实施的时间、地点等。而实行行为则是一个价值判断的概念，某一行为是否属于实行行为，有赖于刑法的规范评价。实行行为必须具备每个构成要件中所描绘的各个构成要件要素，① 因此，为了判断某一行为是否具有法益侵害的危害，有时必须以结合实施行为的主体、行为的对象以及行为的时间、地点、方法等进行判断，而只有与特定的犯罪主体、特定的犯罪对象，以及特定犯罪的时间、地点等相结合考虑

① 参见［日］西原春夫著：《犯罪实行行为论》，成文堂 1998 年版，第 16 页。

时，才能判定该行为是否具有法益侵害的现实危险。比如我国刑法第 340 条规定的非法捕捞水产品罪，成立本罪并不是说只要行为人在任何时间、任何地点、采取任何方法实施了捕捞水产品的行为就具有了侵害法益的危险性，相反，只有行为人在禁渔区、禁渔期、使用禁用的工具时才会具有侵害法益的危险。所以，对于某些特定类型的犯罪，犯罪的主体、对象以及犯罪的时间、地点、方法属于该犯罪实行行为的构成要素。

由于上述要素只是成立特定犯罪实行行为必备的，因此，我把它们称为是实行行为客观构造的特殊要素。

1. 特定的犯罪时间。作为特定犯罪实行行为构成要素的时间，除了上述非法捕捞水产品罪外，还有我国刑法第 341 条规定的非法狩猎罪、第 433 条规定的战时造谣惑众罪等。

2. 特定的犯罪地点。我国刑法第 340 条规定非法捕捞水产品罪和第 341 条规定的非法狩猎罪也只有在特定的犯罪地点实施时才能认定为犯罪，因此，成立此类犯罪的实行行为，必须以在特定地点实施为必要。

3. 特定的犯罪的方法。比如要成立暴力干涉婚姻自由罪的实行行为，必须要采用暴力的方法，不采用暴力方法，也不属于本罪的实行行为。

4. 特定的犯罪对象。在我国刑法上，与特定对象相联系时才能成为实行行为的，如强奸罪，只有行为的对象是妇女或幼女时，才能属于强奸的行为。我国学者将这种与特定对象紧密粘合构成的实行行为称为对象粘合型实行行为。①

5. 特定的犯罪主体。只有与特定主体相结合才能成立特定犯罪实行行为的情况在我国刑法上比较多，大凡属于纯正身份犯的都属于该种情况，如贪污罪。另外，成立亲手犯，其实行行为也无法与行为主体相分离。与对象粘合型实行行为的概念相对应，有学者

---

① 参见范德繁著：《犯罪实行行为论》，中国检察出版社 2005 年版，第 184 页。

将与特定主体紧密粘合构成的实行行为称为主体粘合型实行行为。①

二、实行行为的主观构造

（一）主观构造的基本要素

刑法的目的在于保护法益、预防法益侵害的发生，但是刑法并不是对一切造成法益侵害的行为都予以处罚，如果现实造成的利益侵害是行为人在行为时根本无法预见的，那么，即使对行为人进行非难也不能达到预防法益再次侵害的目的，因此，行为成立犯罪不仅要以客观事实为要件，而且行为主观上必须具有故意，或至少是过失。故意与过失是行为成立犯罪在主观方面必须具备的基本要素。由于实行行为是构成要件的类型化，所以，实行行为的主观方面是构成要件的故意和构成要件的过失。② 其中，在故意支配下实施的实行行为是故意的实行行为，既可以是故意作为的实行行为，也可以是故意不作为的实行行为；基于过失而实施的实行行为属于过失的实行行为，同样也可以进一步区分为过失作为的实行行为和过失不作为的实行行为。

既然实行行为必须是在行为人故意或过失的心理支配下实施的，因此，在欠缺故意或过失时即使对法益侵害有危险，该行为不能成立犯罪的实行行为，如行为人在不可抗力作用下实施的行为、正当防卫的行为、正当业务的行为等，都不能评价为对法益侵害具有现实危险的实行行为。

（二）主观构造的特殊要素

与实行行为客观构造相同的道理，刑法规定的某些犯罪，欲评价为犯罪的实行行为，除了故意和过失主观基本要素外，有时还需

① 参见范德繁著：《犯罪实行行为论》，中国检察出版社 2005 年版，第 180 页。

② 参见［日］大塚仁著，冯军译：《犯罪论的基本问题》，中国政法大学出版社 1993 年版，第 80 页。

要特定的犯罪目的、主观倾向等特殊的主观要素，相对于故意和过失，这些特定的犯罪目的、主观倾向、内心表现属于实行行为主观构造的特殊要素。

在刑法理论上，有关目的犯中的目的、倾向犯中的倾向、表现犯中的内心表现的地位问题，经历了一个历史演进的过程。20世纪初期以前，大陆法系国家刑法理论一直认为“违法是客观的，责任是主观的”，即客观要素决定有无违法性，主观要素决定有无有责性，违法性只是与行为的外部的、物理的方面有关，责任则是行为人的内部的、心理方面的问题。在这种认识下，故意、过失、犯罪的目的等被认为只是属于责任的要素，而不是违法性的构成要素。后来，学者们发现，故意、过失、目的等虽然属于行为人主观方面的要素，但对决定行为有无违法性以及违法性的程度具有重要的意义。基于这种认识，德国刑法学者海格勒（August Hegler）指出，虽然目的犯中的目的等要素，只要单纯存在于行为人的内心即可，不要求客观上存在与之对应的客观要素，但它不是责任的要素，而是违法的要素。麦耶（M·E·Mayer）也提出，如果行为人的内心的要素决定行为人的违法性时，这些内心要素就应当是主观的违法要素。其后，麦兹格（Mezger）进一步指出，除了目的犯的目的外，倾向犯中的行为人的内心倾向，表现犯中的行为人的心理过程或者状态，都是主观的违法要素。① 随着目的行为论兴起，在今日的刑法学中，故意、过失属于主观违法要素地位在刑法理论上得到普遍承认。虽然目的、倾向、内心表现是否属于违法性的要素在刑法理论上还未能形成统一的意见，但肯定其属于违法性要素的意见也越来越多。

在我国，传统刑法理论并不存在倾向犯和表现犯的概念，但从我国刑法规定的犯罪看，大陆法系刑法理论上所谓的“主观倾向和表现”在我国刑法中也同样有所体现。比如，我国刑法同时规

① 参见张明楷：《“客观超过要素”概念之提倡》，载《法学研究》1999年第3期。

定有侮辱罪和强制猥亵、侮辱妇女罪，而实践中区分二者的关键也在于考查行为人主观上是否具有刺激或满足性欲的内心倾向。正因为如此，倾向犯和表现犯的概念正为我国越来越多的学者所接受。

违法是主客观的统一，刑法规定的很多行为在客观后果上是相同的，但之所以成立不同的罪名并处以轻重不同的刑罚，原因就在于不同行为的主观罪过形式不同。比如故意杀人罪和过失致人死亡罪，同样是造成被害人死亡的行为，之所以被规定为不同类型的违法行为，就是因为前行为出于故意，后行为基于过失。因此，只有将故意、过失理解为违法性的构成要素，才能科学全面地认识违法性的内涵。同样的旨趣也应当适用于对目的犯中目的、倾向犯中倾向以及表现犯行为人心理过程的理解。实行行为具有构成要件类型化的机能，实践中为了判断某一行为是否具有法益侵害的危险性或者具有何种类型的法益侵害，必须要考查行为人的主观目的、内心倾向等主观要素。比如，行为人是否具有出卖的目的是决定行为人实施的行为是属于拐卖儿童罪实行行为还是拐骗儿童罪实行行为的关键；又如行为人主观上是否具有牟利的目的，是决定行为人实施的行为是属于传播淫秽物品牟利罪的实行行为还是传播淫秽物品罪实行行为的重要因素。再如，行为人的陈述是否违反了其真实的记忆是决定行为人是否存在伪证罪实行行为的不可缺少的因素。所以，即使在我国，目的犯中的目的、倾向犯中的倾向、表现犯中的内心表现都应当是决定该类犯罪实行行为不可或缺的要素。

第三节　实行行为的分类

实行行为，根据不同的标准可以进行不同的划分。在理论上对实行行为进行分类，对深入理解实行行为是十分必要的。

一、单一的实行行为与复合的实行行为

根据实行行为组成要素的单复，实行行为可以分为单一的实行行为与复合的实行行为。

所谓单一的实行行为是指刑法分则规定某种具体犯罪的实行行为是由单一要素的行为组成的情形。我国刑法分则条文规定的犯罪，大多数都是由单一的实行行为构成，如故意杀人罪、盗窃罪等，这种实行行为侵犯的客体往往也是单一的犯罪客体。根据我国刑法的规定，有的是绝对单一的实行行为，如故意杀人罪；有的则是选择性单一的实行行为，如走私、贩卖、运输、制造毒品罪。在选择性单一的实行行为中，行为人选择一个具体实行行为实施，成立一罪，即使选择数个具体实行行为实施，也仍然只按照一罪处罚。

复合实行行为是指刑法分则规定某种具体犯罪的实行行为是由复合行为要素组成的情形，最为典型的复合实行行为如我国刑法规定的强奸罪、抢劫罪等。在复合实行行为中，由于作为具体犯罪构成客观要素的每一个行为都为刑法分则规定，因此，原则上每一个构成要素的行为都属于特定犯罪的实行行为。另外，既然组成复合实行行为的每一个要素都必须是行为，所以，我国刑法规定的如贪污、挪用公款、职务侵占等罪中规定的“利用职务上的便利”就只能视为属于贪污等行为实施的条件，其本身并不属于行为，这些犯罪不能说属于复行为犯。

与单一实行行为相比，复合实行行为在诸多方面表现了其复杂性：(1) 从侵犯的客体看，由复合实行行为成立的犯罪往往侵犯的是复杂客体。(2) 从组成复合实行行为内部要素的各个行为间的关系看，有的是从属关系，有的则是并列关系。比如抢劫罪中作为手段的暴力行为和劫取财物的行为之间存在的就是手段和目的的牵连关系。而如诬告陷害罪，捏造犯罪事实的行为和向司法机关告发的行为都属于犯罪的实行行为，但两者之间应该属于并列关系。(3) 从构成要素各行为在特定犯罪中的地位看，也不一样。有的只实行前一行为而未实行后一行为，便成立犯罪的未遂或中止，如强奸罪，行为人只实施暴力行为而未实施奸淫行为的，成立强奸罪的犯罪中止或者犯罪未遂；有的实行前一行为而未实行后一行为的，则不可能构成犯罪，如诬告陷害罪，仅存在捏造犯罪事实的行为而未告发的，不可能成立犯罪。①

理论上区分单一实行行为与复合实行行为具有重要的意义：

第一，有助于科学认定犯罪的阶段与停止形态。在由单一实行行为构成的犯罪中，一般来说，只要行为人一开始实施实行行为，法益的侵害就面临现实的危险，因此，即可以认定为实行的着手。在由于行为人意志以外的原因未得逞的，成立犯罪未遂。但在复合实行行为构成的犯罪中，则需要具体分析。有些由复合实行行为构成的犯罪，如强奸罪、抢劫罪，一般而言，只要行为人开始实施作为手段的暴力行为，法益的侵害即面临现实的危险，可以认定为实行的着手，当由于行为人意志以外的原因未完成犯罪的，则成立未遂犯；但是，也有另外一些复合行为犯，如诬告陷害罪、招摇撞骗罪等，当行为人只是实施了刑法分则规定的前一个构成要件的行为，如捏造犯罪事实的行为，虽然可以说行为人已经开始实施了犯罪的实行行为，但是在此阶段由于还不存在法益侵害的危险，即使由于意志以外的原因，犯罪未完成的，也不宜认定为犯罪未遂。

第二，有助于共同犯罪场合的准确定罪。两人以上共同实施由单一实行行为构成的犯罪的场合，虽然行为人之间也可能存在分工，但不同行为人实施的行为性质是完全相同的，因此，行为人的性质容易认定。但在复合实行行为的情况下，不同行为人实施的行为的具体性质可能存在差别，比如在强奸罪中甲行为人可能实施的作为手段的暴力行为，乙行为人实施的则可能是作为目的行为的奸淫行为。但不管行为人实施的是手段行为还是目的行为，由于都属于强奸罪的实行行为，因此，甲、乙都成立强奸罪的实行（正）犯。

二、直接的实行行为与间接的实行行为

根据刑法分则条文预定构成要件的实行行为是由行为人亲自实

① 参见马克昌主编：《犯罪通论》，武汉大学出版社 1999 年版，第 189 页。

施还是行为人利用他人作为工具实施，实行行为可以区分为直接实行行为和间接实行行为。

所谓直接的实行行为，是构成要件预定的实行行为由行为人亲自直接实施的情况，如甲意图杀乙而开枪射击的行为。间接实行行为是指行为人将他人作为工具实现刑法分则规定构成要件的情况，如甲利用不知情的乙将毒药投入丙食物中的行为。直接实行行为和间接实行行为的区别的关键并不在于行为人是否在客观上利用了工具，而在于利用工具的性质不同。成立直接实行行为，行为人也可能利用了犯罪工具，但其利用的犯罪工具属于机械性工具，如刀、枪、毒药等；而间接实行行为中行为人利用的工具是“行为人”。① 在理论上，实施了直接实行行为的人成立犯罪的，称为直接正犯；而实施间接实行行为的人构成犯罪的，称为间接正犯。

实践中，有些犯罪属于亲手犯，其犯罪的性质决定了该类犯罪的实行行为只能由特定实行人亲自实施，无法将他人作为工具利用，如我国刑法规定的重婚罪、招摇撞骗罪、遗弃罪等，所以，对于此类亲手犯而言，间接实行行为无存在余地，除此之外其他犯罪的实行行为原则上都可以利用他人作为工具实施。

在刑法理论上，特别需要探讨的是间接实行行为，而需要研究的问题主要有二：第一，间接实行行为的存在范围。既然间接实行行为是利用他人为工具的情形，那么，“他人”在何种情况下才能评价为属于利用行为人的“工具”？第二，在有间接实行行为完成犯罪的场合，何种行为属于实行行为，即究竟是利用者的行为属于实行行为，还是被利用者的行为属于实行行为，抑或利用者和被利用者行为整体是实行行为？对于第一个问题，本书不做进一步阐述，第二个问题论者将在第三章重点论述。

① 参见林山田著：《刑法通论》（下册），台湾台大法学院图书部 2001 年版，第 59 页。

三、单独的实行行为与共同的实行行为

根据实施实行行为主体的单复以及行为主体间是否存在犯罪的意思联络，实行行为可以被区分为单独的实行行为与共同的实行行为。

单独的实行行为是指刑法分则规定的构成要件的行为只是由一人实施或者虽然由数人实施但行为人之间并无犯罪意思联络的情形。单独实行行为成立犯罪的是单独犯，如前所述，我国刑法分则条文原则上就是以单独犯为模式构建的。单独的实行行为不同于单一的实行行为，前者是从实行行为实施主体角度区分的，后者是从实行行为本身的构造区分的，由于二者划分的标准不同，必然存在竞合关系。单独实行行为既可以是单个行为人实施的单一性质的实行行为，也可以是复合类型的实行行为。

共同实行行为是指刑法分则规定具体犯罪构成要件的行为是由两个以上行为人共同实施的情况。在刑法理论上，共同实行行为总是与共同犯罪相联系，具有共同的意思联络而实施共同实行行为的，成立共同正犯或称共同实行犯，没有实施共同实行行为的，即使成立共同犯罪，也只能被评价为组织犯、教唆犯或帮助犯。在我国，由于共同犯罪只能是二人以上共同故意犯罪，所以，很长时期以来，我国刑法理论上承认的共同实行行为也只限于故意的共同实行行为，共同过失的实行行为在刑法理论上一直被否认。近些年，随着理论上对过失共同正犯的关注，过失共同实行行为的观念正在得到越来越多学者的肯定。我认为，过失的共同实行行为在我国作为一种客观存在的社会现象必须得到关注，囿于我国刑法的规定，过失的共同实行行为难以纳入共同犯罪中进行研究。过失的共同实行行为成立的犯罪是过失的共同正犯，作为过失犯的形态之一，其本质是对共同注意义务的违反。

在共同故意实行行为中，由于共同行为人之间在实施共同实行行为时存在相互的意思联络，在共同意思联络下行为成为一个有机整体，因此，对于各个不同行为人实施的行为的性质需要从整体上

考查，特别是在行为人存在分工的情形下，是否从整体上对实行行为的性质作考查直接关系到行为性质和行为形态的认定。如在甲、乙有意思联络的情况下，甲用木棒将丙打成重伤，乙从丙夺取财物时，甲、乙共同完成的是我国刑法规定的抢劫罪的实行行为，成立犯罪时属于抢劫罪。但如把甲、乙的行为分别来看的话，他们的行为仅分别属于我国刑法规定的故意伤害罪的实行行为和盗窃罪的实行行为。

共同实行行为与共同正犯的问题紧密联系，其本身许多问题值得深入探讨。比如，何种情况下的实行行为才能属于共同实行行为，即共同实行行为中“共同”是指“犯意”的共同，还是指“行为”的共同？共同实行行为包括哪些具体类型？仅参与共谋而未实行的能否成立共同实行行为，这些问题将在第三章“共同犯罪的实行行为”一节中进行深入研讨。

与单独实行行为和共同实行行为的分类相关联的还有同时实行行为的性质问题。同时的实行行为，又可称为并行的实行行为，在我国刑法理论上是一个并未得到充分探讨的概念。在国外的刑法理论上，同时实行行为主要是在对同时犯的探讨中被附随认识的。同时犯，也称并行正犯①，是指二人以上的行为者没有共同实行犯罪的意思联络，同时或在近乎同时的前后对同一目标实行同一犯罪的情形。成立同时犯行为人之间并不存在意思联络，对于这一点通常被学者们认为是同时犯的本质，理论上也不存在异议。争议主要是对同时犯客观要件的解释，即所谓“同一犯罪”是否要求犯罪的种类和性质相同？有的论者指出同一犯罪并不限于犯罪种类是同一的情形，不同犯罪的同时犯也可以考虑成立同时犯。② 而持相反意见的学者指出成立同时犯要求不同行为者的行为侵害同一客体、实

---

① 参见林山田著：《刑法通论》（下册），台湾台大法学院图书部 2001 年版，第 82 页。

② 参见［日］大塚仁著，冯军译：《刑法概说》（总论），中国人民大学出版社 2003 年版，第 237 页。

现同一不法构成要件的情形。① 既然刑法建立同时犯理论的旨趣在于限定共同正犯的成立范围，解决主观上双方行为人都欠缺共同意思联络时共同实行行为的性质及其责任问题，从该立场出发，我认为同时犯应当限定在行为侵害同一客体、实现同一不法构成要件的范围内。所以，同时实行行为应当指二人以上行为人在没有意思联络的情形下共同实现刑法分则规定的同一不法构成要件的行为。从形式上看，同时的实行行为虽然有二人以上主体实施，但由于行为人之间不存在相互的意思联络，所以，同时实行行为在本质上属于单独的实行行为的性质。

四、普通的实行行为与拟制的实行行为

普通的实行行为，或原始的实行行为，是指刑法分则将在一般社会观念上具有实行性质的行为规定在刑法分则中成为特定犯罪实行行为的情形。如第一章指出，在我国刑法中，绝大多数犯罪的实行行为都属于普通的实行行为。如故意杀人罪的实行行为，盗窃罪的实行行为，抢劫罪的实行行为等。

所谓拟制的实行行为，是指某些本来并不属于犯罪的实行行为，而是属于共同犯罪的组织行为、教唆行为、帮助行为以及犯罪阶段形态中的预备行为，由于刑法分则的特别规定而成为另一犯罪的实行行为的情况。如第一章所述，在我国，拟制的实行行为包括组织性实行行为、帮助性实行行为、教唆性实行行为以及预备性实行行为。② 拟制的实行行为属于犯罪的实行行为，在行为人实施了拟制实行行为的情况下，行为人不再成立某一犯罪的组织犯、帮助犯或者教唆犯，也不再成立某一犯罪的预备犯，而是成立特定犯罪的实行犯。实行行为本来和非实行行为是一对对立的范畴，在逻辑上表现为 A 与非 A 的关系，但拟制实行行为的存在使得实行行为

① 参见林山田著：《刑法通论》（下册），台湾台大法学院图书部 2001 年版，第 84 页。

② 关于拟制实行行为的具体类型，论文第一章有详细论述。

与非实行行为的区分具有了相对性。那么，立法者为何要将某些本不属于实行行为的行为规定为特定犯罪的实行行为，概言之，可以说是立法者立法的需要，具体看，我认为，主要是出于以下原因的考虑：

1. 避免因无法将行为人认定为成立共同犯罪而形成处罚的漏洞

我国刑法规定的部分组织性实行行为、教唆性实行行为、帮助性实行行为多数属于该种情况。根据我国刑法理论，共同犯罪是指二人以上共同故意犯罪，其中，教唆犯是教唆他人犯罪的情形；帮助犯是帮助他人犯罪的形态。教唆犯和帮助犯在犯罪的成立上，都具有从属性，如果被教唆、帮助的对象根本不可能成立犯罪，行为人自然无法成立共同犯罪中的教唆犯或帮助犯。行为人的教唆行为和帮助行为不成立共同犯罪中的教唆犯或帮助犯，并不表明该行为不可能对我国刑法保护的利益造成严重的侵害。比如，我国刑法第353条规定的教唆他人吸毒罪，虽然吸毒行为本身不成立犯罪，但教唆他人吸毒却侵犯了国家对毒品的管理制度和他人的身心健康，因此，为了维护国家对毒品的管理制度保护他人的身心健康，仍然有必要将教唆他人吸毒的行为规定为犯罪进行处罚。此外，我国刑法第307条规定的帮助毁灭、伪造证据罪、第358条规定的组织卖淫罪、第417条规定的帮助犯罪分子逃避处罚罪等也都属于同样的情形。

2. 前一阶段行为侵害的法益超出了后一阶段行为侵害法益的范围，有独立评价的必要

我国刑法中规定的预备性实行行为有的属于这种情况。预备行为是实行行为的前阶段，行为人在实施犯罪行为后进而又实施犯罪实行行为的，预备行为往往被之后的实行行为所吸收，不再具有独立评价的必要，这是预备行为与实行行为的一般关系。比如意图杀人购买砒霜的行为，购买砒霜是杀人行为的预备行为，在行为人一旦着手实行了杀人行为时，购买砒霜的行为就不再具有独立评价的意义。但犯罪情况复杂，实践中也存在大量预备行为无法为实行行

为包容的例外情形，比如我国刑法规定的盗窃爆炸物罪等，爆炸物本身并不具有可收藏性，行为人盗窃爆炸物往往是为了实施特定的犯罪，可能是实施故意杀人，也可能是实施盗掘古墓葬，相对于故意杀人罪和盗掘古墓葬罪来说，盗窃爆炸物的行为无疑属于犯罪的预备行为，但盗窃爆炸物罪侵犯的法益是社会公共安全，无法为故意杀人等某一单一犯罪保护的法益全面涵盖，若将盗窃爆炸物的行为仅仅理解为意图实现犯罪的预备行为将无法全面评价该类行为法律性质，鉴于盗窃爆炸物行为本身已对社会公共安全具有极大的危险性，所以，有必要特别规定。

3. 严厉刑罚处罚范围，有效预防特定类型犯罪的需要

我国刑法之所以将某些组织行为规定为特定犯罪实行行为多是出于此种原因。在我国刑法上，存在大量组织性的实行行为，如组织、领导恐怖组织罪，组织、领导黑社会性质组织罪，组织越狱罪，组织偷越国（边）境罪等。即使刑法不设置这些特定罪名，也并非完全不能对这些行为进行刑法规制。比如行为人实施组织越狱行为的，完全可以根据刑法总则的规定，将行为人认定为脱逃罪的组织犯。但问题是，若按照我国共同犯罪中组织犯的理论，当越狱行为还未来得及实施就被监狱成功制止的情况下，组织者实施的行为充其量只能评价为脱逃行为的预备行为，行为人也只能成立脱逃罪的预备犯。而对于如组织、领导恐怖组织罪，组织、领导黑社会性质组织罪，由于“恐怖组织罪”、“黑社会性质组织罪”都不是刑法分则规定的具体罪名，若按照共同犯罪中组织犯的理论，当“恐怖组织罪”、“黑社会性质组织罪”还没来得及实施具体犯罪时，组织者的行为将无法认定成立犯罪。组织、领导恐怖组织罪，组织、领导黑社会性质组织罪等都是我国刑法中罪行严重的犯罪类型，为了体现刑法预防犯罪的机能，防患于未然，将组织、领导行为本身就作为具体的犯罪行为类型加以规定，为国家抗制该类犯罪的工作能够尽早进行提供了便利条件，也有助于防止具体类型恐怖犯罪、黑社会性质犯罪的发生。

五、作为的实行行为与不作为的实行行为

根据实行行为表现形式的不同，实行行为可以分为作为的实行行为和不作为的实行行为。

所谓作为的实行行为，是指以积极的身体活动实施刑法分则构成要件的行为，以作为实行行为成立的犯罪为作为的实行犯。不作为实行行为是指以不作为的方式实现刑法分则规定构成要件的行为，由不作为实行成立的犯罪是不作为实行犯。不作为实行行为又可以分为真正不作为实行行为和不真正不作为实行行为，实施前者行为的成立真正不作为犯；实施后者行为的成立不真正不作为犯。

在刑法理论上，作为的实行行为和不作为的实行行为都是在对作为犯与不作为犯的论述中被认识的。作为犯和真正不作为犯构成要件的内容由于刑法都有明确规定，因此，作为犯的实行行为和真正不作为犯的实行行为都可以通过对构成要件的解释来解决。不真正不作为犯则不同，作为其构成要件内容核心要素的作为义务由于没有在刑法中明确规定，因此，在不真正不作为犯中，应当按照何种根据、在什么样范围内认定构成要件的实行行为，是解决不作为实行行为的中心课题。实行行为必须是符合刑法分则规定构成要件的行为，不真正不作为犯是开放的构成要件，因此，如何确定不真正不作为犯构成要件的符合性是认定不真正不作为犯实行行为的关键之一。又，实行行为必须具有法益侵害的现实危险性，成立实行行为不仅要在形式上符合构成要件，而且在实质上也必须具有该构成要件中所预定的法益侵害的现实危险性行为，必须和作为犯的构成要件所预定的侵害法益的危险性具有同等程度，① 因此，解决不真正不作为犯的实行行为，还必须要考虑不作为实行行为和作为实行行为的等价值问题。

与作为犯和不作为犯的区别一样，作为的实行行为和不作为的

① 参见［日］大谷实著，黎宏译：《刑法总论》，法律出版社 2003 年版，第 110 页。

实行行为的区别可以从不同的角度把握：第一，从行为的实质内涵看，作为实行行为是法律要求行为人不为而行为人却实施了刑法规定构成要件的行为；不作为实行行为是法律要求行为人为一定行为而行为人却不为从而符合了刑法分则规定构成要件的行为。第二，从违反刑法规范的种类看，作为实行行为违反的是禁止性规范；而不作为实行行为违反的则属于命令性规范。

在作为的实行行为与不作为的实行行为的区分中，还有一个问题需要关注：即如何看待持有犯罪的实行行为？在当前我国的刑法理论上，很少有学者对该问题进行直接研究，而是在对持有性质的认识中反映对该问题看法的。若主张持有是独立的第三种行为方式，则势必在作为实行行为和不作为实行行为分类外，还承认持有实行行为的划分；相反，若否定持有属于独立的行为方式，持有实行行为就没有必要单独承认。

对于持有的性质，当前我国的刑法理论主要有三种不同意见：(1) 作为行为说。认为对于持有法律责难的重点是对特定物品的"取得"行为，至于取得物品之后的状态，属于犯罪的自然延续，持有违反的是刑法禁止规范，属于作为犯罪。① (2) 不作为行为说。认为持有是行为人不实施法律要求实施的行为，违反的是刑法命令性规范，属丁不作为。② (3) 第三行为说。认为持有既有不同于作为的特征，也有不同于不作为的特征，作为和不作为并非A与非A的关系，将其作为第三种行为形式并不违反逻辑规则。③

我赞同将持有理解为属于作为的观点。在我国，持有成为犯罪的都是与特定犯罪对象相联系，比如枪支、弹药、毒品、假币等。

---

① 参见熊选国著：《刑法中行为论》，人民法院出版社1992年版，第125页。

② 参见叶良芳、荣俊德：《论刑法中持有行为的归属》，载《人民检察》1999年第2期。

③ 参见储槐植：《三论第三种犯罪行为形式"持有"》，载《中外法学》1999年第5期。

由于这些物品都是我国法律规定的违禁品，持有该类物品是我国各类法律都不允许的行为，作为保障法属性的刑法之所以将持有该类物品的行为规定为犯罪，旨在进一步强化禁止人们持有该类特定物品，而不是命令人们上缴特定物品，① 持有的本质既然在于要求行为人不得为一定行为，而持有违反的是刑法的禁止性规范，所以，持有完全符合作为的基本特征，仍不失为作为的类型之一。因此，自然没有必要在作为实行行为和不作为实行行为分类之外，再单独承认持有实行行为的分类。

六、故意的实行行为与过失的实行行为

根据实行行为主观内容的不同，可以分为故意的实行行为和过失的实行行为。

所谓故意的实行行为，是指刑法分则规定的构成要件的行为只能由行为人故意实施的情形。在我国，由于刑法将故意进一步区分为直接故意和间接故意两种形态，因此，故意实行行为原则上也可以进一步区分为直接故意的实行行为和间接故意的实行行为。过失的实行行为是指刑法分则规定的过失犯构成要件的行为。并非刑法分则规定的实行行为都可以基于过失，只有能够由过失构成的犯罪，过失的实行行为才能够被承认。

在过失犯罪中，是否有必要考虑实行行为的问题，经历了一个理论认识的过程，新旧过失论对此有不同的认识。

在刑法理论上，关于过失犯的构造，向来有新旧过失理论之争。旧过失论，也称传统的过失论，是 19 世纪中叶德国刑法理论上通说的观点，在日本，直至“二战”后初期一段时间，该理论仍占有支配地位。该理论认为，“责任是主观的、违法是客观的”，在构成要件与违法性阶段，没有区分故意与过失的必要。与故意一样，过失只是责任的种类与形式，是行为人承担责任的主观要件，是与客观违法行为相对应的主观心理态度。在故意犯罪的场合，行

① 参见张明楷著：《刑法学》，法律出版社 2003 年版，第 158 页。

为人对犯罪的事实存在认识而实施犯罪，与故意犯罪不同，过失犯罪是由于行为人不注意，没有认识到犯罪事实，从而造成了结果的发生。若行为人注意，就能避免结果的发生。行为人不注意而导致犯罪结果的发生是过失犯罪的本质。

由于旧过失论只是将过失与故意一样都视为是犯罪心理、主观要素，属于责任的要素。过失犯的核心内容是行为人的主观过失，是违反预见义务。所以，在旧过失论占统治地位的时代，刑法理论自然没有必要从客观行为的立场去把握过失问题，过失犯的实行行为也就难以存在被重视的机会。

过失实行行为被关注是新过失论的贡献。19 世纪末 20 世纪初，随着社会物质文明的进步而导致了过失犯罪在质与量上的变化，而在犯罪论体系中，由于责任论从心理责任向规范责任的转变，过失理论在犯罪论体系中也发生了巨大的变化。① 交通、重工业、医疗等日益发达，在为社会带来重大利益的同时，也给社会带来了巨大的风险。如果再坚持旧过失论，只要存在结果与因果关系，认定行为人主观上有预见可能性，就要对行为人处罚，那么，旧过失论就会接近结果责任，不利于社会的发展和进步。同时，在犯罪论体系上，由于受到目的行为论和“人的违法观”的影响，不仅责任阶段需要主观要素的存在，构成要件、违法性判断阶段也需要考虑主观要素。过失犯的成立，不仅关系行为人心理状态的问题，同时也关系行为的问题。新过失论认为，即使行为人对结果有预见可能性，但如果履行了结果回避义务，就不能认定为成立犯罪。过失犯的本质并不在于预见义务的违反，而在于过失行为即结果回避义务的违反。

由于新过失论强调过失犯的本质并不在于行为人的主观过失，而在于行为人违反了结果避免义务，这样，新过失论将过失的重点从责任论移入行为性质方面，从而为认识过失犯实行行为提供了可

① 参见林亚刚著：《犯罪过失研究》，武汉大学出版社 1999 年版，第 49 页。

能。

实行行为是构成要件的类型化，是直接造成法益侵害的行为。在过失犯的场合，过失犯构成要件类型化如何体现？这便是过失犯实行行为问题。

在日本，关于如何理解过失实行行为，有力的见解认为，行为人没有履行客观上被要求的注意义务而实施的一定的作为和不作为是过失犯的实行行为，① 具体分析，又存在以下三种不同理解：

第一种观点为“注意义务违反开始说”，认为，过失犯和故意犯的实行行为的认识具有相同的原理，开始实施违反注意义务的行为是过失犯的实行行为的着手，② 也就可以认定为过失犯的实行行为。

第二种观点是“过失并存说”，该说曾经是日本判例的立场，认为，在确定过失犯实行行为的时候，应当从整体上把握。比如，在饮酒驾车，由于不注意而杀人的情况，这里的行为整体都应当是过失犯的实行行为。

第三种观点是“过失阶段说”，该说是在批判“过失并存说”的基础上提出的，认为，按照“过失并存说”，过失实行行为就没有限制，也不明确。一般来说，最接近结果发生的那个行为才是过失犯的实行行为。③

过失行为是行为人未遵守社会生活上所要求的注意义务和行动标准而导致了危害结果发生的情况。过失犯的本质在于注意义务的违反，过失犯的构成要件也只有通过注意义务的补充才能定型化、明确化，因此，从注意义务违反的角度认识其实行行为的思路是正

---

① 参见［日］大谷实著，黎宏译：《刑法总论》，法律出版社 2003 年版，第 150 页。

② 参见［日］黑木忍著：《实行的着手》，信山社 1998 年版，第 194 页。

③ 参见［日］前田雅英著：《刑法总论讲义》，东京大学出版会 1998 年版，第 352—353 页。

确的。实行行为必须是对法益侵害具有现实危险性的行为，关于这一点，即使在过失犯的场合也同样应当得到遵循，那么，究竟应当从何时开始才能认定客观上违反注意义务的行为是实行行为呢？我认为，需要根据不同的犯罪类型和事实情况，具体分析：对于有些类型的犯罪，只要行为人客观上存在违反注意义务的行为，法益侵害就面临侵害的现实危险，比如，违反交通规则驾驶车辆的行为，由于违反交通规则驾车随时都可能发生交通事故，因此，对于此类犯罪，行为人一开始违反客观上的注意义务，即可认定为存在法益侵害的实行行为。但也有一些类型犯罪，违反注意义务与法益侵害结果的发生联接并不紧密，中间存在较长的时间间隔，对于这种情况，和后文不纯正不作为犯的实行行为认定具有相同的旨趣，并非一开始违反注意义务的行为就应当认定为实行行为，只有违反注意义务的行为具有了导致危害结果发生的危险时，才能将该行为解释为过失犯的实行行为。

第三章 实行行为特殊形态论

第一节 不作为犯的实行行为：以等价值为中心

一、不作为犯概述

（一）不作为犯的概念和类型

法益侵害既可以积极的身体活动实现，也可以消极的身体活动为之。在大陆法系特别是德、日的刑法理论上，通说的观点认为，当行为人在犯罪意图的支配下以积极的身体活动实现构成要件内容时，成立作为犯；相反，当法律规定行为人必须为某种行为而行为人违背该命令从而实现构成要件的，是不作为犯。

不作为犯，根据其结构的不同，理论上又可进一步被区分为真正（纯正）不作为犯和不真正（纯正）不作为犯。所谓真正不作为犯，一般认为是指构成要件的形式是以不作为形式规定的犯罪。日本刑法第 107 条规定的不解散罪、第 130 条规定的不退出罪等被认为是典型的真正不作为犯。而对于不真正不作为犯，虽然德、日学者们经常援用的例子是母亲意图杀死婴儿，不给婴儿喂奶，使其饿死的情形，但关于其概念的认识，意见并不统一。一种观点认为，不真正不作为犯是指，不实施期待的一定行为并因此而导致一定结果成立犯罪的情形，这种观点在德国处于通说的地位；另一种观点指出，不真正不作为犯是指以不作为的方式实现了法规中以作为形式规定的犯罪构成要件犯罪的情形，该观点在日本为多数学者主张；还有一种观点说，不真正不作为犯是指以不作为方式构成通常以作为方式实施的犯罪。①

对于不作为犯，我国基本上接受了德、日刑法理论的分类，也是将不作为犯区分为真正（纯正）不作为犯和不真正（纯正）不作为犯两种基本类型。但关于不真正不作为犯概念，我国刑法通说的观点与德、日不同，一般认为不真正不作为犯是指以不作为方式实施通常以作为方式所实施的犯罪。这种对不真正不作为犯概念的不同认识将直接关系到处罚不真正不作为犯是否违反罪刑法定主义的问题。如果按照德、日刑法理论的看法，认为不真正不作为犯实现的是作为犯的构成要件，那么，欲处罚不真正不作为犯，必须首先解决不真正不作为犯与罪刑法定的关系问题。相反，如果按照我国刑法理论通说观点的理解，既然刑法分则规定的构成要件既可以以作为方式实现，也可以以不作为的方式实现，不真正不作为犯实现的只是通常以作为形式实现的构成要件，这样，在我国自然不需要特别讨论不真正不作为犯的处罚与罪刑法定的关系问题。

（二）不作为犯实行行为的问题点

不作为不是什么都没做，而是没有为法律所期待的行为。成立不作为犯必须以存在作为义务为前提，某一不作为成为实行行为，必须是违反了构成要件的法定义务。在真正不作为犯中，作为义务的内容被明确规定在构成要件中，实行行为比较容易确定，所以，研究不作为实行行为需要重点考查的是不真正不作为犯的实行行为，本书对不作为实行行为的研究也是以不真正不作为犯为中心的。

实行行为是刑法分则规定构成要件的行为，不真正不作为犯的构成要件属于开放的构成要件，作为义务的内容并没有被明确规定在构成要件中，因此，如何确定作为义务的内容，是认定不真正不作为实行行为的重要问题之一。又，实行行为是对法益侵害具有现实危险性的行为，不作为的实行行为同样需要具有法益侵害的现实

① 参见［日］日高义博著，王树平译：《不作为犯的理论》，中国人民公安大学出版社 1992 年版，第 82 页。

危险性。但并非任何违反作为义务的行为都具有法益侵害的现实危险，只有在不作为和作为具有同等法益侵害危险时，该不作为才能被评价为实行行为，因此，认定不真正不作为实行行为，还需要进行法益侵害的等价值判断。

长期以来，我国刑法关于不作为犯的研究，一直集中于其成立要件和作为义务的来源上，目前，对这些问题我国刑法理论已取得了相当深入的认识，而对等价值问题的研究却相对贫乏，因此，下文只对作为义务的问题做简要介绍，将重点置于等价值的判断上。

二、作为义务的根据和范围

（一）概述

在不真正不作为犯中，对于构成要件结果的发生可能存在许多人的不作为。如在小孩落入湖中被溺死的案件中，存在小孩父母的不作为；路过湖边行人视而不见，也是导致小孩被溺死的不作为，但并非任何人的不作为都被能认为构成犯罪，只有在法律上对结果发生负有防止义务的人，才有可能作为犯罪处理。不真正不作为犯的成立必须以行为人负有作为义务为前提，这既是刑法理论的共识，也是当今世界不少国家或地区刑法的规定。但是，作为义务的根据何在？究竟包括哪些具体类型？各国理论和实践的做法并不相同，从学说的发展史看，对于作为义务的研究历经了一个从“形式的作为义务论”向“实质的作为义务论”转变的过程。

近代刑法有关不作为犯的理论肇始于19世纪德国刑法启蒙大师费尔巴哈，费氏基于其自然法理论和自由思想展开了对作为义务的系统论述。他说，自由市民为了保护各人的生命、身体、行动自由而缔结条约组成国家，国家应当以维护市民的权利为目的，或者说应以保障市民依照法规进行共同生活为目的。因此，如果超过法律所规定的自由的界限，而侵害他人权利，便违背国家的目的。国家为了完成其使命，必须采取有效措施防止这种侵害的发生。最有效的手段便是针对权利侵害的行为以法律宣告刑罚，并处罚一切违反刑罚法规的行为。同样，市民之间相互缔结的契约，作为社会契约的始源形态，也赋予了当事人权利和义务。于是国家制定的法律以及市民缔结的契约，成为作为义务的来源。而先前行为是以各种事实关系为前提的，故不是作为义务的来源。① 这便是作为义务的"形式二分论"。

继费尔巴哈将作为义务的问题导入刑法学研究后，刑法理论开始关注作为义务的研究。作为义务的内容被深入探讨，出现了不断丰富、扩张的趋势。德国学者斯班恩伯格（Spangenberg）和亨克尔（Henkel）在其著述中就将作为义务的范围扩展到婚姻、家族生活关系领域。1828年，德国著名学者斯鸠贝尔（Stubel）在其出版的有关刑事共犯的论述中，提出了"先行危险行为的注意义务"的思想，② 使先行行为成为作为义务的发生根据在理论上被确认，从而形成了作为义务所谓的"形式的三分说"。"形式的三分说"不仅为德国刑法理论和司法实务长期接受，而且对整个大陆法系的刑法理论产生了深刻的影响。直至今日，在日本刑法理论和判例中仍然能够清晰的看见"形式三分说"的影子，许多学者对作为义务的论述，仍然包含着"形式三分说"的基本内容。

从形式上说明义务来源的类型，具有明确性，对严格区分道德义务和法律义务，阻止以实质判断为借口而扩大不真正不作为犯处罚范围，具有重要的意义。③ 但是，仅从形式上描述义务的来源也存在不足，突出的问题是无法为作为义务的来源提供实质的理论基础。20世纪初，德国学者绍尔（Suaer）从实质违法观的立场展开了对形式作为义务说的批判。他说，依法律规定确立作为义务，无外公务上的义务、职务上的义务、职业上的及事业上的义务、保护

① 参见［日］堀内捷三著：《不作为犯论》，青林书院新社1978年版，第7—8页。

② 参见苏俊雄著：《刑法总论Ⅱ　犯罪总论》，台大法学院图书部1997年版，第533页。

③ 参见黎宏著：《不作为犯研究》，武汉大学出版社1997年版，第126页。

及监督的义务、契约上的或因犯罪而生的义务，此等义务之内涵依据及界限如何，难免有争议。违法性之实质概念及各种法律之依据，唯有探究实质之违法概念，始得明白何以法律规定某种义务为法定义务之理由。① 另一学者斯卡夫斯坦因（Schaffstein）以刑法的独立观为契机也表达了对作为义务从实质上界定的必要性。他分析道，根据形式法义务说，作为义务之类型不外法律所规定者、依契约之约定或因管理之法律行为产生者、由于不作为者之先行行为所致者，以及自习惯法所引申者。其中，依法律之规定者，多半系民法之规定，例如父母子女间之紧急救难义务，乃根据民法之扶养、教养义务而来；依单方或双方法律行为（契约）而产生之义务，其义务之存否系于各该法律行为民法上之效力，若有欠缺民法上生效要件，或依民法该法律行为系不能成立或无效之情形，则作为义务亦不存在。这样，刑法上之作为义务必然受到民法规定之宰制。②

20 世纪 30 年代开始，德国刑法出现了作为义务实质化的运动，出现了形形色色的从实质的立场探讨作为义务的学说，如沃格特（Vogt）的“较密切之社会秩序说”，安德鲁·那克斯（Androulakis）的“事先存在之密切关系说”，贝尔汶格鲁（Bärwinkel）的“公共福祉说”等。③ 由于受到作为义务实质化运动的强烈影响，在当今德国刑法理论上，从形式根据论述作为义务来源的观点已不多见，实质作为义务论在其刑法理论上已占支配地位，但实质的作为义务究竟应当包含哪些具体情形，不同学者的论述仍然难以统一，作为义务的问题仍然是今日德国刑法学上的一个“未解之

① 参见许玉秀：《论西德刑法上保证人地位之实质化运动》，载许玉秀著：《主观与客观之间》，台湾春风煦日论坛 1997 年版，第 346—347 页。

② 参见许玉秀：《论西德刑法上保证人地位之实质化运动》，载许玉秀著：《主观与客观之间》，台湾春风煦日论坛 1997 年版，第 352 页。

③ 参见许玉秀：《论西德刑法上保证人地位之实质化运动》，载许玉秀著：《主观与客观之间》，台湾春风煦日论坛 1997 年版，第 355 页以下。

题”。

德国对作为义务根据的实质性研究也给日本的刑法理论产生了巨大的影响。“二战”前，牧野英一等一批学者就开始了从实质立场上寻求作为义务的尝试。特别是20世纪中期以后，不少学者对作为义务的实质根据进行了深入的研究，提出了各具特色的实质作为义务论，如日高义博教授的“先行行为说”、堀内捷三教授的“事实上的承担说”、西田典之教授的“具体的事实支配关系说”等。① 这些学说提出虽然对日本刑法理论深化对作为义务实质根据的认识具有重要意义，但并未从根本上改变日本刑法学理论从形式上寻找作为义务的传统做法。现在，日本通说的见解是在法令、契约或事务管理、条理或习惯三方面寻求作为义务的根据。这种做法一方面维持了法律、契约这种形式的根据，另一方面也表现出了试图以条理、习惯的名义积极推进作为义务的实质化的倾向。

（二）我国作为义务的来源

作为义务的来源问题向来是我国不作为犯理论研究的重点，相对于德、日刑法理论的研究，我国在这一问题上的认识还较为简单、单一。当前，关于作为义务的来源主要有以下观点：

1.“三来源说”。这是我国以往通说的观点，认为作为义务的来源有三个方面：法律的明文规定；职务上或业务上的要求；行为人先前的行为。②

2.“四来源说”。提出我国作为义务的来源主要存在四个方面，即法律明文规定的义务；职业或业务要求的义务；法律行为引起的义务；先行行为引起的义务。③

---

① 参见黎宏著：《不作为犯论》，武汉大学出版社1997年版，第132页以下。

② 参见高铭暄主编：《中国刑法学》，中国人民大学出版社1989年版，第99页。

③ 参见苏彩霞：《论不真正不作为犯的作为义务来源》，载《政法论丛》2000年第1期。

3. “五来源说”。认为依照我国的国情和刑法规定的精神，作为义务可以归纳为以下五个方面：法律的明文规定；职务上或业务上的要求；行为人的先行行为；自愿承担的某种特定义务；在特殊场合下，公共秩序和社会公德要求类型的特定义务。①

从我国学者对作为义务来源的认识可见，我国刑法理论对作为义务来源的认识基本上仍然维持的是形式说。观点的不同主要集中于以下两点：第一，法律行为，如合同行为、自愿接受的行为能否引起作为义务？第二，公共秩序和社会公德能否视为作为义务？对于第一个问题，我国当前的刑法理论已不存在争论，都认为法律行为可以产生作为义务，因此，关于作为义务范围的理解实际上就是要解决公共秩序、社会公德，或者说单纯道德上的义务能否成为作为义务的来源？我的看法是：第一，既然作为义务提出的目的旨在限定不作为犯的处罚范围，如果将单纯道德上的义务也视为作为义务的来源，研究作为义务意义就难以被肯定。第二，即使主张可以以道德视为作为义务来源的学者，从其论述看，他们也不认为一切道德都可以成为作为义务的来源，但哪些道德能够成为义务来源，哪些又不能，由于其并没有提出明确、可行的标准，势必具有很大的任意性，因此，承认单纯的道德可以作为义务来源，那么，实践中控制刑罚的处罚范围就成为难题。所以，我认为，“四来源说”的观点仍然是可取的。

三、国外等价值理论及判例

（一）等价值概念及机能

等价值，也称“等价限制”或“相当限制”，是指为了成立不真正不作为犯，必须要求行为人以不作为实现的不法构成要件与作

① 参见马克昌主编：《犯罪通论》，武汉大学出版社 1999 年版，第170—172页。

为实现的不法构成要件在刑法上之非价彼此相当。① 或者说，行为人违反作为义务之行为所生侵害在法定构成犯罪事实上与以作为手段所引起者价值同等。②

在不真正不作为的发展史上，等价值理论的机能经历了一个由调和不真正不作为犯与罪刑法定之关系到限定不真正不作为犯成立范围的演变过程。

如前指出，近代不真正不作为犯理论的建立源于 19 世纪德国刑法学。由于受到自然科学研究方法的影响，在 19 世纪以前，不作为一直被视为“无”，“无”中不能生“有”，所以，不作为犯对构成要件结果的发生是否具备原因力就成为问题。该问题的提出促成了使不真正不作为犯理论的迅速发展。③ 在 20 世纪中期以前长逾一个世纪的时间里，不真正不作为犯一直被认为是因果关系的问题，并进而被视为是违法性问题被探讨，直到 20 世纪 30 年代这种状况才得到根本的改变。

1938 年，德国著名学者那格拉（Nagler）提出了保证人说。④

---

① 参见林山田著：《刑法通论》（下），台湾台大法学院图书部 2006 年版，第 226 页。

② 参见韩忠谟著：《刑法原理》，中国政法大学出版社 2002 年版，第 79 页。

③ 参见［日］日高义博著，王树平译：《不作为犯的理论》，中国人民公安大学出版社 1992 年版，第 12 页。

④ “保证人说”，也称“保障人说”，就其产生的思想基础而言，是协调不作为犯和德、日犯罪体系矛盾的产物。从上个世纪 40 年代开始，一直是德、日刑法理论上研究不作为犯的重要学说之一。在当今德、日刑法理论上，是不作为犯理论的通说。在我国，传统的刑法理论并不存在“保证人说”的概念，但从我国学者对不作为犯的论述看，实际上也包含了“保证人说”的基本内容。比如，对于不作为犯的成立要件，我国刑法理论强调只能有负有作为义务的人才能构成，必须以行为人违反了作为义务才能构成，而负有作为义务的人实质就是德日刑法上所称的“保证人”，行为人所负的义务，实际上就是保证人的保证义务。近些年，由于德、日刑法的强烈影响，保证人说逐渐为我国学者普遍接受，本书采纳的是其基本观点。

认为，行为人基于法令规定、法律行为或先行行为等原因，在法律上负有使一定结果不发生的保障义务，此负有保障义务者，违反了保证义务的不作为，是成立不作为的基础。只有居于保证人地位的不作为，才与由作为行为实现构成要件的行为具有同价值，才是符合构成要件的行为，所以，保证人的保证地位及保证义务并非是违法性问题，而是构成要件，特别是实行行为的问题。保证人说的提出，在维持传统犯罪理论的构架的同时，又合理解决了长逾一个世纪的“因果关系说”和“违法性说”之争，该学说很快被大陆法的理论和实务广泛接受。

保证人说的提出虽然解决了不作为犯理论中作为义务的地位问题，但并没有能够解决不真正不作为犯理论中的所有问题。在保证人说之后，德国学者们对处罚不真正不作为犯与罪刑法定的关系问题仍然怀有质疑。因为按照传统的大陆法刑法理论，不真正不作为犯是以不作为的方式实现作为犯的构成要件，既然其实现的犯罪是以作为犯为模式规定的，保证义务由于没有被规定在犯罪的构成要件中，那么，处罚不真正不作为犯就存在类推适用作为犯构成要件的嫌疑。“二战”后，最早提出这一疑问的是德国学者赫尔穆特·迈耶（Hellmuth Mayer），他说只要按照保证人说的观点，其结果必然是适用类推来决定处罚不真正不作为犯，适用类推是违反罪刑法定主义的。① 迈耶之后，德国著名学者阿明·考夫曼（Armin Kaufmann）通过对刑法规范的解释也表达了同样的质疑。考夫曼将刑法规范区分为禁止规范和命令规范，认为，禁止规范的内容在于要求行为人不能实施一定的行为，即要求不作为；命令规范是要求行为人实施一定的行为，即要求作为。禁止规范由作为侵害，命令规范由不作为侵害。不纯正不作为犯的作为义务和真正不作为犯的情形相同，都是由命令规范产生，不是由禁止规范产生。因此，不纯正不作为犯是违反命令规范的“真正的”不作为犯，不是违

① 参见［日］日高义博著，王树平译：《不作为犯的理论》，中国人民公安大学出版社 1992 年版，第 77 页。

反禁止规范的作为犯。①

虽然迈耶、考夫曼等都认识到不真正不作为与作为犯之间的结构的差异，但有趣的是，他们都不否认应当对不真正不作为犯进行处罚。因为在他们看来，不真正不作为犯和作为犯之间存在的结构差异，可以通过等价值这个媒介进行弥补。考夫曼指出，虽然不真正不作为与作为犯之间存在结构的差异，但在违法性、有责性领域，通过对不真正不作为犯和作为犯进行等价值判断，不真正不作为犯的可罚性就会被承认。② 也就是说，"只要因为不作为而没有防止结果发生和作为实现的构成要件在当罚性上是等价的，不真正不作为犯就能类推作为犯的犯罪构成要件来加以处罚"。③

如果认为不真正不作为犯实现的是作为犯的构成要件，那么，上述学者的质疑不是没有道理的，处罚不真正不作为犯的确存在与罪刑法定间存在间隙的问题，为了处罚不真正不作为犯，也确实离不开等价值理论的调和。但随着刑法理论对刑法规范认识的逐步深入，学者们发现在以"为……"这种作为形式规定的裁判规范中，实际存在以保护该法益为目的禁止规范的行为规范和命令规范的行为规范。④ 此外，即使从文理解释的角度上看，刑法规定在形式上被认为是作为的表述中，也完全可能包括不作为，因为在禁止为一定行为的规范中就内含着必须为一定行为的命令，所以，不真正不作为犯，违反的虽然是作为命令规范的行为规范，实现的却是以裁判规范形式规定的作为犯的构成要件。对不真正不作为犯的处罚不是根据作为犯的构成要件类推适用，而是因为其本身符合作为犯的

① 参见［日］日高义博著，王树平译：《不作为犯的理论》，中国人民公安大学出版社 1992 年版，第 30 页。

② 参见［日］日高义博著，王树平译：《不作为犯的理论》，中国人民公安大学出版社 1992 年版，第 77 页。

③ 参见［日］日高义博著，王树平译：《不作为犯的理论》，中国人民公安大学出版社 1992 年版，第 30 页。

④ 参见黎宏著：《不作为犯研究》，武汉大学出版社 1997 年版，第 97 页。

构成要件。这样一来，等价值的调和机能并不存在。

在现代刑法理论上，限定不真正不作为犯的处罚范围的是等价值理论的意义所在。不真正不作为犯之所以被处罚，是因为行为违反了作为义务导致了法益的侵害。因为在一般情况下，不作为并不具有作为那样的原因力，因此，并不是一有违反作为义务的行为，就能评价为犯罪，只有违反作为义务的不作为和作为在价值方面是相等时，才能认为成立犯罪。

强调等价值的限定机能并将其作为不真正不作为犯的成立要件，是不少大陆法国家刑法的明确规定。德国现行刑法第13条规定："依法有义务防止犯罪结果的发生而不防止其发生，且其不作为与因作为而实现犯罪构成要件相当的，依本法处罚。"奥地利刑法第2条也同样指出："法律对于犯罪结果之发生加以处罚，行为人依法有防止结果发生之特别义务，而未防止其发生者，且其不作为与作为对犯罪结果之影响相同者，亦罚之。"在日本，虽然现行刑法对于等价值没有明确规定，但成立不真正不作为犯必须要求行为人的不作为和作为具有相当性，不仅是理论上的通说，也为判例所坚持。日本学者大谷实教授写道："不真正不作为犯，本来，是以成立作为犯的实行行为为前提的，因此，不能将和结果具有因果关系的不作为都作为不作为犯的实行行为，只有和该作为犯的实行行为具有能够同等程度的不作为，才是实行行为。""为了肯定不真正不作为犯和作为犯之间具有同样的实行行为性，该不作为和作为犯的实行行为之间必须具有能够同等看待的实质，换句话说，正像侵害法益的危险迫在眉睫，且实施期待行为的话，就能回避发生结果一样，该不作为所具有的侵害法益的危险性，必须和作为犯的构成要件所本来预定的侵害法益的危险性具有同等程度。"① 从大谷教授的论述，我们可以看出，在不真正不作为犯中，等价值的性质和作为义务的性质是一样，都是为了限定不真正不作为犯的处罚

① ［日］大谷实著，黎宏译：《刑法总论》，法律出版社2003年版，第110页。

范围。

另外，在德、日刑法学理论中，关于等价值究竟是属于作为义务内容，还是同作为义务相并列的成立不真正不作为犯的独立要件，也是一个需要澄清的问题。从日本学者既有的论述看，多数学者是将其作为不真正不作为犯独立的构成要件看待的。比如大谷实、大塚仁、佐久间修教授等就是将等价值问题作为一个独立于作为义务的要件进行论述的。福田平、平野龙一、前田雅英等则将等价值做为作为义务的内容进行把握。福田教授特别解释了个中缘由，他说："等价值这种不明确的价值判断直接放入构成要件中，则法的明确性和安定性无从谈起。以此来看，与其将作为义务作为一个独立的要件来把握，倒不如将其作为对作为义务进行类型化的一个要素来把握，或许更能维护法的安定性。"① 其实，对于上述的分歧意见，实践中无论采取哪一种观点，对于不真正不作为犯认定都并不会产生影响，因此，完全可以说是一个理论问题。福田教授之所以将等价值视为作为义务的具体内容进行说明，主要是考虑到等价值判断具有不明确性，避免将其作为独立构成要件可能导致构成要件判断的不明确，以此维护法的安定性。但问题是，如果认为等价值判断不具有明确的特性，那么，无论是将其作为独立的构成要件要素，还是视为作为义务的内容，其不明确性都同样存在。因此，福田教授将等价值视为作为义务内容的理由并不成立，将等价值作为与作为义务相并列的独立要件进行论述并无不可取之处。下文对等价值的理解也是以此为基础展开的。

（二）国外的理论与判例

1. 关于等价值的理论

日本不作为犯理论研究的权威学者日高义博教授认为，等价值理论的现代课题需要解决三个问题：第一，究竟是应当在客观方面解决等价值问题，还是应当从主观方面解决等价值问题？第二，以

---

① ［日］福田平、大塚仁著：《对谈刑法总论》（上），有斐阁 1986 年版，第 135 页。

什么标准判断不真正不作为犯和作为犯的等价值性？第三，等价值究竟应在犯罪论体系中的哪一个阶段判断？① 而问题的核心在于等价值的判断标准。

关于等价值的判断标准，大陆法的刑法理论上主要有以下观点。

（1）主观说

该说主张，应当从作为者的主观心理状态寻求等价的根据。这种观点最早为德国学者赫尔穆特·迈耶所主张。迈耶认为："若依据保证人说之所论，则具有特别的法义务（保证义务）者之不作为，成为处罚之对象；然此之所谓法的义务并非在构成要件中所明白规定，虽或可在习惯法的义务之依据，但此乃欠缺实定法的依据，系扩张构成要件者，显与罪刑法定主义相违反。"也就是说，在迈耶看来，按照保证人说处罚不真正不作为犯有违罪刑法定，因此，不真正不作为犯的等价值不能从作为义务中寻求，而只应该求之于行为人的主观意思。由于"作为，乃系与法敌对之'意思的努力'，与之相对，不作为，则仅系未付以'满足一般意思要求之努力'的意思薄弱"。所以，只有"不纯正不作为在与作为同程度之'与法敌对之意思力'为必要时，则其不作为在法的意义上，即可解为真正的作为"。② 在日本，学者藤木英雄、庄子邦雄等人也持类似看法。藤木英雄针对日本不作为放火的判例分析指出："对行为人而言，只要具有利用已经出现的火力的意思，并放任结果的发生，而且对于这一结果有着强烈的积极态度，以此就可以认定不作为的放火与作为的放火违法的程度是相同的。"③

---

① ［日］日高义博著，王树平译：《不作为犯的理论》，中国人民公安大学出版社 1992 年版，第 79、81 页。

② 洪福增：《刑法理论之基础》，台湾刑事法杂志社 1978 年版，第 197 页。

③ ［日］日高义博著，王树平译：《不作为犯的理论》，中国人民公安大学出版社 1992 年版，第 97 页。

行为是主客观的统一，因此，在对行为进行等价值判定时，不可否认从行为人主观方面进行判断的必要性，但将判断的基准完全求助于行为人的主观意思，实际上是意志刑法的方法论。一方面，会使一些客观上根本不可能具有等价的不作为被认定为犯罪，比如，意图杀害婴儿而只是实施了1天不给其喂奶的行为，虽然行为人主观上具有杀人的意图，但1天不给婴儿喂奶的行为并不具有故意杀人行为的等价性；另一方面，也会得出“即便具有违反法律上的作为义务的不作为，该作为即便和作为等价，也不得加以处罚的不合理结论”。①正因为如此，在德国，“主观说”始终未能形成大的影响；在日本，虽然该说曾一度得到判例的支持，但在刑法理论上，继庄子邦雄和藤木英雄之后，少见学者再坚持该认识。

(2) 分则具体认定说

该说认为，等价值由于最终是通过构成要件的解释实现的，因此，在根本上属于刑法分则的问题。日本学者内藤谦教授在其著述中对等价值问题因为发表过如下的看法，被认为是持该说为数不多的学者之一。他说：“在有同价值性的场合，它就意味着与特定的构成要件的作为而实现（犯罪）具有同价值。这样，作为保证人的地位基础的根据，也应当看成因各个犯罪各异，并且，该不作为具有实行行为的定型性说若成问题的话，其结果不真正不作为犯在什么范围内成立，最终应归于各个构成要件的解释之内。从这一意义上来说，不真正不作为犯问题，说到底最后还是刑法分则的问题。”②

对于内藤谦教授的这段论述，在当今日本的刑法学理论上很少见到学者作出正面的评述。相反，我国学者却作出了较为中肯的评价。黎宏博士指出：“不真正不作为犯的等价性问题说到底是刑法

---

① [日] 大谷实著，黎宏译：《刑法总论》，法律出版社 2003 年版，第116 页。

② [日] 内藤谦著：《刑法讲义总论》（上），有斐阁 1983 年版，第 235 页。

分则所规定的构成要件的问题，这固然不错，但是，即使是在对刑法分则中所规定的各个犯罪构成进行解释时，也仍要以具体材料为标准来进行不作为和作为等价值的判断，不说明这一判断标准而笼统地说根据各个具体构成要件的解释来判断，无异于什么都没说。”①

（3）构成要件等价值说

该说为日本学者日高义博提出。之所以称为“构成要件等价值说”，按日高教授的说法，主要是考虑到填补不真正不作为犯与作为犯存在结构上的空隙而使两者价值相等的判断是在构成要件阶段进行的，故而在“等价值”前加“构成要件”，称“构成要件等价值说”。②

日高教授认为，过去的理论仅根据法的作为义务和作为的可能性两个要件划定不真正不作为犯的成立范围是不能说明等值理由的。

首先，有作为义务人的不作为和没有作为义务的人的不作为对结果的发生从自然意义上讲都没有原因力，不能因为作为义务的存在就创造出了原因力。作为义务或保证义务这种要素，起不到填补不真正不作为犯存在结构上的空隙的媒介作用。③ 判断不真正不作为犯和作为犯的构成要件等价值的标准，首先必须考虑犯罪构成要件的特别行为要素和该行为事实。构成要件是违法、有责的行为类型，其违法行为类型的内容在刑法分则各条文中是互不相同的，所以，如果不考虑刑法分则各条文违法行为类型的特殊性，就不能对个别的构成要件相符合性进行判断。④

---

① 黎宏著：《不作为犯研究》，武汉大学出版社 1997 年版，第 118 页。

② 参见［日］日高义博著，王树平译：《不作为犯的理论》，中国人民公安大学出版社 1992 年版，第 106 页。

③ 参见［日］日高义博著，王树平译：《不作为犯的理论》，中国人民公安大学出版社 1992 年版，第 79 页。

④ 参见［日］日高义博著，王树平译：《不作为犯的理论》，中国人民公安大学出版社 1992 年版，第 108 页。

其次，解决不纯正不作为犯，必须考虑不作为犯的原因设定，欠缺对原因设定的考查就无法触及等价值的核心。日高教授写道，经过我对不真正不作为犯的深入研究，我发现不真正不作为犯成立必须有（1）起因；（2）被害人；（3）不作为人三重关系。① 因此，要填补不真正不作为犯存在结构上的空隙，使其与作为犯在构成要件方面价值相同，也必须考虑不作为犯设定原因的情形。② 经过对不真正不作为犯结构的剖析，日高教授进一步指出，不真正不作为犯构成要件等价值的判断标准必须包括：（1）犯罪构成要件的特别行为要素、该行为事实和（2）不作为人的原因设定。其中，前标准作用在于抽象出作为犯罪构成要件中不可能由不作为来实现的犯罪，限定等价值的判断对象；后标准决定由不作为实施的犯罪在同一构成要件下是否具有足以被等价值的价值。③

日高义博教授虽然主张在进行等价值判断时必须考虑作为的原因设定，甚至认为欠缺对原因设定的考查就无法触及等价值的核心。但他并不认为任何原因都具有等价值判断的机能。日高教授将起因归纳为四种具体类型：自然现象、被害人的故意或过失、不作为人的故意或过失、第三人的故意或过失，强调只有由于不作为人的故意或过失的情形才有资格作为等价值判断的资料。④

从笔者掌握的资料看，“构成要件等价值说”是目前日本刑法理论上对等价值问题研究的最为深入的理论，特别是该理论在等价值判断标准确立上充分考虑到了作为义务产生的原因设定，为研究该问题开启了新的思路。日高教授认识到了不真正不作为犯的三重

① 参见［日］日高义博著，王树平译：《不作为犯的理论》，中国人民公安大学出版社 1992 年版，第 112 页。

② 参见［日］日高义博著，王树平译：《不作为犯的理论》，中国人民公安大学出版社 1992 年版，第 113 页。

③ 参见［日］日高义博著，王树平译：《不作为犯的理论》，中国人民公安大学出版社 1992 年版，第 112 页。

④ 参见［日］日高义博著，王树平译：《不作为犯的理论》，中国人民公安大学出版社 1992 年版，第 111 页。

结果，并以此展开对不作为等价性问题的认识，我认为是合理的。

作为判断等价值理论之一，日高教授的观点也同样遭到了来自持其他理论学者的质疑。我国学者批判指出："这种探讨，试图对于不真正不作为犯的存在根据及判断标准、限界进行明确化，对于不真正不作为犯的处罚范围进行大幅度的限定，同以前的见解相比，应当说是具有开拓意义的。但是，在日高教授的见解中，作为等价值基础的原因设定行为同先行行为本质上是一回事，如果将先行行为作为结果产生的原因的话，那么自身并不产生侵害法益的危险的行为倒成了原因了。因此，用不作为中的先行的原因设定来补充不作为中的原因力的欠缺的构想是根本不可能的。"① 为此，论者还特别举例说："在交通肇事后，肇事人驾车逃跑致被害人死亡的场合，这里致被害人死亡的原因，并非交通肇事行为，而是交通肇事后逃跑的行为。后者才是判定行为人行为性质的根据。"②

2. 关于不真正不作为的判例

在日本，关于不真正不作为犯的判例主要集中在杀人罪、遗弃罪、放火罪上。对于杀人罪，因饿死婴儿、交通肇事后不保护被害人的判例较多，另外，也有关于欺诈罪和遗弃罪的不作为犯的判例。③ 下面主要介绍日本大审院和最高法院的典型判例。

(1) 关于不作为杀人的判例：大审院 1915 年判例④

案情及判旨：被告人 1914 年 1 月 9 日收养了丙的私生女丁，丙还为此支付了 17 元钱。被告收养了 5 个月后想杀害丁女，于是就开始饿丁，最终，丁女于同年 5 月 30 日下午 7 点死亡。

针对本案，大审院判决指出："依照法律、契约负有养育义务

---

① 黎宏著：《不作为犯研究》，武汉大学出版社 1997 年版，第 117—118 页。

② 黎宏著：《不作为犯研究》，武汉大学出版社 1997 年版，第 117 页。

③ 参见［日］山中敬一著：《刑法总论 I》，成文堂 1999 年版，第 233 页。

④ ［日］大审院判决 1915 年 2 月 10 日刑录 21 辑，第 90 页。

的人基于杀害意志而不给被养育人得以生存的必要食物致其死亡时，符合刑法第199条的杀人罪；因违背养育义务不给食物使其饿死时，由于没有实施必要的保护，也符合刑法第218、219条规定的保护责任者遗弃罪。这里重要的是要看有无杀害意志。原判决不认为被害人丁女已过继给被告，而认为是具有契约被告负有养育被害人的义务，以杀害的意志故意不给被养育人得以生存的必要食物，如因此导致其死亡的结果，应以杀人罪论。”

该判决明确肯定了不真正不作为犯成立的两个重要要件：作为的义务和杀害的意志。

(2) 关于不作为放火的判例

不作为放火，战前日本大审院重要的判例有两个。①

A. 大审院1918年判例②

案情及判旨：被告因养父隐居成为户主，并继承了住宅及其他财产，但被告与养父关系一直紧张。一天两人发生厮打，最终被告决心杀害养父，除掉累赘，用切菜刀砍养父的头等处，杀死了养父。被告正为尸体如何处理发愁时，发现在厮打时养父向他投掷的燃着的树枝点燃了堆在住宅内的稻草。被告见到此情景想到，稻草会烧毁住宅、尸体及所有的物证，正好可以此掩盖罪证。尽管他很容易把稻草的火扑灭却放任不管，被告人以外的其他人又不在家，最终导致烧毁自家的房屋及延烧了邻居的一栋库房。

对该案件，大审院认为，被告人成立杀害尊亲属罪和对非现住建筑物放火罪。成立放火罪的理由，大审院的判决是这样阐述的：“放火罪一般是由于故意采用积极的手段放火烧毁刑法第108条以下所记载物品而成立的犯罪。在不是由于自己的故意行为所致，上述物品已经着火的情况下，不作为人依法具有应消除这一火灾，且很容易办到，但由于他想利用已发生火灾的意志而不采取必要的灭

① 参见［日］山中敬一著：《刑法总论Ⅰ》，成文堂1999年版，第234页。

② ［日］大审院判决1918年12月18日刑录24辑，第1558页。

火措施，此不作为也符合法律上所规定的放火行为。”

本判决中，大审院强调了成立不作为放火的条件有三：作为义务、作为的可能性以及用火灾的意志。

B. 大审院 1938 年判例①

案情及判旨：房屋的所有者，由于先行行为产生了使房屋烧毁的危险，主观上在骗取保险金的目的支配下，而放任不管，最终烧毁了房屋。

关于本案，下级法院判定成立不作为的放火罪。上诉后，大审院维持了下级法院放火罪的判决，指出：“在自己房屋发生燃烧可能的场合，不采取防止之措施，却利用既发危险的意思外出，在观念上，就符合了法律规定由作为构成的放火。”

和前述大审院判决一样，本判决大审院承认的不真正不作为犯成立要件仍然没有变化，是作为义务、作为可能性，利用已出现危险的意志。

“二战”后，最高法院也作出了关于不作为放火罪的判决，比如，1958 年最高法院在一个判决中就指出：“被告人在现场目击了由于自己过失烧毁了表格纸、木桌等物品的同时，却怀着放任已出现的火力烧毁楼房的意志，在有义务但没有采取必要容易的灭火措施，最终将楼房烧毁，”② 认为成立放火罪。但从判决使用的“灭火义务”、“行为的可能性”、“烧毁的容忍”这些词语看，对于不作为犯成立条件仍然没有实质性变化。

对于不真正不作为犯的成立条件，判例上出现强调等价值要件的是从上个世纪 70 年代开始的。

（3）前桥地方法院高崎支部不作为杀人的判例

案情及判旨：被告人以带路买佛像为名欺骗身体有障碍的老

---

① 参见［日］山中敬一著：《刑法总论 I》，成文堂 1999 年版，第 234 页。

② 参见［日］山中敬一著：《刑法总论 I》，成文堂 1999 年版，第 235 页。

人，于冬天某日的晚上，用车将老人送到没有人烟的山中后，自己便离开。现场还有部分积雪，半身不遂的年老被害人显然有冻死或者掉进山沟溺死的危险，但被害人奇迹般地得救了。

针对本案，前桥地方法院高崎支部1971年9月17日作出了判决，判文肯定了被告人负有排除被害人的生命危险或者将被害人运至安全场所的义务并具有这种作为的可能性，然后指出："杀人（未遂）罪的构成要件虽然是以'杀人'这种形式规定下来的，但既然可能做到不将被害人置于自己带去的、对生命有迫切危险的场所（履行作为义务），那么，就可以评价与作为杀人（或其未遂）在构成要件上具有相同价值。因此，应当认定该被告人的上述不作为具备杀人（未遂）的实行行为的定型性。"

本判决为了认定不作为犯的具体类型，不仅强调了行为人需要具备作为义务和作为可能，还特别肯定了其等价性要件。

（4）1989年最高法院裁决的不受治疗而死亡的判例①

案情及判旨：被告人对被害人几度施加暴行，使其致伤，被害者食欲减退的同时，体温超过40℃，尽管处以重病状态，但不将被害人送至医院治疗，结果导致被害人的死亡。

对于本案，日本最高法院判决指出："由于被害人置于被告人的支配领域内，为了防止基于暴行创伤的恶化，为了维持生命，应当具有送至医院接受治疗的法的义务。对于被害人死亡，能够肯定被告人基于未必故意不作为杀人的实行行为性（同价值性）。"

最高法院在该判例中特别强调了不作为的实行行为性（等价值性），但关于不作为等价值仍然没有提出具体的评价标准。

（5）判例的分析与归结

从以上关于不真正不作为犯的判例，可以得出以下几点结论：

第一，虽然日本的刑法理论认为，除了少数真正不作为犯，大部分犯罪既可以由作为实施，也可以由不作为实施，但从实际存在

① 参见［日］山中敬一著：《刑法总论Ⅰ》，成文堂1999年版，第236页。

的判例，特别是大审院或最高法院的判例看，判例所承认不真正不作为犯的类型主要集中于放火罪、杀人罪上。

第二，日本的刑法理论虽然很早就强调成立不真正不作为犯，必须要求不作为行为要与作为行为具有等价值性，但很长时期这种理论认识在判例上并未能得到明确的反映。上个世纪70年代以后，判例才出现了试图对等价值内容作出说明的趋向，但判例始终未能提出一个明确的标准。

第三，从判例实际认定的不真正不作为犯看，无论是不作为的放火罪，还是不作为的杀人罪，能够被认定为不真正不作为犯的，多是局限在由于行为人故意或过失引起了一定的危险，而行为人利用该危险实现犯罪的场合。少见利用自然现象、被害人故意或过失、第三人的故意或过失产生危险成立特定犯罪不真正不作为犯的判例。

所以，即使日本的判例承认不真正不作为犯，但判例对其范围的认识是十分严格的。

四、我国承认等价值的必要性及其判断

（一）我国刑法研究等价值的必要性

在我国，传统的刑法理论虽然也采纳大陆法不真正不作为犯和真正不作为犯的传统划分类型，但对不作为犯的研究长时期停留在概念层次的解释和义务来源的研究上，等价值的问题并未得到充分的关注。近几年，随着刑法理论研究的深入，等价值问题也逐渐引起了我国刑法理论的重视，一些学者在借鉴日本刑法理论基础上，开始对等价值问题进行了有益的探讨。

由于我国刑法通说的理论认为不真正不作为犯是指以不作为方式实施通常以作为方式所实施的犯罪。既然刑法分则规定的构成要件既可以以作为方式实现，也可以以不作为的方式实现，所以，处罚不真正不作为并不存在违反罪刑法定的问题。之所以同样需要重视对等价值研究，原因在于：

1. 是实现刑罚公正的需要。公正，即公平正义，它是法律的

首要价值，也是现代社会赖以建立和存在的基石。美国著名社会学家约翰·罗尔斯在《正义论》一书中曾开宗明义地指出："任何法律和制度，不管它如何有效率和有条理，只要它们不正义，就必须加以改造和废除。"① 刑罚，是适用于犯罪人的一种最为严厉的社会惩戒措施，它的适用会对社会和犯罪人的生命、财产、名誉等产生巨大影响。"用之得当，个人与社会两得其利；用之不当，个人和社会两受其害。"因此，更应当重视其公正。刑罚的公正具有多层次内涵，既包括刑罚的立法公正，也包括刑罚的司法公正。处罚公正是实现刑罚司法公正的基本要素和必要保障。所谓处罚公正，简单地说，就是要强调罪刑的均衡。以我国刑法规定故意杀人罪为例，无论是以作为的方式杀人，还是以不作为的方式杀人，行为人的行为成立杀人，行为都必须达到同等否定性评价的程度。这是我国刑法需要重视等价值理论的根本原因。

2. 是限定不纯正不作为犯的处罚范围的需要。不纯正不作为犯之所以被处罚，是因为行为违反了作为义务导致了法益的侵害。但是在一般情况下，不作为并不具有作为那样的原因力，因此，并不是只要存在违反作为义务的行为，就能评价为某一犯罪的实行行为，只有能够与作为犯的实行行为同等程度看待的具有法益侵害类型危险的不作为，才能够认定为犯罪的实行行为。②

3. 是由不纯正不作为犯构成要件的特点决定的。实行行为是构成要件的类型化，但不纯正不作为犯的构成要件属于开放的构成要件，刑罚法规只是规定了其成立犯罪的部分构成要件要素，其他要素需要法官在实践中根据案件具体确定。虽然作为义务是不纯正不作为犯构成要件类型化不可缺少的要素，但在有些情况，由于不同犯罪构成要件间存在竞合和交叉，单靠作为义务无法实现构成要

---

① ［美］约翰·罗尔斯著，何怀宏等译：《正义论》，中国社会科学出版社1988年版，第1页。

② 参见马克昌：《比较刑法原理——外国刑法学总论》，武汉大学出版社2002年版，第188页。

件的类型化。也就是说，行为人是否违反作为义务虽然能够决定行为是否违法，但有些时候却无法决定行为的具体违法类型。如前指出，母亲不给婴儿喂奶造成婴儿死亡的案件，母亲的行为是属于故意杀人的行为，还是应当评价为遗弃的行为，仅靠作为义务是无法确定具体实行行为类型的，必须考查母亲不给婴儿喂奶的具体情况，考查该母亲不授乳的行为是与杀人行为相当，还是与遗弃行为相当，进而才能对母亲不授乳的行为准确定性。

（二）我国等价值判断标准的不同认识

1. 观点的争议

我国学者提出的等价值判断标准主要有以下几种：

（1）两层级考查说

该说认为，不作为和作为的主要区别在于因果结构上的差异和行为动量上的差异。要实现不作为和作为等值于同一刑法条文之下予以处罚，必须弥补不作为和作为的两种差异。因此，等价性就必须从两个方面努力，既要强化不作为行为的起果性（只有具有较高起果性的不作为才能和作为等价值），又要增强不作为行为的悖反性（只有具有较高危害程度的不作为才能和作为等价值）。而由于不作为的起果性取决于作为义务的层级程度，只有具有高度的作为义务的不作为行为才能够在起果性上同等于具有低度的不作为义务的作为行为。不作为的悖反性取决于作为义务的违反程度，只有严重违反作为义务的不作为行为才能够在可罚性上等同于一般违反不作为义务的作为行为。因此，等价值的媒介是作为义务，只有通过对作为义务的层级程度和违反程度的限定，才能实现作为和不作为的等价值达到等值于同一刑法条文之下予以处罚的目的。由此，该论者将等价值的条件概括为：作为义务的层级程度即具有高度的作为义务和作为义务的违反程度即严重地违反作为义务。①

（2）分别确定标准说

① 参见李晓龙、李成：《论不纯正不作为犯的等价性》，载《法律科学》2002 年第 2 期。

该说指出，在不真正不作为犯中，直接导致结果发生的事实原因力以及不作为与结果之间的因果联系的方式是多种多样的，因此，对等价值的判断也应区别情况具体对待，不能希望以一个“划一”的标准解决所有的问题。一般而言，不纯正不作为犯中直接导致法益侵害的事实危险源有四种形态：自然现象、被害人的行为、不作为者的先行行为、第三人的行为。在时间关系上，这种危险源既可以发生在不作为之前，也可以发生在不作为之后。从社会行为论的见地出发，不纯正不作为与侵害结果的因果模式既可以表现为利用其他原因，也可以表现为自身设定原因，所以，应当将不纯正不作为犯分成“两类四种”，分别确定其等价性标准。①

（3）综合考虑说

该说认为，等价值应该从作为义务以外进行论述，等价值应该有自己独立的存在地位，从作为义务内部论述等价值性是不科学的，也是不完整的。不纯正不作为犯的等价值性应该从不作为的客观载体，即作为义务的存在、作为义务的强度、危害结果以及实施行为时的客观情状等因素综合判断。该论者进而提出，应综合考虑以下几方面：行为人负有实施特定行为的作为义务；行为人有能力实施作为义务所要求的行为；行为人实施特定义务是客观上不存在阻却行为人实施特定行为的障碍；行为人没有实施特定义务所要求的作为行为，造成了法益侵害的结果。②

（4）义务的程度说

该说认为，实践中的不作为是否与作为具有相等的价值应当根据作为义务的强弱进行判断。该认识是张明楷教授针对一起具体案件的定性时提出的。在我国，曾发生了这样一起案件：被告人宋××在目睹妻子寻找工具准备自缢的情况下，不予阻拦，在听到自缢

① 参见刘士心：《不纯正不作为犯的等价性问题研究》，载《法商研究》2004 年第 3 期。

② 参见杨建军：《不纯正不作为犯的等值性》，载《河南师范大学学报》（哲学社会科学版）2005 年第 4 期。

时的凳子响声时，不予救助，结果，妻子死亡。对此案，张明楷教授认为，被告人成立故意杀人罪而不成立遗弃罪。对于成立故意杀人罪的缘由，张明楷教授作了分析。张教授认为，虽然可以肯定宋××负有救助妻子的作为义务，却不能据此直接得出其行为构成不作为的故意杀人罪的结论；这倒不是因为我们还没有讨论行为人有没有履行义务的能力以及他是否没有履行义务，而是因为不履行《婚姻法》所规定的扶养义务的行为，既可能构成故意杀人罪，也可能构成遗弃罪。换言之，在肯定了宋××具有作为义务之后，还必须进一步探讨其不救助的行为是构成不作为的故意杀人罪，还是遗弃罪。从罪质区别来说，这是故意杀人罪与遗弃罪的区分问题；从不作为犯论来讲，是作为义务的程度问题。以此为前提，张明楷教授指出，对义务的程度这一概念虽然难以下定义，但可以肯定的是，即使作为义务来源于相同的法律规定或法律事实，但如果作为义务的程度不同，就可能构成不同的犯罪。① 故意杀人罪是重罪，遗弃罪是轻罪；作为义务强的，应成立重罪；作为义务弱的，应成立轻罪。② 而关于作为义务的强弱，张明楷教授强调应取决于作为义务与合法权益的关系，即（1）合法权益所面临的危险是否紧迫？（2）作为义务人与合法权益或合法权益主体之间的关系如何？（3）履行作为义务的容易程度？

2. 归结与评析

以上各种观点的提出对于深化我国刑法对等价性的研究具有积极的意义，但从理论的科学性来看，我认为，都值得推敲。

第一，两层级考查说认识到了作为犯和不作为犯在因果结构上的差异，并试图从该差异入手解决等价值问题，应当说出发点是正确的，但从论者最终的结论看，还是将等价值的判断标准求诸于作

---

① 参见张明楷：《论不作为的杀人罪》，载陈兴良主编：《刑事法评论》（第3卷），中国政法大学出版社1997年版，第265页。

② 参见张明楷：《论不作为的杀人罪》，载陈兴良主编：《刑事法评论》（第3卷），中国政法大学出版社1997年版，第268页。

为义务，这实际上又偏离了作为犯和不作为犯在构造上的差异。不真正不作为犯和作为犯在结构上有显著的不同，不真正不作为犯存在三重结构（后文详述），不考虑不真正不作为犯的结构特点，就难以科学认识不真正不作为犯的等价性。

第二，分别确定标准说强调对等价值的判断也应区别情况具体对待，不能希望以一个“划一”的标准解决所有的问题，实际上否认了从理论上探讨等价值判断统一标准的必要性和可能性，回避了实质性问题。

第三，综合考虑说提出等价值应该从作为义务以外进行论述，等价值应该有自己独立的存在地位，这种认识无疑是正确的，但从该论者的具体论述看，其所提出的并非是等价值的判断标准，而是不作为犯成立的一般要件。

第四，义务的程度说认识到了我国传统刑法理论在解决不真正不作为犯上存在的问题，但单是从作为义务的角度解决等价值问题，存在着与第一种观点相同的缺陷。另外，如果以作为义务的强度作为等价值的判定标准，必须解决义务强度的判断标准问题。对此，虽然张明楷教授本人也认为这是一个难以下定义的概念，但为了维持其理论见解，如前文所述，张教授还是提出了确定义务强度的基本要素，即合法权益所面临的危险是否紧迫，作为义务人与合法权益或合法权益主体之间的关系以及履行作为义务的容易程度。但如果按照这些因素果真能得出正确结论吗？看看张明楷教授的分析便可以得知。之所以将宋××案件认定为故意杀人罪，张明楷教授是这样解说的，“宋××听到了妻子上吊时的凳子响声，这表明其妻子的生命面临非常紧迫的危险；由于其妻子是在自家上吊的，而家里又没有其他人，这说明妻子的生命完全依赖于宋××的救助行为；宋××确实可以轻易地救助妻子。这些都说明宋××的作为义务程度高，或者说负有不作为的故意杀人罪的成立要件的作为义务。我们可以设想，如果宋××听到妻子要自杀时就离开家外出，即使妻子自杀身亡，也不能认定为故意杀人罪，充其量只能认定为遗弃罪。”①张明楷教授的论述的确有相当的说服力，但其解释也存在下面的疑问：为何“当宋××听到妻子要自杀时就离开家外出，即使妻子自杀身亡，也不能认定为故意杀人罪，充其量只能认定为遗弃妻子”？既然宋××知道自己的妻子要自杀，其离家出走的不作为与待在家里的不作为同样属于违背作为义务的行为，为何刑法评价如此不同？难道其眼见妻子上吊便离家出走的行为对其作为义务的强度能够产生实质性影响吗？若作出肯定的回答，那么，刑法无异于在鼓励那些主观上具有放任妻子自杀的人们，当妻子要自杀时，请不要在家。

违反作为义务是成立不真正不作为犯的要件之一，因此，与作为行为的等价值判断，必须考虑作为义务，但正如日高义博教授强调，在不真正不作为犯中，有作为义务人的不作为和没有作为义务的人的不作为对结果的发生从自然意义上讲都没有原因力，单靠作为义务或保证义务，无法填补不真正不作为犯存在结构上的空隙。在不真正不作为犯的场合，不纯正不作为犯实际上是具有作为义务的保证人，利用或放任了起因能够造成法益侵害的客观事实而实现对法益的侵害。作为犯与不纯正不作为犯的根本差别在于二者的构造不同，不纯正不作为犯等价值判断必须立足于不纯正不作为犯结构特征，离开了这一点，就不可能触及问题的实质。

（三）不纯正不作为犯的构造与等价值的判断标准

构造，即结构，是事物的组成要素间的搭配与排列。作为犯和不纯正不作为犯有着不同的构造。

在作为犯中，违反刑法禁止规范的作为是结果发生的直接原因，行为人是原因的主体，行为人利用自己的作为造成了法益的侵害，作为犯中存在的只是作为行为人和被害人间的二重结构关系（见图1）。而对于不真正不作为的案件，实际上存在的是起因、被害人和保证人之间的三重结构关系（见图2）。起因本身包含着侵

① 参见张明楷：《论不作为的杀人罪》，载陈兴良主编：《刑事法评论》（第3卷），中国政法大学出版社1997年版，第270页。

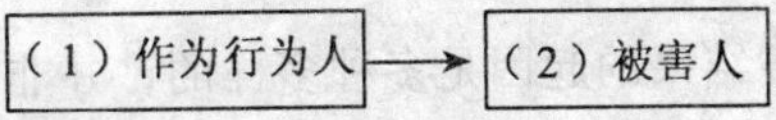

图1

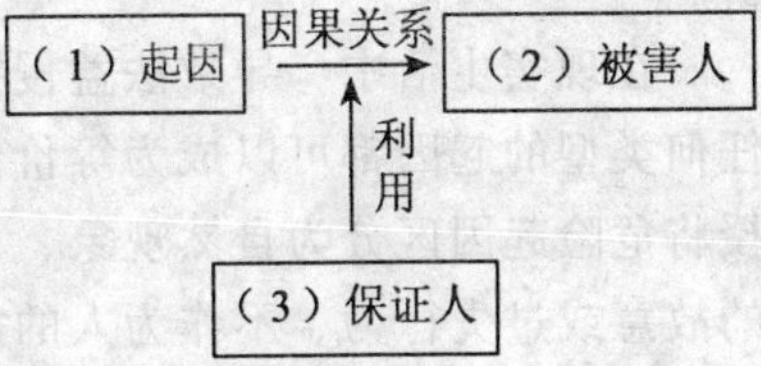

图2

害法益的危险性，不真正不作为犯实际上是保证人利用或放任了起因能够造成法益侵害的客观事实而实现对法益的侵害。

在父母面对小孩落入湖水故意不救助而导致小孩淹死的案件中，居于保证人地位的父母利用的是湖水具有淹死小孩的危险性而实现犯罪的。小孩落入湖水中就会面临着生命的危险，不会因为是否存在有无救助义务的人而有所不同，所以，作为义务的存否只是决定不作为行为违法性的有无，不能决定违法性的类型，违法性的类型只有根据不作为人所利用因果关系的具体内容才能确定。一天不给小孩喂奶与连续十天不给小孩喂奶，违反的都是父母对小孩的扶养义务，但二者违法类型是不同的。一天不给小孩喂奶在社会一般人看来不可能对小孩的生命造成现实的危险，而连续十天不给小孩喂奶的行为却具有对生命法益侵害具有现实的危险，前者充其量是遗弃，而后者却同积极杀人行为并无不同。所以，不作为能否和作为行为等价，评价的基准不应当是作为义务，而应当是行为人利用或容忍的起因及其危险的具体性质。

实行行为是对法益侵害具有现实危险的行为，不作为要与作为具有相等的价值，必须要求不作为也能够对法益的侵害具有现实的危险。所以，判定不作为的等价性，实际上也就是认定不作为的实行行为性。具体来说，根据事后查明的事实，站在行为的当时，如果在社会一般人看来，该起因具有侵害特定法益的现实危险性，那么，行为人的不作为就与作为具有等价性；相反，根据事后查明的事实，站在行为的当时，如果在社会一般人看来，该起因并不具有侵害特定法益的现实危险性，那么，行为人不作为就不能与作为等价。

在现实生活中，导致法益侵害结果的起因是多种多样的，并非任何类型的起因都可以成为等价值的判断资料。我赞同日高义博教授将危险起因区分为自然现象、被害人的故意或过失行为、第三人的故意或过失行为、不作为人的故意或过失行为的做法。所谓不作为和作为的等价，从因果关系的角度看，实际上是因果进程中原因力的相当。当法益侵害的结果是行为人利用自然现象、被害人的故意或过失的行为以及第三人的故意或过失的行为产生的危险而导致时，由于自然现象、被害人的故意或过失的行为以及第三人的故意或过失的行为分担了实现法益侵害结果的原因力，犹如“1 + X（X不为零时）”无法再等于1一样，该种情形下的不作为行为就不再可能与作为行为等价。所以，只有基于自己故意或过失行为导致保护法益面临危险的不作为才能够作为等价值判断的资料。

根据这一判断基准，那么：第一，因为雷击或第三人放火的原因而使仓库起火，仓库管理员不灭火的行为，不能简单地认定为成立放火罪；第二，2岁小孩掉入湖中，父母故意不救助的行为导致小孩被淹死的案件，父母的行为应当被认定为属于故意杀人的行为。因为2岁小孩没有独立的行为能力，其掉入湖中（限于没有其他监护人时）生命面临危险的行为即可推定其父母故意或过失行为引起的，因此，父母面对自己故意或过失产生危险的行为若不救助，就可以与积极作为的杀人行为等价。第三，宋××案件不能被认定为成立故意杀人罪。宋××妻子死亡的结果是其自杀行为引起的，毕竟宋××的不救助行为和积极剥夺生命行为有别。宋××的妻子作为一个具有完全责任能力的人，具有意志自由，她应该能够认识到自己行为的性质，既然她在完全意志自由的状态下设定了侵害生命法益的危险，其死亡结果的直接原因在于其本人的行为，即使宋××有救助义务，其不救助行为的违法性程度因为其妻子行为的介入已无法与杀人行为等价。

对于等价值问题，大陆法系国家大都持十分谨慎的态度。比如在法国，只有在法律有明文规定的情形下，“不作为”才具有“实行”的价值。除了刑法规定的特殊情形外，便没有“以不作为而引起的实行的犯罪行为”，即使处罚，也是作为具体“不作为的犯罪”处罚。① 在德国，为了防止等价值的恣意判断，刑法典第13条特别规定：“依法有义务防止犯罪结果发生而不防止其发生，且其不作为与因作为而实现犯罪构成要件相当的，依本法处罚。”在日本，虽然现行刑法典没有等价值条款的规定，但如前指出，不纯正不作为犯的判例也主要限于杀人罪、放火罪的领域。类似前述我国宋××的案件，日本刑法理论也曾被论及，“某妇女不慎落入池中眼看就要淹死，丈夫看到这一事故，怀着希望妻子死了更好意图而不予救助”，对于该案件，日高义博教授特别强调即使妻子被淹死，对于丈夫的不救助行为也不能认定为杀人罪的不纯正不作为犯，只能按照保护责任人遗弃致死罪追究罪责。这是因为原因发生的形态是被害人的过失，缺少构成要件的等价性。②

犯罪是一种社会现象，更是一种法律现象。日本刑法规定有保护责任者遗弃罪，保护责任并不限于家庭成员，也包括因为契约、事务管理以及习惯等所产生的保护责任。保护责任者遗弃罪的规定为日本科学解决类似宋××的案件提供了可能。而在我国，虽然刑法也规定有遗弃罪，但是我国遗弃罪主体只是限于婚姻家庭关系而负有扶养义务的人，对于发生在家庭成员外的遗弃行为，不能评价为遗弃罪。根据我国刑法的规定，如果不将宋××的行为评价为杀人，就只能认定为行为人无罪，这样，不仅有放纵犯罪之嫌，也与我国的社情民意不相吻合。为了避免刑罚处罚的空隙，才将宋××的行为评价为故意杀人罪，若从这种意义上看，该种处理结果是调和我国刑事立法与司法实践需要的一种“不得已”的选择。但是，

① 参见［法］卡斯东·斯特法尼等著，罗结珍译：《法国刑法总论精义》，中国政法大学出版社1998年版，第217页。

② 参见［日］日高义博著，王树平译：《不作为犯的理论》，中国人民公安大学出版社1992年版，第114页。

宋××违反的毕竟只是对妻子的救助义务，其行为在本质上属于遗弃的行为，非要将其评价为故意杀人行为，从理论的科学性看，的确存在疑问。①

第二节 间接正犯的实行行为

一、间接正犯概述

法益侵害既可由行为者亲自实施，也可由行为人利用他人实现。当行为人自己不直接实施侵害行为，而是将他人作为道具利用的场合，称为间接正犯。② 在立法上，间接正犯肇始于1913年的德国刑法草案，后为各国刑法普遍接受。不过，在刑事立法上，直至今日，间接正犯的概念只为德国、韩国等世界上少数几个国家和地区的刑事立法规定，大多数国家都是在理论上对其加以研究。

间接正犯是近代刑法的产物。近代以前，刑法奉行结果责任，只重视犯罪现实发生的结果，不关注结果发生的原因及犯罪行为本身的特点，很长时期，教唆犯和间接正犯并未得到区分。随着刑法学的发展，结果责任的刑法观逐渐发生转变，特别是由于刑法开始重视犯罪动机、主观过错以及社会伦理的意义，使间接正犯和教唆犯区分成为必要与可能。19世纪，德国的刑法学者们开始对普通法时代以来的“发起者”的犯罪概念进行分析、整理，最终促成

---

① 为了从根本上解决类似宋××案所面临的难题，有必要对我国现行立法做必要的修改和完善。关于完善立法的方法，我认为，借鉴前述日本和我国台湾地区的刑法规定是可行的，刑法不宜将遗弃罪的主体仅限定于负有扶养义务的家庭成员间，而应当扩大至对被遗弃者负有救助义务的所有责任者。

② 参见［日］佐久间修著：《刑法讲义总论》，成文堂2000年版，第74页。

了间接正犯概念的诞生。①

在现代刑法理论上为何要建立间接正犯的概念，虽然理论上还存在不一致的看法，但多数学者认为，主要在于弥补客观主义共犯理论的不足。在德、日采取限制正犯概念的国家，按照客观主义共犯论和共犯从属性的观点，共犯（教唆犯和从犯）从属于正犯成立，当正犯不构成犯罪时，共犯自当也不构成犯罪。依该理论，如果有责任能力的人利用无责任能力或无犯罪意思的人实施犯罪时，由于实施犯罪的人无责任能力或无犯罪意思，从而不构成犯罪，而依照共犯对于正犯从属性理论，利用他人犯罪者，他人不构成犯罪，利用者也就没有处罚的根据。② 如甲教唆无责任能力者乙实施盗窃行为，由于乙不构成犯罪，若严格坚持共犯成立从属正犯的理论，即使甲是完全责任能力者也无法对其定罪处罚。但如果对利用者的利用行为不加处罚，不仅难以实现刑法的法益保护机能，也有违社会伦理观念。为了规制犯罪，避免刑事处罚可能出现的“漏洞”，便有必要承认间接正犯的概念。

现在，间接正犯的概念已为德、日等许多大陆法系国家和地区的理论普遍接受，间接正犯的理论研究也随之得到长足的发展，但在不少具体问题上，学者们的意见仍然很不统一。比如，虽然学者们承认间接正犯的正犯性，理论上也是将其作为正犯的类型之一来把握的，但如何理解间接正犯的正犯性，“行为支配说”、“实行行为说”和“规范障碍说”却各执一词。③ 在德国，由于行为支配论是正犯的理论基础，所以，学者们对间接正犯性质的理解多坚持“行为支配说”的理论。而在日本，由于实行行为被认为是一切正犯形态的核心，学者们对间接正犯的性质理解多是采取“实行行

① 参见朴宗根、高荣云：《论间接正犯》，载《延边大学学报》（哲学社会科学版）2003 年第 4 期。

② 参见马克昌著：《比较刑法原理——外国刑法学总论》，武汉大学出版社 2002 年版，第 630 页。

③ 参见［日］黑木忍著：《实行的着手》，信山社 1998 年版，第 80—81 页。

为说”。

又如间接正犯的范围问题，由于间接正犯总是与共同犯罪，特别是与共同正犯和教唆犯的理论交错在一起，彼此的性质紧密关联，成立范围存在着此消彼长关系，因此，对间接正犯范围的界定总是离不开对共同正犯和教唆犯的界定，由于理论上长期对二者的关系难以明确界定，间接正犯范围的认识自然无法统一。关于间接正犯的类型，现在可以被理论上多数学者承认的主要是以下情形：(1) 利用无责任能力者的情形；(2) 利用欠缺构成要件的故意者的情形；(3) 利用有故意的工具，即被利用者有责任能力并且故意实施行为，但缺乏目的犯中的必要目的或者缺乏身份犯中所要的身份的情形；(4) 利用适法行为的情形，以及 (5) 利用非刑法上行为的情形。①

间接正犯是正犯，自然以实行行为的存在为必要。在间接正犯的情形下，由于实行行为并不是以行为人的直接的身体性行为为基础，而是行为人将他人作为工具利用完成的，间接正犯具有的是由利用者的利用行为和被利用者的结果惹起行为所组成的复合性结构,② 那么，究竟是利用者的“利用行为”是实行行为？还是被利用者的“结果惹起行为”是实行行为？抑或是利用者的“利用行为”和被利用者的“结果惹起行为”相结合的“整体行为”是实行行为？这便是间接正犯实行行为所要解决的中心课题。

二、国外的学说与判例

(一) 概说

界定间接正犯的实行行为是认定间接正犯着手之前的问题，但

① 在刑法理论上，关于间接正犯成立范围的争论比较大，本书采取的是我国刑法理论上多数学者的观点，至于其中原因，这里不做展开。参见马克昌著：《比较刑法原理——外国刑法学总论》，武汉大学出版社 2002 年版，第 633—638 页。

② 参见 [日] 西原春夫著：《犯罪实行行为论》，成文堂 1998 年版，第 210 页。

在大陆法的刑法理论上，少见关于间接正犯实行行为的专门探讨，一般是通过对间接正犯着手问题的讨论表现出对其实行行为认识的。特别是在德、日的刑法理论上，这个问题向来都是从间接正犯的实行着手的时间这一观点出发进行讨论的。① 一般来说，大凡认为利用者将被利用者朝着犯罪实现的方向加以利用的行为是实行行为的，就会主张利用者开始了对被利用者的诱致行为时就是实行的着手；凡是认为被利用者现实地进行犯罪活动的行为作为实行行为的，就会认为只有被利用者开始进行作为工具的身体动静时，才是实行的着手；而凡是认为利用者的诱致行为和被利用者的身体动静相结合形成的整体是实行行为的，往往会对实行的着手分别考查。②

由于间接正犯的实行行为和实行着手存在着明显的对应关系，实行行为和实行着手具有概念上的高度统一性，因此，一方面，对间接正犯实行行为的探讨，自然免不了对间接正犯实行着手问题的关注，另一方面，对实行着手的看法也能直接反映出论者对间接正犯实行行为的基本立场。

（二）学说的对立

关于间接正犯的实行行为，在大陆法系国家或地区的刑法理论上，主要存在着“利用行为说”、“被利用行为说”和“个别化说”之争。其中，“利用行为说”、“被利用行为说”具有悠久的学说史，而“个别化说”只是晚近十分有力的学说。

1. 利用行为说

该说认为，利用者将被利用者朝着犯罪实现的方向加以利用的行为，或者说将被利用者作为工具加以利用以实现犯罪的行为就是实行行为，“利用”，即“诱致”，故又称“诱致行为说”。按照该

① 参见［日］西原春夫著：《犯罪实行行为论》，成文堂 1998 年版，第 210 页。

② 参见［日］大塚仁著，冯军译：《犯罪论的基本问题》，中国政法大学出版社 1993 年版，第 87 页。

说，利用行为者利用行为的开始即为实行的着手，也就具有成立未遂的可能性。

利用行为说将被利用者的结果惹起行为作为单纯因果过程排除在实行行为之外是其特色。

“二战”前，刑法理论就展开了对利用行为属于间接正犯实行行为的说明。主观主义刑法理论认为，犯罪的本质是行为人危险性格的征表，行为只不过具有显像犯罪意思的机能，当行为人开始实施利用行为时，其危险性格已充分表露出来，自然应当被理解为实行行为。客观主义论中也有学者（如大场茂马博士）指出，间接正犯的犯罪行为的着手，并非始于直接实行者实行的着手，而是始于间接正犯着手实施使直接实行者决意实行犯罪的行为之时，并且终于该行为结束之时。①

战后，由于主观主义刑法理论全面衰落，以主观主义刑法理论为根基肯定“利用行为说”的见解全面消失，但“利用行为说”仍然受到不少学者的青睐，学者们从客观主义刑法的立场对“利用行为说”进行了全新的解说。主张该说的论点，归纳起来，有以下几个方面：

第一，实行行为是刑法分则规定的构成要件的行为，间接正犯中利用者实施的行为是构成要件的行为，故属于实行行为。日本著名刑法学家团藤重光教授在论及间接正犯的着手时阐述了该思想。他以对实行行为概念的定型说理解为理论前提，从规范主义的观点指出：“只要实施了符合基本构成要件行为的一部分就是实行的着手，间接正犯也是如此，间接正犯的利用行为就是符合构成要件的行为，故利用者开始实施一部分利用行为就是着手。”②

第二，间接正犯既然是正犯，由于在间接正犯中被评价为正犯的是利用者，所以，利用者的行为当然应该是实行行为。大塚仁教

---

① 参见［日］西原春夫著：《犯罪实行行为论》，成文堂 1998 年版，第 232 页。

② ［日］团藤重光著：《刑法纲要总论》，创文社 1990 年版，第 355 页。

授认为："我认为利用行为说是妥当的，因为实行行为应该是某犯罪的正犯者自己所进行的，使他人进行的，就不能归为正犯的责任。在使他人进行实行行为的情形下，正是这种行为的他人是正犯者。"①

第三，实行行为必须是对法益侵害具有现实危险性的行为，利用行为具有了法益侵害的现实危险。大塚仁教授在从逻辑上论述了利用者的行为属于实行行为后，又从实质的立场进一步解释道，对于我采用的"利用行为说"，"被利用行为说"和"个别化说"批判为利用、诱致行为中不存在指向犯罪实现的危险。我认为诱致行为中包含着实现犯罪的现实危险性。如果不包含这种危险性，就不是间接正犯的诱致行为。既然是实行行为，诱致行为也应该与一般的实行行为一样，必须包含着实现犯罪的现实危险性。"②

中义胜则通过隔离犯的生动案例对利用行为所具有的现实危险性进行了进一步的解说。他指出，在行为人客观上切断了自己对事物经过的支配、将其依赖或者委托于自然经过时，发生结果就基本上是确定的，其放置不顾的行为本身就具有侵害法益的具体危险性。例如，主妇 A 怨恨经常来访的 X，于是让 X 呆在客厅，自己在厨房将毒药放进冲好的咖啡中后，让完全不知情的佣人 B 将咖啡端到客厅的桌子上给 X 喝。A 的行为不只是指示 B 将有毒咖啡端到桌子上，而是包括了 B 将有毒咖啡提供给 X 的全部行为，换言之，B 的提供行为是 A 的指示行为的延长。由于佣人 B 通常不可能拒绝 A 的指示，故 B 的提供行为就是 A 的指示行为的相当的或必然的结果。因此，只要没有偶然性的障碍，A 的指示行为就具有导致 X 死亡的具体危险，这种具有导致结果发生的具体危险性

① ［日］大塚仁著，冯军译：《犯罪论的基本问题》，中国政法大学出版社 1993 年版，第 87 页。

② ［日］大塚仁著，冯军译：《犯罪论的基本问题》，中国政法大学出版社 1993 年版，第 87、88 页。

的行为，就是实行行为。①

“利用行为说”遭到了来自主张其他认识学者的质疑与批判。

第一，来自“个别化说”（关于“个别化说”的观点，请参见下文）学者的批判。

西原春夫教授是现代日本刑法理论上研究间接正犯最权威的学者之一，在间接正犯着手问题上所提出的“个别化说”对日本间接正犯的理论产生了重要影响。西原春夫教授就曾立足于“个别化说”对“利用行为说”作出过详尽的评析。他说，将实行着手的时点求诸于利用者利用行为的开始，是有疑问的。该说不能最大限度的适用间接正犯的所有情形。在如邮递恐吓文书的场合或者亲手将道具交给凶恶的精神病患者使其杀害特定人的场合，能够得出妥当的结论。对于前者，因为邮递员送达信件是自然的事情，其不送信件只是极其少见的，利用者投递信件的行为和邮递员送达的行为以及收信者开启信件的行为间，一般情况不会存在障碍，因此，将投递时间作为着手的时期不会存在问题。即使因为特定的原因，在信件还未送达前就被发觉，也成立恐吓罪的未遂。对于后者，亲手交给凶恶的精神病患者刀具的行为和精神病患者杀人的行为间虽然没有前例程度的必然性，但其因果过程实现的盖然性也相当高，将实行着手视为利用者行为的开始，还是能够赞同的。但如果认为所有形态的间接正犯的着手都求诸于利用行为，就会产生不妥当的结论。②

首先，在举动犯的场合，举动犯成立不需要结果的发生，其类型化的行为本身承受刑法无价值判断，因此，只要实行行为终了，犯罪就成立既遂。如果将间接正犯的实行行为仅求之于利用行为时，利用行为终了，实行行为就终了，那么，在行为人教唆精神病

① 参见张明楷著：《未遂犯论》，法律出版社、成文堂联合 1997 年版，第 96 页。

② 参见［日］西原春夫著：《犯罪实行行为论》，成文堂 1998 年版，第 246 页。

人侵入他人住宅时，只要行为人实施了教唆行为，尽管被利用者没有实施侵入行为，或者被利用者没有产生犯罪决意，就应当认为是实行的着手。但因为教唆行为的完成，让利用者承担侵入住宅罪既遂的责任，显然是不妥当的。①

其次，在利用有故意的道具构成间接正犯的情形，西原教授指出，众所周知，有故意的工具分为两种情况：一种是“无目的有故意的工具”；另一种是“无身份有故意的工具”。其中，在利用前者的场合，被利用者实施预定行动的盖然性不低。虽然对特定的犯罪事实有认识，但是欠缺构成违法性的“目的”的人，并不一定具有实施违法行为的意识，因此，容易受利用者的唆使而实施该犯罪行为。与此相对，在利用后者的场合，被利用者实施预定行动的盖然性是十分低的，而且这种盖然性是不确定的。因为在这种情形下的工具，欠缺的是构成违法性的“身份”，在单独实施犯罪的场合，可能不具有违法性意识，但是在与有身份者共同实施行为时，就有可能意识到自己实施的行为是违法的，从而停止犯罪。因此，若将这种情形下唆使行为的开始解释为实行的着手，实际上是将不存在作为未遂犯处罚的危险性假想为具有该种危险性。②

第二，立足于“被利用行为说”的批判。

前田雅英教授以唆使幼儿盗窃为例，分析了“利用行为说”的缺陷。他写道，只说“去把财物盗了”就作为未遂犯处罚是不妥当的，这同已经失去支持的主观说一样，扩大了未遂的处罚范围。成立盗窃未遂，其实行行为具有结果发生危险性是必要的。③

从大陆法系各国或地区刑法理论的历史和现状看，利用行为说

① 参见［日］西原春夫著：《犯罪实行行为论》，成文堂 1998 年版，第 249 页。

② 参见［日］西原春夫著：《犯罪实行行为论》，成文堂 1998 年版，第 251 页。

③ 参见［日］前田雅英著：《刑法总论讲义》，东京大学出版会 1998 年版，第 152 页。

的地位具有显著的差别。

在德国，由于因果的思考方法很长时期处于支配地位，学者们普遍认为，只是对被利用者施加影响但并未引起主要行为的场合，从因果的观点看，不能理解为实行行为；此外，构成要件要求对实行行为客观、定型把握，而行为人仅实施了利用行为的，该行为还难以认定其定型性。在这一观念的支配下，长时期以来，利用行为说只是得到李斯特（Liszt）、阿尔费尔特（Allfeld）等少数学者的支持。20世纪后，随着目的行为论的兴起，刑法理论上出现了重视行为人主观意思的趋势，一批目的行为论者开始从目的行为论的立场出发，积极倡导利用行为说。如马拉哈（Maurach）指出，即使在间接正犯中，也可以构成未遂犯。在这种场合，未遂犯通常存在于开始对行为中介者施加影响之时。① 虽然目的行为论重视犯罪的主观意思，为承认利用行为说提供了契机，但即便如此，在这一时期，利用行为说仍然被视为是“异端学说”。②

与德国不同，在日本，“利用行为说”虽然长期未能得到其司法实务的青睐，但在理论上却得到学者们的广泛支持。除了上述团藤重光、大塚仁、中义胜等学者支持外，持该认识的还有植松正、福田平、香川达夫等一批著名学者，被认为是目前日本刑法理论上通说的观点。

在我国台湾地区，“利用行为说”得到了韩忠谟、周治平等学者的积极赞同，也被认为是目前我国台湾地区的刑法理论上的通说。③

韩忠谟教授写道：“间接正犯应以何时为实行的开端，学说两

① 参见［日］西原春夫著：《犯罪实行行为论》，成文堂1998年版，第233—234页。

② 参见［日］西原春夫著：《犯罪实行行为论》，成文堂1998年版，第234页。

③ 参见甘添贵著：《刑法的重要理念》，台湾瑞兴股份有限公司1996年版，第194页。

歧，一说谓间接正犯之着手应以被利用者之开始实行为准……一说谓间接正犯应就其利用行为本身之阶段决定其着手时期，至于被利用者之行为不过为利用行为与结果间之中间现象而已。前说过分趋重客观，故应以后说妥当。”韩忠谟教授虽然指出了“被利用行为说”存在的趋重客观的弊端，但由于未对其含义做进一步分析，其真实意思难以把握。

与韩忠谟先生的论述不同，林山田教授不仅明确声称“间接正犯之着手实行问题，应依幕后利用者之行为本身而做决定”，而且还对其中原因作出了详细说明。“由于间接正犯之着手实行，有可能先于行为工具之开始实行，而且认为间接正犯之着手实行之时点，应就操纵支配犯罪全局之利用者之行为而为判断，故赞同后说之出发点，将间接正犯之着手实行问题，依幕后利用者之行为本身而做决定。”“虽然判断间接正犯之着手实行之时点，应以幕后利用者本身之利用行为作判断标准，而非取决于被利用之行为工具，但是被掌握支配之行为工具是否已经朝向犯罪目标前进，或者已经进展至何阶段，则属判断幕后利用者所操控导引之犯罪因果历程是否已经对于行为客体造成直接危险时所必须考量之事实。”① 林山田教授虽然声称“间接正犯之着手实行问题，应依幕后利用者之行为本身而做决定”，但由于其同时强调间接正犯实行着手的认识必须考量被利用者行为的具体情况，这样一来，他的认识是否还属于“利用行为说”，恐怕还值得研究。

2. 被利用行为说

该说认为，在间接正犯的场合，利用者的利用行为由于无法形成对法益侵害的现实危险，只是属于犯罪的预备行为，只有被利用者现实进行身体动静时，才是间接正犯的实行行为。所以，也只有被利用者开始进行作为工具的身体动静时，才能认定为间接正犯的着手。

---

① 参见林山田著：《刑法通论》（下），台大法学院图书部 2001 年版，第 72 页。

“被利用行为说”是德国“二战”前不少学者的观点。弗兰克（Frank）认为：“间接正犯是通过中介者实行犯罪的形态，因此，其实行的着手不能早于中介者的着手。”希波尔（Hippel）也指出：“在所谓的工具没有实施实行行为的情况下，间接正犯无罪……这是因为，在尚未引起主要行为的情况下，犯罪还只是停留在预备行为的阶段。”①

“二战”后，关于何种行为属于间接正犯实行行为的问题，出现了需要根据犯罪工具是出于善意不知情还是恶意知悉区别对待的见解。认为，在犯罪工具出于善意不知情时，利用行为就是犯罪的实行行为，着手的时点以幕后利用者对于工具产生支配作用之时为准；当作为犯罪工具的行为人知道利用者的犯罪计划时，只有被利用者开始实施自身的身体动静时才能认为是间接正犯的实行行为。针对这种观点，“被利用者行为说”指出，作为利用者工具的行为人是出于善意还是出于恶意，并不影响利用者对被利用者的操纵、支配关系，判断间接正犯的实行行为，不应当区分被利用者的主观方面，应根据幕后利用者主观的操纵意思和客观的操纵支配事实。间接正犯的犯罪行为是由利用行为与被利用行为组合而成的整体，既然被利用者的行为在刑法评价上，视同利用者的行为，故间接正犯的实行行为应当是被利用者的行为，间接正犯的着手也应以被利用之行为工具之开始实行为准。②

在日本，无论是战前还是战后，“被利用行为说”都一直是少数学者的观点。“二战”前，持“被利用行为说”的代表性学者是平井彦三郎博士和竹田直平博士。平井博士指出：“如果将间接正犯与使用工具实施犯罪完全等同起来，则间接正犯的实行着手在于利用者的利用行为之时；但是，由于间接正犯在于利用他人的力量

---

① 参见［日］西原春夫著：《犯罪实行行为论》，成文堂 1998 年版，第 236 页。

② 参见林山田著：《刑法通论》（下），台大法学院图书部 2006 年版，第 55 页。

或身份实施犯罪，因此，如果将这一问题与教唆犯的场合进行同等考察，则间接正犯的实行着手在于被利用人着手实行犯罪之时。”竹田博士也写道：“如果将间接正犯仅仅作为构成要件的实行来理解，那么，只有可以说有构成要件的实现，才谈得上构成间接正犯的问题。毋庸置疑，像第一种学说（“利用行为说”，笔者注）那样完全无视与构成要件之间的关系的见解，是必须予以否定的。因此，我认为，第二种学说（“被利用行为说”，笔者注）是妥当的。”①

现在的日本，持“被利用行为说”的代表学者主要是平野龙一、前田雅英、西田典之等。相对于“利用行为说”，主张“被利用行为说”的论据也比较单一，一般认为，仅有利用行为时还不存在法益侵害的具体危险，只有被利用者实施身体动静时，才发生法益侵害的具体危险。

西田典之教授被认为是对该问题论述得最为淋漓尽致的学者之一，他说：“从一个行为开始到结果发生为止，结果发生的危险是阶段性增长的，实行的着手这一概念，正是表明其中产生了作为义务未遂犯的可罚性时期即具体危险发生时期的用语。这一点通过考虑隔离犯就明白了。A 决意毒杀 B，便在 B 经常行走的路旁放置有毒饮料。A 所要实施的行为通过其放置行为便终了。但这还是预备行为，这个时刻还不能成立杀人未遂。应当认为，A 的放置行为只有到 B 现实地准备喝有毒饮料的阶段，才具有未遂的可罚性，才取得杀人罪的实行行为性。这样，将实行的时期与实行的着手时期做分离考虑不仅是可能的，而且是必要的。果真如此，则间接正犯的场合，也一方面以利用行为作为处罚对象，另一方面又完全可能以被利用者的行为为基准来讨论其着手‘时期’。即该利用行为只有在因为被利用者的行为而产生了发生结果的具体危险的阶段，才

---

① 参见［日］西原春夫著：《犯罪实行行为论》，成文堂 1998 年版，第 237—238 页。

取得未遂的可罚性即实行行为性。”①

川端博教授也表达了类似的见解。② 他写道：“有主张将间接正犯的‘实行行为’和‘实行着手’予以分离而以个别化的见解。也就是说，‘实行着手’这个概念由于是行为在促使结果发生之具体危险时而加以处罚的‘划定阶段的概念’，所以，实行‘行为’和实行‘着手时期’不必同时存在。在间接正犯情形下，一方面以利用行为为处罚对象，另一方面着手时期以被利用者之行为为基准来决定也是可能的。因此，当被利用者行为在产生结果发生之具体危险的阶段，开始有未遂犯的构成要件该当性，我认为，这种立场是妥当的。”③

西田教授和川端博教授以被利用者实施其身体动静为间接正犯的实行的观点我认为是正确的（后文详细展开），但他们主张在间接正犯的场合，实行行为和实行着手需要分离考虑的见解却遭到不少学者的批判：其一，实行着手是实行行为的开始，没有实行的着手如何可能存在实行行为？其二，一方面认为处罚对象是利用者的利用行为，另一方面又认为被利用者实施的导致结果发生的行为是实行的着手，处罚对象与处罚根据的分离，使得“被利用行为说”

① ［日］西田典之：《间接正犯的周边》，载《Law School》第 48 号，第 39 页。转引自张明楷著：《未遂犯论》，法律出版社、成文堂 1997 年版，第 100 页。

② 关于川端博教授的立场，学者们的认识不一样，有的认为其采用的是“被利用行为说”，参见［日］大塚仁著，冯军译：《刑法概说（总论）》中国人民大学出版社 2003 年版，第 156 页。有的将其理论归结为“个别化说”，参见［日］黑木忍著：《实行的着手》，信山社 1998 年版，第 87 页。川端博教授自己也是在“个别化说”的标题下展开论述的，参见［日］川端博著，余振华译：《刑法总论二十五讲》，中国政法大学出版社 2003 年版，第 302 页。但是，由于其明确支持“被利用行为在产生结果发生之具体危险阶段上，开始有未遂之构成要件该当性”的观点，所以，我认为其坚持的观点应当是“被利用行为说”。

③ ［日］川端博著：《刑法总论讲义》，成文堂 1997 年版，第 516 页。

难免存在自相矛盾的嫌疑。①

此外，主张“利用行为说”的论者对“被利用行为说”还提出了以下批判意见：

第一，以“被利用行为说”作为判断间接正犯实行行为的基准，那么，在将物体作为道具的隔离犯中有时就会得出不可罚的不合适结论。佐久间修教授说，将物体作为道具的隔离犯中，如一年前设置的定时炸弹能够爆炸的情况下，若非要等到被利用者行为时才是实行着手的话，炸弹的设置者因为长期在海外旅行，当客观危险发生时，设置者自身的作为义务实际上是不可能，即便被他人发现并被除去时，设置者也只能不可罚。②

第二，以被利用者的行为作为实行行为，就会导致实行着手认定的过迟。黑木忍说：“作为间接正犯的犯罪，并不是只限于像‘有故意道具’那样具有共犯性的犯罪，在间接正犯有正犯性的场合，将被利用者的行为认为是实行的着手，失之过迟。”③

第三，根据“被利用行为说”的认识，将会在理论上陷入自相矛盾。大塚仁教授指出，必须说被利用行为说理论上存在大的疑问。首先，在间接正犯的被利用者中也包括例如严重的精神病人一样的不能实施刑法意义上的行为的人，既然这种被利用者的身体动静不是行为，按理就不能认为是实行行为。其次，实行行为必须是以实行的意思为基础的，但是，因为只有利用者具有间接正犯中实行的意思，所以，根据被利用行为说时，实行的意思和实行行为就分属于不同的行为主体了。④

第四，认为“被利用者行为说”是以盛行于19世纪自然主义

---

① 参见张明楷著：《未遂犯论》，法律出版社、成文堂1997年版，第101页。

② 参见［日］佐久间修著：《刑法讲义》（总论），成文堂2000年版，第77页。

③ 参见［日］黑木忍著：《实行的着手》，信山社1998年版，第86页。

④ 参见［日］大塚仁著，冯军译：《刑法概说（总论）》，中国人民大学出版社2003年版，第155—156页。

行为观为基础的。如有学者指出，“被利用行为说”和“利用行为说”的对立，应该说是由来于是自然主义把握实行行为还是规范主义把握实行行为这两种思考态度的不同。从19世纪自然主义的、物理的观点出发，就会采用“被利用行为说”，相反，从20世纪规范地把握行为观念的立场出发就会提出“利用行为说”。①

上述对“被利用者行为说”的批判，有些触及了问题实质，但有些批评的意见显然是不合理的。如佐久间修教授的批评，实际上已经偏离了对间接正犯的正确理解，以物为道具，成立的只能是直接正犯，而不是间接正犯。另外，批判者提出的“被利用行为说”在理论上是自相矛盾的，是基于自然主义行为观，这些批评意见也很难认为是中肯的。

3. 个别化说

该说认为，在间接正犯中实行行为应当根据是否具有结果发生的具体危险来确定，在有些情形下，利用者行为就是实行行为，而在另外的场合被利用者的行为才是实行行为。同样的道理，确定间接正犯的着手也要具体分析。

“个别化说”产生于德国，但在德国刑法史上，只有威尔哲尔等少数学者持该认识。目的行为论大师威尔哲尔（Welzel）指出，故意作为工具被利用时，未遂犯成立于被利用者实行行为的开始时，在其他的场合与使用机械性工具一样，行为人使用工具完成其行为，行为一经脱手的时间就是未遂犯的开始时间。② 在日本，持“个别化说”的学者也不多，但却各具特色。

（1）西原说

该说为西原春夫教授所倡导。如前所述，西原教授通过对举动犯和有故意工具两种类型间接正犯的详尽分析，论证了“利用行

---

① 参见［日］大塚仁著，冯军译：《刑法概说（总论）》，中国人民大学出版社2003年版，第155页。

② 参见［日］福田平、大塚仁编，李乔等译：《刑法总论讲义》，辽宁人民出版社1986年版，第139页。

为说”的不合理。在维持传统刑法理论关于“实行行为”和“实行着手”概念的前提下，提出了他自己独到的见解。他指出，间接正犯是利用行为的作为和基于先行行为的防止义务违反的不作为形成的“复合结构”。故应根据通常的标准认为有实行着手以后的作为和不作为才是间接正犯的实行行为。在大多数场合被利用者开始实施其行为时为间接正犯的着手，但当被利用者的行为与利用行为在时间上紧密连接着且被利用者实施其行为极为确实时，利用行为的时点就是实行的着手。① 其中，对于单纯的举动犯，利用行为常常属于预备行为；在结果犯的场合，要根据被利用者预定行为的盖然性高低，有的利用行为一开始就是实行行为，有的还是预备行为。被利用者实施预定行为盖然性的高低，需要根据具体案件判定。②

“西原说”的特色在于：第一，他认为间接正犯是作为与不作为的复合结构。第二，对结果犯，间接正犯的实行行为需要根据被利用者实施利用行为的盖然性高低分别进行判断。

(2) 大谷说

大谷实教授虽然也赞同“个别化说”，但他与西原春夫教授主张的出发点并不同，他是从实行行为实质意义上展开对“个别化说”论证的。他说：“利用者即间接正犯将被利用人的行为作为道具加以利用的场合，也不一定能说，开始实施利用行为就具有引起发生构成要件结果的现实危险，所以，当利用人的诱使行为引起了发生结果的现实危险时，就是实行的着手，因此，个别化说是妥当的。根据间接正犯的形态的不同，既有以利用（诱使行为）行为的开始作为实行着手的场合，也有以被利用行为的开始为实行着手的场合，一律以利用人或被利用人的一方的行为为基准的见解是不

① 参见［日］西原春夫著：《刑法总论》（下卷），成文堂 1993 年改订准备版，第 367 页。

② 参见［日］西原春夫著：《犯罪实行行为论》，成文堂 1998 年版，第 259—260 页。

妥当的。"①

至于在哪些情形下利用者的行为能够认定为实行行为，哪些情形下只有被利用人实施行为时才能认定为实行行为，大谷实教授并未作出积极说明。

(3) 黑木说

黑木忍从实行着手的角度论述了间接正犯实行行为。他将属于间接正犯的情形区分为11种类型，认为能够将利用者行为视为是实行行为的有四种情形：(1) 被利用者欠缺意思支配的场合，如甲对乙的身体实施撞击，利用其身体的反动对他人造成伤害；(2) 被利用者自身的行为不符合构成要件的场合，如甲教唆不知情的乙让其攀登高压线，结果触电身亡的；(3) 被利用者欠缺责任能力的场合，如利用幼儿或精神丧失者实施盗窃；(4) 被利用者完全善意无过失的场合。而在以下七种情形下，则被利用者实施行为时才属于实行行为：(1) 被利用者有过失但不构成刑法上过失的场合，如利用他人的不注意误将第三人物为自己物取走的；(2) 被利用者有过失的场合，如医生利用护士过失使患者服下毒药致死的；(3) 被利用者欠缺期待可能性而阻却责任的场合，如因为上级违法命令而实施行为构成犯罪的；(4) 被利用者是无目的有故意工具的场合；(5) 被利用者是无身份有故意的场合；(6) 被利用者是故意的正犯，但与利用者相比属于轻微故意的场合，比如利用者是基于杀人的故意，诱发了被利用者伤害故意杀害被害者的；(7) 被利用者行为属于合法行为的场合。②

黑木忍之所以认为在前四种情形下利用行为是实行行为，而后七种情形只有被利用者的行为才是实行行为，在他看来，主要是因为前四种情形间接正犯具有正犯性，而在后七种情形下间接正犯具

① [日] 大谷实著，黎宏译：《刑法总论》，法律出版社2003年版，第277页。

② 参见 [日] 黑木忍著：《实行的着手》，信山社1998年版，第92—96页。

有共犯性。

对于“个别化说”，立足于“利用者行为说”的大塚仁教授曾做过统一的评述，他写道，“个别化说”着眼被利用者的工具性的不同来区分间接正犯，对实行的着手时期进行区别，但是，缺乏理论的一贯性，而在以被利用者的行为为标准上也可以进行对第二说（即“被利用行为说”，笔者注）同样的批判。①

持“被利用行为说”的川端博教授则专门针对西原春夫教授的“个别化说”进行了评说。他说：“依据利用者未阻止被利用者行为之‘不作为’与使被利用者行为之时点一致，而维持以往间接正犯之‘实行行为’的开始时与着手实行时期一致之立场者。可谓系优越之着眼！有关此种论点，被认为可回避从通说而来之批评。但是，将间接正犯视为是作为与不作为的复合物之见解，或许可谓不合适间接正犯之实态！间接正犯解释为的确透过所谓唆使行为之作为，‘利用’被利用者之行为，以不作为而实现犯罪结果者，实过于机巧化吧！”②

高桥则夫教授对西原的观点也提出了质疑，“把间接正犯理解为作为与不作为的复合形态，而在不作为阶段去探求实行的着手时间，在被利用者行为之时（在隔离犯的情况下为到达之时）丧失了作为可能性的情况下，就会得出无法追究不作为犯罪者责任的问题”。③

关于黑木忍的观点，从现已掌握的资料看，并没有针对性的评论，我认为，在间接正犯是正犯类型之一的观念已经根植于刑法理论的今天，将间接正犯区分为具有正犯性的间接正犯和具有共犯性

---

① 参见［日］大塚仁著，冯军译：《刑法概说（总论）》，中国人民大学出版社 2003 年版，第 156 页。

② ［日］川端博著，余振华译：《刑法总论二十五讲》，中国政法大学出版社 2003 年版，第 302 页。

③ 参见［日］高桥则夫：《间接正犯》，载马克昌、莫洪宪主编：《中日共同犯罪比较研究》，武汉大学出版社 2003 年版，第 83 页。

的间接正犯进行研究，势必难以为理论界接受。

（三）判例的动向

1. 概述

关于间接正犯实行行为的判例，大陆法系各国或地区所持的立场有明显的不同。在德国，司法实务一贯采取的是“利用行为说”的立场。① 在日本，有关间接正犯实行行为的判例有以下三个特点：

第一，无论是战前的大审院，还是战后的最高法院和下级法院，都无关于间接正犯实行行为的直接判例，司法实务对间接正犯实行行为所持的立场都是通过对实行着手判决表现出来的。

第二，在理论上，虽然间接正犯被广泛承认的类型包括：（1）利用无责任能力者的情形；（2）利用欠缺构成要件的故意者的情形；（3）利用有故意的工具，即被利用者有责任能力并且故意实施行为，但缺乏目的犯中的必要目的或者缺乏身份犯中所要求的身份的情形；（4）利用适法行为的情形，以及（5）利用非刑法上行为的情形。但关于上述类型的判例并不多见，许多判例是针对被认为是间接正犯类型之一的隔离犯作出的。

第三，从大审院和最高法院所做的判决看，“被利用行为说”在日本司法实践中居于支配地位，只有极少数案例采取的是“利用行为说”。

第四，虽然判例多是针对隔离犯作出的，但在日本，由于隔离犯一般被认为是间接正犯的一种类型，② 因此，这些判例仍然能够在一定程度上反映日本司法实务对间接正犯实行行为的精神和宗旨。

2. 案情及判旨

---

① 参见［日］西原春夫著：《刑法总论》（下卷），成文堂1993年改订准备版，第366页。

② 参见［日］大谷实著、黎宏译：《刑法总论》，法律出版社2003年版，第278页。

（1）大审院1918年关于“被利用行为说”的判例①

案情及判旨：被告人设想如果将混入毒药的砂糖送给T的话，T或其家人就会误认为是纯粹的白砂糖而食用致死。于是，就将1磅带有剧毒的汞水混入1斤白砂糖，用小包装好后作为年末的赠物邮寄给T。T认为是纯粹的白砂糖受领后，取一匙作为调味品放入食物中，当时发现其中混入毒药，T及其家人都没有饮用。原审认为被告人成立杀人罪未遂，但其律师辩称，仅实施将混入毒药的白砂糖邮送的行为，在T最终是否会食用还不确定的情况下，还不能说是毒杀行为的着手，提出上诉，大审院拒绝了其请求。

针对本案，大审院指出……考虑到上文说明的意思，我们就可以认为，T在接受到混入毒药的砂糖的时候，实际上将他和家人置于可食用的状态下，这就可以说是已经着手毒杀行为了。

（2）大审院关于“被利用行为说”的其他判例②

如针对行为人利用邮局向法院投递诬告陷害状的行为，大审院1910年6月23日判决指出，诬告陷害罪是以使他人受刑事惩戒处分为目的，申告不真实事实的行为。如果只是将记载了这种事实的书状交付邮局，还不能说是已经着手实行犯罪，只有当该书状到达法院时，才成立诬告陷害罪。又如，行为人以勒索财物为目的，利用邮局将恐吓信交付被害人的案件，大审院1916年8月28日判决指出，行为人以勒索财物为目的，将足以使他人产生恐惧心理的文书交付邮局后，只有当邮局将该文书送达至收信人，处于收信人可以认识到该文书内容的状态时，才是恐吓罪实行的着手。

在这两个案件中，从大审院所使用的“只有当文书到达法院时”以及“只有当邮局将该文书送达至收信人时”词语看，判例坚持“被利用行为说”的立场应当说是显而易见的。

---

① 参见［日］西原春夫等编：《判例刑法研究　未遂·共犯·罪数》，有斐阁1981年版，第24页。

② 转引自张明楷著：《未遂犯论》，法律出版社、成文堂1997年版，第103—104页。

(3) 宇都宫地方法院1965年的判例①

"二战"后，最高法院关于间接正犯着手的判例也不多见，经常为日本学者引用的是宇都宫地方法院1965年作出的一个判决。

案情及判旨：被告人企图在杀害父亲T及弟弟妹妹后自杀，1962年4月5日下午9时左右，被告人在T及弟弟妹妹们日常通行的自家附近的农道旁的三个地方分别放置了注有毒药的饮料各2袋，共6袋。第二天上午6点30分左右，F在该地方发现了饮料将其中的2袋拿回了家，听说路边还有饮料，进而，长男S及次男A也去拿了2袋，S、A及F的长女H喝下了有毒的饮料，结果在同日上午7时40分左右死亡。而对父亲T及母亲R的杀害企图未实现。

本案判文强调，关于实行的着手，指行为到达结果发生客观状态的场合，换言之，应当解释为引起了保护客体直接危险的场合。不能说单纯将食品放置在农村道路上他人马上就会直接食用。因为有时为了驱除农村道路上的野老鼠、害虫等而将有毒食品放置在道路上，抛弃在道路上也不一定供人食用……尤其……本案放置毒物的场所，不是自己住宅的建筑用地而是道路，任何地方因为有人通行故而存在被人拾得的危险。但是，即使这样的危险存在还不能马上认为本案被告人的行为是犯罪实行的着手。本案中放置有毒饮料的行为是杀害尊亲属和普通杀人的预备行为。但在被害人拾起饮料时马上就有了普通杀人行为的着手，因致人死亡时就是普通杀人罪的既遂和杀害尊亲属罪的预备罪的观念竞合。

本判决具体分析了只是将饮料单纯放置在道路上不能认定为实行着手的原因，强调只有在被害人拾到饮料时才是杀人罪的着手，很明显采取的是"被利用行为说"。

① 参见［日］西原春夫等编：《判例刑法研究　未遂·共犯·罪数》，有斐阁1981年版，第45页。

(4) 东京高等法院1967年的判例①

案情及判旨：被告人M为邮局职员，从事邮件分类业务，他意图取得邮件中的现金、邮票与杂志等物，便偷偷地在事务室内将邮件上的收件人地址改为自己的住址，将收件人改为同姓虚无人M·S，然后将邮件放在邮架上，以便使不知情的投递员将上述邮件投递到自家里。其结果邮件一部分如愿投到被告人家里，另一部分因其他原因未能如愿。原审法院就已投递部分认定为盗窃既遂，未投递部分认定为盗窃未遂。律师提出上诉，理由是：被告人虽然更改了邮件的名字，但邮件还没有置于被告人的占有状态下，不过是盗窃的预备。只有当邮件投递到被告人的家里或者接近这种状态时，认定为盗窃罪的实行着手才妥当。东京高等法院驳回了被告人的上诉。

东京高等法院认为，本案被告人的行为都没有基于邮件管理者S局长的处分意思，其行为已经使邮件脱离了邮件的管理者或者将要脱离管理者而未遂，故分别构成盗窃罪既遂与未遂。

本判决以邮件"脱离了邮件的管理者，或者将要脱离管理者认定为未遂"，显然对实行开始时点认定采取的是"利用行为说"。该判决被认为是日本大审院在间接正犯实行行为认定上唯一采取"利用行为说"的判例。

三、我国刑法理论的认识

在过去的一个时期，我国刑法理论对间接正犯问题的研究主要集中在对间接正犯本质属性的说明以及间接正犯范围的界定上。近几年，学者们也开始关注间接正犯的实行行为问题。从学者们既有的论述看，似乎认为利用行为是实行行为的观点更为有力。

张明楷教授直接针对间接正犯的实行行为问题发表了他的看法，他说："间接正犯是否具有实行行为性，关键取决于其行为是

① 参见［日］西原春夫等编：《判例刑法研究　未遂·共犯·罪数》，有斐阁1981年版，第46页。

否具有侵害合法权益的直接危险性。在间接正犯的场合，被利用者要么没有辨别控制能力，要么不知情，要么丧失自由意志，利用者实施利用行为后，只要没有偶然的障碍，就必然出现侵害法益的结果，所以，利用行为实质上具有侵害法益的直接危险性，因而具有实行行为性。”①

范德繁博士在新近出版的著述中引用了张明楷教授论述的具体理由，表达了他对张明楷教授观点的积极支持。②

与张教授不同，虽然也有不少学者持“利用行为说”，但并不是直接针对间接正犯实行行为进行说明，多是在对间接正犯着手的论述表现出其对该问题看法的。如学者林维写道：“我们认为，从主客观统一的角度出发，当间接实行者在通过他人犯罪故意支配下，开始实施包含着结果发生危险的诱致他人犯罪行为，即其实行的着手，因此，其着手应以利用者诱致危险行为的着手为标准。”对于个中缘由，该论者作了较为充分的分析：第一，间接正犯是通过他人作为自己实行犯罪的工具，就其通过他人为工具这点而言，与利用其他物质性工具没有什么本质差别，被利用行为仅是其行为的延长而已。第二，实行行为是主客观的有机统一，无责任能力者固不待言，即使有行为故意的工具也不具备实行行为的主客观特征。因此，间接正犯的着手只能在诱致危险行为中寻找。第三，在背后者的诱致行为中，已经包含了实现危害结果的现实危险性，这也是其实行性的依据所在。第四，以被利用者行为为着手标准，势必将诱致行为认为是预备行为，如构成预备犯，可以比照既遂犯从轻、减轻或者免除处罚。但即使在教唆犯中，教唆行为后被教唆人没有犯被教唆之罪，对教唆犯也仅是可以从轻或减轻处罚，两者比较，前者显然太轻。因而从刑罚公平角度，也不应以被利用者行为为标准。最后，从逻辑上讲，以被利用者的现实侵害行为为着手标

① 张明楷：《刑法格言的展开》，法律出版社 2003 年版，第 258 页。

② 参见范德繁著：《犯罪实行行为论》，中国检察出版社 2005 年版，第 100 页。

准，会得出间接实行者的行为已经实施完毕，而犯罪却仍未着手的不合理结论。①

以上五点基本上能够全面反映我国学者主张“利用行为说”的理由。其不合理性将在下文评述。

四、“被利用行为说”之论证

关于间接正犯的实行行为，我的基本认识如下：

（一）从形式定型说的立场无法归结出间接正犯的实行行为

如前文指出，团藤重光教授之所以赞同“利用行为说”，重要原因在于他认为利用行为符合了刑法分则规定的构成要件。因为按照团藤教授的思维逻辑，“只要实施了符合基本构成要件行为的一部分就是实行的着手，间接正犯也是如此，间接正犯的利用行为就是符合构成要件的行为，故利用者开始实施一部分利用行为就是着手”。② 我并不否认实施了符合分则构成要件的行为是实行的着手，但问题的关键在于：欲主张利用行为是符合构成要件的行为，必须从理论上解释为何能够将利用行为评价为是符合分则规定构成要件的行为？团藤重光教授显然回避了这一点。

（二）大塚仁教授的理解并不可取

大塚仁教授从实行行为的本质解释间接正犯的实行行为。之所以主张“利用行为说”，原因在于他认为诱致行为中包含着实现犯罪的现实危险性。对于利用行为包含法益侵害的现实危险的理由，大塚仁先生的解说是：“如果不包含这种危险性，就不是间接正犯的诱致行为。既然是实行行为，诱致行为也应该与一般的实行行为一样，必须包含着实现犯罪的现实危险性。”③ 这种解释实际上只

---

① 参见林维著：《间接正犯研究》，中国政法大学出版社 1997 年版，第 151—152 页。

② ［日］团藤重光著：《刑法纲要总论》，创文社 1990 年版，第 355 页。

③ ［日］大塚仁著，冯军译：《犯罪论的基本问题》，中国政法大学出版社 1993 年版，第 87、88 页。

是为了使结论符合自己的要求而恣意作出的，并无说服力。利用行为是否能够作为间接正犯的实行行为，是否都具有法益侵害的现实危险性，是以对间接正犯具体类型的考查为理论前提的，应当是解决问题的出发点，而不能作为解决问题的立论依据。

（三）从语义角度并不能得出利用行为是间接正犯实行行为的必然结论

持“利用行为说”还有一个重要理由在于认为，将间接正犯的利用行为解释为实行行为更符合间接正犯的语义：间接正犯既然是正犯，由于在间接正犯中被评价为正犯的是利用者，所以，利用者的行为当然应该是实行行为。其实，将被利用者的行为解释为间接正犯的实行行为，似乎更符合间接正犯概念的语义。间接正犯，顾名思义，是“间接”的正犯，之所以与“直接”正犯相区别，就是因为在间接正犯的场合，犯罪的实行行为是通过他人完成的，他人的行为或身体性动作是犯罪实行行为不可或缺的一部分。如果利用者的行为本身就是实行行为，为何还要称其为“间接”正犯呢？

（四）试图从与教唆犯处罚比照的角度肯定利用行为的实行行为性，理由难以成立

为了肯定利用行为的实行行为性，我国学者还特别从与教唆犯处罚比照的角度，提出了将利用行为解释为实行行为的理由。认为“将被利用者行为界定为实行行为，势必将诱致行为认为是预备行为，如构成预备犯，可以比照既遂犯从轻、减轻或者免除处罚。但即使在教唆犯中，教唆行为后被教唆人没有犯被教唆之罪，对教唆犯也仅是可以从轻或减轻处罚，两者比较，前者显然太轻。”客观地讲，根据我国刑法的规定，将利用行为解释为实行行为，确实会存在论者指出的问题。但问题的根源并不在于将间接正犯实行行为解释为利用行为导致的，原因在于我国刑法对教唆犯处罚过于宽泛。教唆犯是犯意的制造者，从法益侵害的角度看，是法益侵害的启动者，虽然其行为具有严重的社会危害性，但教唆犯欲实现法益的侵害必须依赖正犯行为的实行，离开了正犯的实行行为，教唆犯

无法形成对法益的侵害，这正是大陆法刑法理论和实践普遍强调共犯从属性的意义所在。我国刑法第29条第2款规定，如果被教唆的人没有犯被教唆之罪，对于教唆犯，也可以从轻或减轻处罚，这显然采取的是共犯独立性的立场，是以主观主义刑法理论为根基的。因此，论者指出的问题并不是“利用行为说”导致的，而是我国刑法关于教唆犯的立法造成的。

（五）我之所以赞同“被利用行为说”，根本上是由实行行为的本质决定的

其一，将被利用行为解释为实行行为，符合实行行为的本质。实行行为是对法益侵害具有现实危险性的行为，只有当某种行为对法益侵害的危险达到定型的阶段和程度时，才可以将其认定为犯罪的实行行为，这是实行行为的一般属性，间接实行行为作为实行行为的表现形式之一，也同样应该具备该属性。在间接正犯的场合，不管被利用者属于何种情形，由于被利用者犯罪意图的实现在事实上取决于作为工具的他人“行为”，只有他人的“行为”对法益侵害具有现实的危险性时，才能认定利用者的行为具有法益侵害的现实危险性，这正是间接正犯“间接性”的真正含义所在。单纯的利用行为无法使法益侵害危险达到定型、紧迫的程度。如医生甲意图利用护士乙的过失杀害病人丙，在护士乙还未实施其自己的行为时，他随时都可能发现自己的过失从而放弃自己的行为，因此，丙的生命法益是否会受到侵害还具有难以确定性。又如行为人利用精神病患者实施犯罪的，由于被利用者是精神病患者，在行为人实施利用行为后，精神病人能否按照利用者的意思去实施犯罪，根本无法确定。间接正犯的本质是“事实行为”的间接性和规范评价的直接性的统一，间接正犯场合，法益侵害是因为双重原因造成的，直接原因并非是利用行为，而是被利用行为，法益侵害是否具有紧迫性，必须依赖对被利用者行为的考查。

其二，利用行为本质上属于犯罪的预备行为。现实生活中，个人能力总是有限的，犯罪的完成往往需要借助工具实现。在直接正犯的情形下，行为人使用的工具是机械性之工具，如刀、枪、棍、

棒等，而间接正犯中行为人使用的工具是“人”。人与机械性工具的不同在于人具有主观能动性、具有意思，而无论人的意思过程是否符合正常的思维和逻辑，人并不具有作为他人犯罪工具的当然性，要想让其他人成为自己的犯罪工具，要么是被利用者主观上的不知情，要么是行为人自身不具备责任能力，要么是利用者的制造，但不管属于哪一种情况，欲使他人成为自己的犯罪工具，必须要首先制造该工具，这样看来，行为人的利用行为在本质上属于为犯罪制造工具、创造条件的行为，只能属于我国刑法规定的犯罪预备行为。

其三，“利用行为说”之所以反对采取“被利用行为说”，如前所述，一个重要理由在于他们认为“利用行为说”在理论上是自相矛盾的。如大塚仁教授说，由于“在间接正犯的被利用者中也包括例如高度的精神病人一样的不能实施刑法意义上的行为的人，既然这种被利用者的身体动静不是行为，按理就不能认为是实行行为”，另外，“实行行为必须是以实行的意思为基础的，但是，因为只有利用者具有间接正犯中实行的意思，若根据‘被利用行为说’，实行的意思和实行行为就分属于不同的行为主体了”。如前所述，我国学者也同样说：“实行行为是主客观的统一，即使有行为故意的工具也不具备实行行为主客观的特征。”论者希望在间接正犯的问题上维持刑法基本理论的统一，出发点显然是可取的，但其论述很难说科学认识了间接正犯的构造。间接正犯是利用行为和被利用行为的统一体，间接实行行为必须有利用行为和被利用者的行为构成，不管被利用者的行为是否具有规范的意义，都只是利用行为的延长，是利用者利用行为的一个组成部分，而决不能将其作为一个独立的行为进行评价。大塚仁教授和我国学者对“被利用行为说”的批评在根本上是其未能科学理解间接正犯构造所致。

其四，“利用行为说”之所以将间接正犯的实行行为确定为利用行为，还有一个强有力的理由在于：他们认为间接正犯的场合，由于被利用者是犯罪工具，犯罪是在利用者的支配下进行的，法益侵害结果发生的盖然性高，具有确定性，所以利用行为就应当属于实行行为。如前指出，中义胜教授还通过具体案例对这种确定性进行了生动的分析。持“个别化说”主张的西原春夫教授提出，除了举动犯和利用有故意工具成立的间接正犯外，其他情形的间接正犯实行行为存在于利用行为。我认为，这里必须要澄清两个基本概念，即危险发生的“盖然性”或“确定性”与危险发生的“紧迫性”的关系。在一般意义上，当法益侵害的危险达到“现实、紧迫”时，就可以说该危险是确定的，但是我们不能做相反的解释。危险确定与否是个概率，取决于危险发展历程中是否存在障碍，而危险是否现实、紧迫则是对危险发展的时间性考查，二者应该是两个存在重要区别的概念。实行行为和非实行行为对于法益的侵害都具有危险，其区别的根据不仅在于法益侵害结果是否确定，更在于法益侵害的结果是否急迫、现实。所以，不能简单地以结果发生是否确定作为认定间接正犯实行行为的标准，即使法益侵害的结果发生的盖然性很高，但只要没有达到紧迫的程度，就还不能认定为属于犯罪的实行行为。

此外，将利用行为解释为实行行为，还会导致下面的问题：(1) 未遂犯处罚范围的扩大。若严格按照“利用行为说”的观点，只要实施了利用行为或者利用行为实施完毕，就应当被评价为间接正犯的实行行为，这样，即使被利用的工具没有按照利用者的意思实施犯罪，利用者因为实施了实行行为，也要成立未遂犯，这将会导致只对法益侵害具有抽象危险的行为也要被认定成立未遂犯，无疑会扩大未遂犯的处罚范围。(2) 动摇“正犯与共犯区分的二元参与体系”。不管是大陆法系的德国、日本，还是我国，实际上采取的都是正犯与教唆犯和帮助犯相区分的“二元体系”，在这种体系中，无论是教唆犯还是帮助犯，要完成犯罪都必须依赖于正犯的犯罪行为，教唆犯和帮助犯实质上都是通过利用正犯实现法益侵害，他们的行为实际上也属于犯罪的“利用“、”加功“行为，如果将利用行为解释为实行行为，那么，教唆行为和帮助行为必然也会解释为具有实行行为性，这无疑会在根本上否认“正犯·共犯分离的二元体系”的意义。

综上所述，在间接正犯中，利用者的行为和被利用者的行为是一个有机整体，共同构成了间接正犯完整的犯罪行为。无论属于何种具体类型的间接正犯，利用行为都只是为犯罪实行准备工具的行为，在本质上属于犯罪的预备行为。只有被利用者开始实施行为（或身体活动）时，法益侵害的危险才能定型、才具有紧迫性，才可能将其评价为犯罪的实行行为，认定为实行的着手。以此为前提，我国学者的提出支持“利用行为说”的理由也就不攻自破了。

第三节　原因自由行为的实行行为

一、原因自由行为概述

（一）概念和立法例

原因自由行为是指这样的情形：行为人故意或过失使自己陷入无责任能力状态或限制责任能力状态，在无责任能力状态或限制责任能力状态下，行为人实施了符合构成要件的行为。由于行为人的无责任能力或限制责任能力是基于行为人自由意志陷入的，故在理论上，原因自由行为又称“自陷行为”。其中，在无责任能力或限制责任能力状态下实施的行为，理论上一般称为“结果行为”；相对于“结果行为”，使自己陷入无责任能力或限制责任能力状态的行为则称为“原因行为”或“设定原因行为”。通常的事例如行为人意图杀人，事先大量饮酒，使自己陷入无责任能力的醉酒状态，进而在此状态下实施了杀人行为；或者行为人明知自己醉酒后有伤人的恶习，却仍不注意，结果在喝醉酒后致使他人重伤。

“原因自由行为”的用语由来于德国普通法时代，① 而在立法例上被认为始于醉酒犯罪的规定。早在欧洲的中世纪，教会法就将饮酒行为视为严重的罪行，对于酩酊状态下的侵害行为，当时不少

① 参见马克昌：《比较刑法原理——外国刑法学总论》，武汉大学出版社 2002 年版，第 460 页。

国家的刑法认为是犯罪。如1736年汉诺瓦（Hanover）法典规定："酩酊之人于酒醉而仗势实施暴行或其他犯罪时，无论其酩酊达于何程度，皆不得为辩解之理由。应与其在冷静状态下，依充分理性而实施相同犯罪者，同其处罚。"① 1751年巴伐利亚刑法典突破了醉酒犯罪的规定，形成了现代关于原因自由行为的处罚条款。该法典第40条写道："违法之故意而决意犯罪，且依此犯罪实行，以饮酒或其他方法自陷于心神丧失状态，在此状态实现其意图之犯罪者，应以故意之犯罪者处罚。"

巴伐利亚刑法典关于原因自由行为的规定在当时的德国产生了巨大的影响，该立法例很快被普及于其他各邦。当时由于责任主义的观念还未确立，原因自由行为的可罚性并未引起刑法理论的关注。其后，随着责任主义观念的兴起，为了贯彻行为与责任同时存在的原则，理论上出现了认为原因自由行为不构成犯罪的主张。在德国，特别是自19世纪40年代始，在以普鲁士司法大臣萨维尼为首的一批学者的极力主张下，否定原因自由行为可罚性的观点占据了支配地位。由于受该学说的影响，1851年普鲁士刑法典和1871年德国刑法典都没有再设立原因自由行为的可罚性规定。② 直至1913年德国改正刑法草案，处罚原因自由行为的类似条款才得以恢复。

从当今世界各国刑事审判实践看，几乎都承认原因自由行为的可罚性。在大陆法系的日本，虽然现行刑法没有原因自由行为的明文规定，但肯定原因自由行为的可罚性是其判例的一贯立场。在德国、瑞士、意大利、奥地利、韩国等国，为了避免理论上的争论，现行刑法都特别设置了对原因自由行为处罚的明确规定。比如在德国，刑法将属于原因自由行为的情形作为一个独立的罪名规定在刑

---

① 参见甘添贵教授祝寿论文集编辑委员会：《刑事法之理想与探索》（第1卷），台湾学林文化事业有限公司2002年版，第7页。

② 参见何庆仁：《原因自由行为理论的困境与诠释》，载《中国刑事法杂志》2002年第2期。

法分则中，其刑法典第 330 条 a 第 1 项规定："故意或过失饮用含有酒精之饮料或其他麻醉品，置自己于无责任能力之酩酊状态，并在此状态下实施违法行为者，处 5 年以下自由刑或并处罚金。"瑞士刑法第 12 条也同样规定："行为人意图犯罪，而自陷于意识重大阻碍或障碍中者，不适用无责任能力或减轻责任能力之规定。"

在英美法系国家或地区，刑法并没有原因自由行为的概念，其刑法理论、判例也未形成系统的原因自由行为理论，对于属于原因自由行为的情形，英美法系国家一般是将其作为醉酒的内容加以阐述的。英美法系自古奉行"自愿性醉酒，不得抗辩"的原则，强调任意酗酒而自陷于沉醉者，如在此状态中有触犯刑法之行为，即使其行为时神志失常，仍须使其负应有之责任，不得作为免责之抗辩事由。如在英国，刑法认为如果行为人具有被指控犯罪的犯罪意图，尽管醉酒损害或者排除了其判断对错的能力或者抗拒诱惑或者挑衅的能力，甚至，在醉酒状态下，他可能感到一种不能抗拒的力量在驱使他行动，他也构成犯罪。① 可见，虽然英美法系国家没有原因自由行为的概念和理论，但其刑法对自愿醉酒的处罚规定与大陆法系刑法理论中的原因自由行为理论颇为相似。

我国自近代以来，刑事立法一直将属于原因自由行为的情形限于"醉酒"的事项。1912 年暂行新刑律第 12 条规定，酗酒的行为不适用精神病人的行为不为罪的规定。1928 年旧刑法第 32 条同样写道："不能因酗酒而免除其刑任，但非出于故意者，得减轻其刑。"新中国成立后，两部刑法典对醉酒人犯罪的都严厉惩罚。1979 年刑法第 15 条第 3 款和现行刑法第 18 条第 4 款都规定："醉酒的人犯罪应当负刑事责任。"对于这样的规定，多数学者认为这是我国刑法对原因自由行为理论的贯彻，属于原因自由的一种情

① 参见徐文崇：《原因自由行为立法例概述》，载《环球法律评论》2003 年夏季号。

况。① 从我国的司法实践看，原因自由行为的具体事例也是大量存在的，并不限于行为人醉酒犯罪的情形，因为吸毒、使用麻醉品后犯罪的，同样要承担刑事责任。现在，我国刑法对原因自由行为问题的研究也正在逐步深入。

（二）类型

从当今世界各国刑法立法和理论看，原因自由行为存在以下基本类型。

1. 根据引起无责任能力或限制责任能力主观罪过的不同，原因自由行为可以分为故意的原因自由行为和过失的原因自由行为。

故意的原因自由行为是指以实现犯罪的意图，故意陷自己于无责任能力状态和限制责任能力状态，在该状态下实现犯罪意图的情况。具体又包括：第一，行为人故意自陷于无责任能力状态或限制责任能力状态，并决意利用无责任能力状态或限制责任能力状态，实施犯罪行为的情况（直接故意）。第二，行为人故意陷自己于无责任能力状态和限制责任能力状态，知道在该状态下可能实施犯罪行为，行为人予以放任的情况（间接故意）。②

过失的原因自由行为是指行为人能够预见自己在无责任能力或限制责任能力状态下具有惹起结果的可能性，能够避免结果，可是因为不注意，造成构成要件结果的情况。如因为不注意，母亲在给婴儿喂奶时入睡，致使婴儿窒息死亡。③

从立法上看，瑞士、奥地利刑法只承认故意的原因自由行为，而德国刑法典和日本的改正刑法草案不仅承认故意的原因自由行为，也承认过失的原因自由行为。

---

① 参见张明楷：《刑法学》（第 2 版），法律出版社 2003 年版，第 196 页。

② 参见张丽卿．《探索刑法》，台湾神州图书出版有限公司 2003 年版，第 45 页。

③ 参见［日］大谷实著，黎宏译：《刑法总论》，法律出版社 2003 年版，第 247 页。

2. 根据法益侵害是行为人在无责任能力状态下造成的还是在限制责任能力状态下实施引起的，原因自由行为可以分为基于无责任能力的原因自由行为和基于限制责任能力的原因自由行为。

前者如行为人因服用毒品，精神极度兴奋，在丧失辨认和控制能力情形下杀害他人；后者如行为人过量饮酒，在意识不清醒状态下驾车造成重大交通事故。对于行为人故意或过失使自己限于无责任能力，在无责任能力状态下实施构成要件行为的属于原因自由行为的类型，在刑法理论上并不存在争议。有不同认识的是，当行为人使自己陷于限制责任能力状态，在限制责任能力状态下实施了犯罪行为的能否适用原因自由行为的理论？团藤重光、福田平、内田文昭、山中敬一等学者认为，犯罪人自陷于限制责任能力状态而实施犯罪行为时，具有部分责任能力，应承担部分刑事责任，而无须借助原因自由行为理论论证其可罚性，直接适用刑法总则的有关规定即可。而植松正、西原春夫、平野龙一、大谷实、大塚仁等学者认为，原因自由行为包括行为人利用自己限制责任能力实施犯罪的情形。如果利用自己无责任能力状态犯罪的，要负完全的刑事责任，而利用自己的限制责任能力状态犯罪的，却只要求负部分的责任，这样一来，行为人在无责任能力状态实施犯罪的处罚却比行为人在限制责任能力时实施犯罪的处罚要重，这是不均衡的。① 所以，即使行为人故意或过失自陷于限制责任能力，在限制责任能力状态下实施犯罪的，也应当适用原因自由行为的法理，对行为人不得减轻刑罚。

在立法上，意大利刑法第 87 条规定的原因自由行为仅限于心神丧失的无责任能力的情形；而瑞士刑法及日本刑法改正草案对原因自由行为的规定不限于无责任能力（心神丧失）的情形，还包括限制责任能力（心神耗弱）的情形。

---

① 参见马克昌：《比较刑法原理——外国刑法学总论》，武汉大学出版社 2002 年版，第 470 页。

二、学说与判例

（一）概述

在现代刑法理论上，原因自由行为是可罚的，已经是一个无争议的问题。但其可罚性的根据何在？理论意见分歧还相当大。争议的核心之一就在于对原因自由行为的实行行为理解上。从现有的理论看，对于原因自由行为实行行为的理解大致可以分为两种观点：一种观点认为，在原因自由行为中，招致行为人陷入无责任能力或限制责任能力的原因行为是实行行为，对此，可以称为“原因行为说”；另一种观点认为，行为人在无责任能力和限制责任能力状态下实施的行为，即引起法益侵害结果的行为是实行行为，可以称为“结果行为说”。

（二）学说的对立

1. 原因行为说

（1）含义

认为原因自由行为中的实行行为是行为人招致自己无责任能力和限制责任能力的行为。在母亲在给婴儿喂奶时由于不注意陷入睡眠状态，致使婴儿窒息死亡的案件中，母亲使婴儿含着乳头而自己却不注意熟睡的行为，就是实行行为。又如，具有病理性醉酒素质的人，在由于醉酒而处于心神丧失的状态下杀人的，行为人饮酒的行为就是实行行为。持“原因行为说”的论者之所以要将原因行为视为犯罪的实行行为，主要是基于“实行行为与责任同时存在”这一刑法基本原则要求的考虑。

在大陆法系特别是德、日刑法理论上，成立犯罪，行为需具备构成要件符合性、违法性及有责任性。犯罪首先表现为符合构成要件的行为，而违法性和有责性都是针对符合了构成要件行为所进行的进一步评价。刑法理论一般认为，就特定犯罪而言，为了追究行为人作为有完全责任能力人的责任，在实施符合犯罪的构成要件的行为即实行行为之时，责任能力就必须存在。这样，从构成要件的立场来看，作为其必然的结论，就是要求“责任能力与实行行为必须同时存在”。① 根据“责任能力必须与实行行为同时存在的原则”，只有行为人在有责任能力的状态下所进行的行为，才能追究刑法上的责任；在缺乏责任能力的时点上，没有肯定实行行为的余地。②

从现有的关于原因自由行为处罚根据的种种学说看，将原因行为视为是实行行为的观点，主要为持“构成要件模式说”③ 的学者所主张。其中，以“间接正犯类似说”和“将着手实行之时期与未遂犯处罚时期分离思考的见解”最为引人注目。

(2) 关于“间接正犯类似说”

“间接正犯类似说”认为，原因自由行为的结构系建构在行为人于具有完全意识状态及支配力之时，设定一构成要件行为为目标，而以自陷行为将自己陷入无责任能力状态，透过该状态实现所设定的计划，根本上与间接正犯的形式相当。即使行为人的行为产生于无责任能力状态，也并非盲目因果关系的产物，而系先行为所设定的目标的实现，即使行为人是在无责任能力状态下实施行为，

---

① 参见［日］西原春夫著：《犯罪实行行为论》，成文堂 1998 年版，第 151—152 页。

② 参见［日］大塚仁著，冯军译：《犯罪论的基本问题》，中国政法大学出版社 1993 年版，第 90 页。

③ 在当今的大陆法系，特别德、日的刑法理论上，关于原因自由行为的处罚根据大致可分为两种：“例外模式说”和“构成要件模式说”。“例外模式说”认为，原因自由行为之处罚，系依习惯法的作用，是责任能力规定的例外情况。“构成要件模式说”认为原因自由行为的处罚，其归责点并非在于无责任能力状态下之行为，而是在意识状态正常时之自陷行为或导致无责任能力之行为本身，原因自由行为并非无责任能力规定之例外，而系将前自陷行为视为构成要件的实现。当今在“构成要件模式说”这一理论框架下，又有“前置理论”、“间接正犯类似理论”和“扩张理论”的区别。参见柯耀程著：《变动中的刑法思想》，中国政法大学出版社 2003 年版，第 144—147 页。

该行为对于事实情状的发生，依然保有行为支配之效力。① 由于原因自由行为所针对的情形与间接正犯具有平行性，在逻辑结构上与间接正犯相同，间接正犯是将他人作为工具加以利用，在原因自由行为中是行为人将自己的无责任能力状态和限制责任能力状态加以利用。② 所以，应该认为行为人在有责任能力状态下实施的原因行为具有实行行为性。

“间接正犯类似说”的特色在于：该说强调责任能力不仅是意思决定能力，亦在于行为控制能力。③

“间接正犯类似说”将原因自由行为的处罚点求诸于行为人的原因设定行为，强调刑法处罚原因自由行为并非是责任原则的例外，而是构成要件实现的具体类型，这样，不仅坚持了罪刑法定原则，而且也维持了实行行为与责任同时存在这个所谓的刑法根本原则。正因为如此，目前，“间接正犯类似说”为许多大陆法系国家和地区的刑法理论和司法实务所重视。

在德国，目的行为论巨擘威尔哲尔（Welzel）、现代刑法学理论大师洛克辛（Roxin）等知名学者都是该说的积极支持者。如洛克辛教授指出：“既然今天我们要求行为人行为时要有责任能力，对于一个故意有罪责的既遂犯罪而言，事实上只要行为人于有责任能力的状态下为一个帮构成要件完全实现起头，并使其开始独立发生作用之行为，便应认为是着手。在原因自由行为的处理上，构成要件模式的理由构成亦然，因此，此时就像是间接正犯，在间接正犯中幕后者会利用责任能力之他人以遂行其计划，原因自由行为与其唯一不同在于行为人此时把自己当做行为工具而已。在间接正犯

① 参见柯耀程著：《变动中的刑法思想》，中国政法大学出版社 2003 年版，第 146 页。

② 参见冯军：《论“原因中自由的行为”》，载林永谋等编：《法治国之刑事立法与司法—洪福增律师八十五寿辰祝贺论文集》，台湾春风煦日论坛 1999 年版，第 341 页。

③ 参见陈子平著：《刑法总论》（上），台湾元照出版有限公司 2005 年版，第 314 页。

着手问题的判断上，我们会说原则上在幕后者放任行为工具离开自己实力支配影响范围时，便可认为间接正犯已经将其自己想像中、预计导致构成要件完全实现所要做的工作全部完成了，也就是说，他已经着手了，更确切一点说，这个时候已经进入刑法评价上的既了未遂阶段了。"①

在日本，自小野清一郎以来，认为原因自由行为和间接正犯具有相同理论构造的见解也一直是其刑法理论上的通说。② 福田平、团藤重光、大塚仁、大越义久、佐久间修等学者都是该学说的力倡者。大塚仁教授说："因为原因自由行为是行为人故意或者过失地使自己陷入心神丧失状态，像工具一样利用在该状态中的身体动静以实现犯罪，所以，可以理解为与将他人作为工具加以利用的间接正犯相类似。"团藤重光教授也同样指出："原因自由行为是行为人使自己陷入泥醉、睡眠等无责任能力状态，并在该状态下引起犯罪结果。行为人在原因行为之际具有责任能力，只要原因行为和结果之间具有因果关系，肯定其可罚性就不存在困难。但是，根据定型说，处罚原因自由行为，要求原因行为具有作为实行行为的定型性。原因自由行为和间接正犯具有相同的构造。间接正犯是将他人作为工具加以利用，间接正犯是将自己的无责任能力状态作为工具利用。间接正犯的要点是利用他人的行为是否具有实行行为的定型性，原因自由行为的要点是利用自己的行为是否具有即原因行为是否具有实行行为的定型性。"③

不过需要注意的是：大塚仁和团藤重光两位教授之所以认为原因自由行为和间接正犯具有相同的理论构造，是以他们对原因自由

① 转引自卢军杰：《原因自由行为之可罚性基础及适用问题》，台湾大学法学研究所1990级硕士论文，第12页。

② 参见［日］团藤重光：《自招的精神障害》，载［日］鸭良弼等编：《松植博士还历祝贺·刑法和科学·法律编》，有斐阁1971年版，第228页。

③ 参见［日］团藤重光著：《刑法纲要总论》，创文社1990年版，第161页。

行为范围的狭窄理解为前提的。大塚仁教授意识到了传统刑法理论对原因自由行为认识的不足，如果不加限制地将原因行为都视为实行行为，可能存在不妥之处，为此，他试图通过限制原因自由行为的成立范围来避免“原因行为说”存在的不足。他写道：“将原因行为作为实行行为，会不会产生什么不妥当呢？在原因行为是过失行为的场合不会有什么问题，因为违反法律上注意义务的行为在原因行为时一般能够发现，而且，从现行法把过失犯规定为结果犯来看，实际上没有特别的困难。但是，在基于故意的原因自由行为的场合，即行为人故意使自己陷入心神丧失状态，想利用这种状态下的身体动静实现犯罪的场合，却有着相当的困难。例如，想在醉酒后殴打他人使其受伤而饮酒的人，在因为泥醉而睡过去的场合，如果把自由状态中的饮酒行为看成实行行为，那么，即使实际上并没有殴打他人，也是伤害罪的未遂，在现行刑法上是作为暴行罪来处罚，这不是有些不妥吗？”① 大塚仁教授从实行行为的基本特征出发，提出既然实行行为必须具有实现犯罪的现实危险性，所以，“没有这种危险性的就不是实行行为，就不应该看成是原因中的自由行为”。②

团藤重光教授同样也不认为一切原因行为都具有定型性，都属于实行行为。为了能够认定原因自由行为的定型性，团藤教授进一步分析道，和间接正犯的场合一样，具有以下两个条件时，原因行为才具有实行行为的定型性：第一，必须是行为人使自己陷入完全无责任能力状态；第二，必须将自己的无责任能力状态作为工具利用的行为本身，具备构成要件的定型性。③

① 参见［日］大塚仁著，冯军译：《犯罪论的基本问题》，中国政法大学出版社 1993 年版，第 91 页。

② 参见［日］大塚仁著，冯军译：《犯罪论的基本问题》，中国政法大学出版社 1993 年版，第 92 页。

③ 参见［日］团藤重光著：《刑法纲要总论》，创文社 1990 年版，第 162 页。

以上分析我们可以看出，大塚仁教授为了使原因自由行为具有实行行为性，将本身不具有现实危险性的原因行为，排除在原因自由行为之外，以此来满足实行行为基本特征的要求。但问题是：在行为人为了杀人而饮酒以致后来在无责任能力状态下杀人的，即使饮酒行为本身不具有任何危险性，也不可否认饮酒行为是原因行为，整个行为是原因自由行为。① 大塚仁教授为了使自己的理论协调而对原因自由行为作出恣意的限定，虽然维持了其理论上的一贯性，但却无法适用社会现实的需要。团藤重光教授为了避免采用“原因行为说”的缺陷，将原因自由行为限定在利用自己无责任能力的情形，从而排除了利用自己限制责任能力情形下成立原因自由行为的可能性，但是，若将利用自己限制行为能力的情形排除在原因行为之外，将无法解决因此出现的处罚失衡的问题。② 所以，团藤重光教授试图通过限制原因行为的范围来维持“原因行为说”也是不成功的。

在刑法理论上，学者们对“原因行为说”的批判还有：

第一，原因行为说忽略了构成要件的定型性，不适当地扩大了实行行为的范围，过早地认定了实行的着手。这种批评意见是自20个世纪中期以来，可谓是反对“原因行为说”论者们的共识。前田雅英教授指出：“想利用自己的无责任能力杀人而饮酒，即便是饮酒过量而昏睡，因为行为人实施了原因行为被认为成立杀人未遂，太不合理。”③ 我国台湾陈子平教授也说：“此说之问题在于，

---

① 参见张明楷：《未遂犯论》，法律出版社、成文堂1997年版，第86页。

② 即前文所指“如果利用自己无责任能力状态犯罪的，要负完全的刑事责任；而利用自己的限制责任能力状态犯罪的，却要减轻处罚，负部分责任”的不均衡现象。

③ ［日］前田雅英著：《刑法总论讲义》，东京大学出版会1998年版，第273—274页。

将原因设定行为理解为实行行为，而使未遂犯之成立时期提前许多。”①

第二，将原因自由行为实行行为的认定通过类比间接正犯来解决，且不说在性质上属于刑法上的类推适用。即使类比间接正犯来处理，也不存在把利用行为作为实行行为认定的必然性。（1）间接正犯是将他人作为工具实现犯罪的情形，如前节所分析的那样，在间接正犯的场合，利用行为是否能够作为间接正犯的实行行为直至今日还是一个激烈争论的问题，将一个理论上还存在争论的问题作为立论的根据，缺乏坚实的理论根基。（2）原因自由行为中的无责任能力状态既可能是故意陷入的，也可能是行为人过失陷入的，当行为人过失陷入无责任能力状态，然后实施了符合构成要件行为的，由于不存在过失的间接正犯，就无法类比间接正犯的法理。（3）原因自由行为可以分为基于无责任能力的原因自由行为和基于限制责任能力的原因自由行为，当行为人故意使自己陷入限定责任能力状态时，如何类比间接正犯的法理，也是一个疑问。②

第三，将原因行为视为实行行为，将会导致不合理的结论。西原春夫教授分析指出，贯彻原因行为说的理论，如果行为人在陷入无责任能力状态之前的限定责任状态实施了犯罪行为，一方面原因设定行为终了成立一个实行行为，另一方面，对在限定责任能力状态下实施的现实的犯罪行为，应作为限定责任能力者的行为评价，成立另一个实行行为。这样的话，将基于一个犯意实施行为的一种社会现象，认定为两个实行行为，是不合理的。③

（3）关于“将着手实行之时期与未遂犯处罚时期分离思考的

① 陈子平著：《刑法总论》（上），台湾元照出版有限公司 2005 年版，第 314 页。

② 参见张明楷：《未遂犯论》，法律出版社、成文堂 1997 年版，第 85 页。

③ 参见［日］西原春夫著：《刑法总论》（下卷），成文堂 1993 年改订准备版，第 461 页。

见解”

面对“原因行为说”存在过早认定了实行的着手，使未遂犯的处罚范围不适当扩大的激烈批评，有学者从着手实行之时期与未遂犯处罚时期分离思考的角度提出了新的见解。

曾根威彦说，凡着手实行后的行为具有法益侵害的一般危险性，即可肯定其违法性存在，不过，虽可肯定其违法性，却未必即可肯定其具有“可罚的违法性”，还必须惹起法益侵害的具体危险之发生，始可成为可罚之对象。在原因自由行为的场合，原因设定行为由于具有了法益侵害的一般危险，即可肯定其违法性的存在及实行行为性。但只有发生了法益侵害的具体危险，才具有可罚的违法性，才存在成立未遂的可能。①

也就是说，根据曾根威彦教授的观点，原因设定行为虽然可以认定为实行行为，但如果没有进一步实施结果行为，由于不存在具有法益侵害的具体危险，不应当成立未遂。即意图饮酒在醉酒状态下杀人的，虽然饮酒的行为可以评价为杀人罪的实行行为，但由于单纯的饮酒行为并不具有法益侵害的现实危险，若在酒醉睡过去的情形，还不能成立未遂。

深受曾根教授影响的我国台湾学者陈子平先生完整传承了曾根教授的这一观点，他说：“本书以为，凡着手于犯罪行为之实行虽具一般之违法性，然若未因此惹起法益侵害之具体危险，则尚不得以未遂犯加以处罚，故以采将着手实行时期与未遂犯处罚时期分离思考之见解妥当。”②

我并不否认在有些犯罪中将实行行为的开始和未遂犯处罚进行分离思考的必要性，③ 而且，将着手实行之时期与未遂犯处罚时期

---

① 参见陈子平著：《刑法总论》（上），台湾元照出版有限公司 2005 年版，第 316 页。

② 陈子平著：《刑法总论》（上），台湾元照出版有限公司 2005 年版，第 316 页。

③ 关于这一问题，将在第四章重点阐述。

分离思考的观点的确可以解决理论上对“原因行为说”存在使未遂犯成立范围扩大的缺陷，但问题是：原因设定行为果真能评价为实行行为吗？在意图杀人而喝酒的场合，即使认为作为原因设定行为的“饮酒行为”评价为具有法益侵害的一定危险，但从构成要件的角度看，“饮酒行为”无论如何都不能被评价为具有杀人行为的定型性。“将着手实行之时期与未遂犯处罚时期分离思考的见解”同样没有解决问题。

(4) 归结

综上，不管是“间接正犯类似说”，还是“将着手实行之时期与未遂犯处罚时期分离思考的见解”，作为“原因行为说”类型，实际上是为了迎合“实行行为与责任同时存在”而提出的。近代以来，“无责任则无犯罪，无责任则无刑罚”，某种行为是否成立犯罪必须以行为人存在责任为前提，这是责任主义的基本要求，也是近代刑法的根本原则，但刑法所谓的责任主义的含义是否如持该论者所理解的那样，一定要是“实行行为和责任同时存在”呢，是一个需要进一步深入研究的课题。而对该问题的解答是解决原因自由行为处罚问题的关键所在。

2. 结果行为说

(1) 含义

认为在原因自由行为的情况下，行为人开始实施原因行为时并不具有导致结果发生的现实危险，只有在行为人开始实施结果行为时才能是实行行为。由于行为人实施结果行为时并无责任能力，所以，承认结果行为是实行行为必须解决“实行行为与责任同时存在”的矛盾。对此，刑法理论上出现了两种解决方式：一种固守“实行行为与责任同时存在”原则，认为将结果行为视为是原因自由行为的实行行为是对“实行行为与责任同时存在”原则的例外，在理论上学者们称其为“例外说”；另一种观点是对“实行行为与责任同时存在”的原则进行修正和重新解说，其中，西原春夫教授的“意思决定说”、前田雅英教授的“密切关系说”及“二元说”在刑法理论上影响较大。

“例外说”由德国学者赫鲁斯卡（Hruschka）于1968年最先提出，在当今的刑法理论上仍然有一定影响。在日本，藤木英雄等学者就曾持该说。但“例外说”将处罚原因自由行为解释为是“实行行为与责任同时存在”的例外，不仅回避了问题，而且难以符合罪刑法定主义的要求，所以，真正需要讨论的是“意思决定说”、“密切关系说”和“二元说”。

（2）关于“意思决定说”

这种学说主要为日本学者西原春夫极力提倡，由于该学说强调不需要实行行为与责任能力同时存在，只要在作出最终的意思决定时存在责任能力，就满足了责任主义的要求，故在理论上称为“意思决定说”。

“意思决定说”是日本刑法理论在探讨原因自由行为可罚性上具有特色的理论之一。该说认为，责任未必要与实行行为同时存在，事实上关于责任的评价是指向行为人意思决定的。行为人的意思决定并非在实行行为时作出，通常在作出意思决定到着手实行犯罪的期间有预备行为的存在，因此，从意思决定到预备、实行、结果的发生，若具有同一的目的，就可统一把握为行为。而只要某种行为是基于某种意思实施，行为人作出意思时又具有某种责任能力，就可以认定其对全部行为责任能力。也就是说，责任能力并不需要与实行行为同时存在，只要与行为同在即可。由于该说对行为是在整体上把握的，理论上也有学者称“整体行为说”。① 该学说为佐伯千仞教授提起，经西原春夫教授发展，现在，已成为日本刑法理论上解释原因自由行为的不可回避的理论之一。

上个世纪50年代，佐伯千仞教授首先针对前述将设定原因的行为视为是实行行为的做法提出否定性意见。他指出，通说关于原因自由行为的理论在法律上存在矛盾，即责任主义要求的实行行为和责任同时存在的原则与罪刑法定要求的明确性原则之间的矛盾。

① 参见陈子平著：《刑法总论》（上），台湾元照出版有限公司2005年版，第314页。

佐伯教授认为，根据罪刑法定的要求和现行刑法的规定，不仅在构成犯罪的行为与不构成犯罪的行为之间需要做区分，就是对构成犯罪的行为，刑法也将其区分为预备、阴谋、实行行为，以及未遂犯与既遂犯。但是，在原因自由行为的场合，如果将实行行为追溯到有责任能力的时间，虽然能够满足实行行为与责任同时存在的责任原则，但是却导致预备行为和实行行为在构成要件上的区别的主观化和暧昧化。而且，若将原因设定行为理解为实行行为，还将面临以下难题：第一，在诸如吸食毒品中毒行为那样，导致无责任能力的原因是逐渐积累起来的场合，将无法确定实行着手的时间；第二，在原因自由行为是由行为人不作为实施的，就会得出“实行行为在构成作为义务发生以前就已实施终了”的不合理结论。①

佐伯教授认为，责任是对行为非难的可能性，责任能力、故意、过失只不过是非难可能性的推定根据，而不是责任本身。即使认为原因自由行为的实行行为是在无责任能力时实施的结果行为，对此之前的行为人的意思同样具有进行非难的可能性。② 针对原因自由行为的构造，佐伯教授进一步分析指出，原因自由行为的构造在刑法上并非属于独一无二，在如杀人、强奸、放火等激情犯罪的场合，由于行为人极度的紧张和兴奋，在实行行为的瞬间，失去责任能力的情况也很多。③

西原春夫教授接受了佐伯教授对原因行为说的批判。他说：“诚然，正如佐伯教授指出的那样，认为原因自由行为的实行行为在于原因设定行为，从构成要件的立场看，就意味着将实行行为的概念主观化、软化。以利用醉酒杀人的案件为例，那么，饮酒行为

---

① 参见［日］佐伯千仞：《原因中的自由行为》，载《刑事法讲座》（第2卷），有斐阁1952年版，第306页以下。

② 参见［日］佐伯千仞：《原因中的自由行为》，载《刑事法讲座》（第2卷），有斐阁1952年版，第308页。

③ 参见［日］佐伯千仞：《原因中的自由行为》，载《刑事法讲座》（第2卷），有斐阁1952年版，第307页。

就是实行行为，在行为人饮酒阶段就存在实行的着手。这样一来，行为人偶尔在醉酒之时没有实施预定的行为而睡着的场合，或者他的朋友事前就将其抬走了的场合，也存在杀人的着手，最终要作为杀人未遂来处罚。无论如何，这种处理结果是不符合我们法感情的。"① 不过，西原教授同时也认为，佐伯教授的观点也存在不明确的地方，② 为了实现对原因自由行为的权威解释，他从规范责任论的立场出发，以"行为是犯罪意思实现过程"作为基本前提，展开了他对"责任能力与实行行为同时存在原则"以及原因自由行为实行行为的认识。

西原教授认为，刑法上的行为是以意思决定为基础的，是意思决定的实现过程。若将行为作为一个意思的实现过程把握，那么，应当承认的就不应当是"责任能力与实行行为同时存在的原则"，而是"责任能力与行为同时存在的原则"。对此，西原教授做了如下可谓层层递进、富有逻辑的分析。③

首先，行为的责任能力，只要在作出实施特定行为的最终意思决定之时即可。西原教授认为，虽然关于责任的本质存在多种的学说，但是，最终还是可以归结为意思责任。责任非难应当被理解为对于导致行为和行为人人格形成之时的意思决定进行的非难。行为人实施犯罪，往往需要经过实施犯罪的不良动机和不实施犯罪动机的对立、抗争。而动机的对立和抗争正是在意思决定之时，只要在这种意思决定之时，行为人存在责任能力，那么，对于包含这种意思决定的整个行为，就很容易承认存在责任能力，就具备了非难的基础。

① 参见［日］西原春夫著：《犯罪实行行为论》，成文堂 1998 年版，第 153 页。

② 参见［日］西原春夫著：《犯罪实行行为论》，成文堂 1998 年版，第 156 页。

③ 参见［日］西原春夫著：《犯罪实行行为论》，成文堂 1998 年版，第 158—160 页。

其次，对于某种行为的责任能力，并非在这个违法行为本身开始之时，而是在包含这个违法行为的整个行为开始之时。西原教授写道："在刑法学上，行为表现为预备行为、实行行为或者教唆行为、帮助行为这种被肢解的形式。但是，实际上，这种被肢解的行为并未如实地反映现实世界，现实世界中所存在的是连贯的意识实现过程。如果认为某种行为的责任能力是存在于作出该行为的意思决定之时，也就是该行为的开始之时，那么，对于包含这一行为（如预备行为、实行行为）的违法行为的责任能力也是如此，没有理由要求在特定违法行为的开始就要存在责任能力。"

对于以上西原教授的思想，我国台湾学者陈子平先生做了精辟的概括。他认为，该思想的特色在于：将"实行行为与责任能力同时存在原则"中的"行为"概念进行了扩张，以此作为原因自由行为可罚性的基础。将行为作为一个从意思决定开始至实行行为时止的系列过程进行把握。①

如果坚持"责任能力与行为同时存在的原则"，那么，在原因自由行为的场合，既然行为开始时的意思决定贯穿至结果发生的行为全过程，其最终的意思决定之际，能认为有责任能力，即使现实的实行行为即结果惹起行为之际丧失责任能力，也不妨追究作为有责任能力者的责任。②

与"间接正犯类似说"相比，"意思决定说"并没有臣服于"实行行为与责任同时存在"原则，而是希望通过对责任主义的重新解说解决原因自由行为的处罚问题，这种思考问题的方式是值得肯定的，对此，有学者评价道，"西原博士将原因自由行为的研究

① 参见陈子平著：《刑法总论》（上），台湾元照出版有限公司 2005 年版，第 314 页。

② 参见［日］西原春夫著：《犯罪实行行为论》，成文堂 1998 年版，第 170 页。

推向了一个新的高度”。① 但在“实行行为与责任同时存在”这一原则已根深蒂固的日本，不臣服于“实行行为与责任同时存在”的原则，必将面临激烈的批判。

第一，团藤重光教授批判说：“如果认为在行为开始之时有责任能力，无论此后责任能力被排除、削弱的原因是什么，都要让行为人承担责任，这显然太过分了。”②

第二，学者平川宗信指出，认为责任能力在意思决定之时是有疑问的。因为责任能力不是对事前的控制力的问题，是对行为同时控制力的问题。对意思决定的控制力只不过有事前控制力的场合，不能认为与有同时的控制力的场合是“完全同样”的。再者，将最终的意思决定之时，看做“行为”的开始之时也有疑问。意思不是凝然不动的实体，行为通过当初的意思实施的场合，当初的心理状态不是像计算机、程序设计器那样能保存着，基于这种心理状态的行为并不能接连不断发生。使行为发生的意思是实施行为的瞬间之事，是行为当时决定的。③

第三，大塚仁教授写道，将行为人在无责任能力状态下的身体动静作为实行行为，有与近代刑法学中的责任主义不相容之嫌，因为只能对基于责任能力的实行行为予以责任非难。④

第四，我国学者指出，责任能力包括意思决定能力和行为人对行为的控制能力两个方面，只要行为人在作出最终意思决定时具有责任能力，就可以认定这个责任能力贯穿行为始终，这个观点主要强调行为人的意思决定能力，有轻视行为控制能力之嫌。而且，如

---

① 参见王充：《日本刑法中的原因自由行为理论》，载《法商研究》2004 年第 2 期。

② ［日］团藤重光：《自招的精神障害》，载（日）鸭良弼等编：《松植博士还历祝贺·刑法和科学·法律编》，有斐阁 1971 年版，第 424 页。

③ 参见平川宗信：《原因中的自由行为》，载《现代刑法讲座》（第 2 卷），成文堂 1979 年版，第 283 页。

④ 参见［日］大塚仁著，冯军译：《刑法概说（总论）》，中国人民大学出版社 2003 年版，第 149 页。

果认为责任能力不是和行为的实施同时存在，就无法解释在行为实行过程中原因责任能力变化而引起的行为违法性和责任的变化问题。①

针对学者们的批评，西原教授也作出了积极的回应。如针对团藤重光的批判，西原教授就解释道，团藤博士的批判见解的确是有道理的，但是，我的理论并未扩大到如此的程度。我的见解只是将原因自由行为中责任能力的存在时间作为问题。由于并非自己引起的精神障碍而陷入无责任能力状态，在无责任能力状态下引起结果行为，就不能视为是最初有责任能力时的意思的实现。例如，在已经准备了很明显试图伤害他人的凶器之时，喝下了他人佯称为药物实际上是酒精的饮料后，因而陷入醉酒状态，在无责任能力的状态下用凶器伤害了他人。在这种场合下，虽然伤害的故意已经实现，但是，“试图陷入无责任能力状态之后再伤害他人”的意思并未实现，不能认定为属于原因自由行为。所以，团藤博士的并非是准确针对我见解的批判。②

虽然西原教授力图对批判的意见作出解释，但其解释并未获得学者们的普遍接受，日本多数学者还是认为，“意思决定说”的主张无法解决责任主义的问题。欲主张“意思决定说”，必须要圆满解决上述诘难，特别是回答责任主义与“结果行为说”相冲突的问题。

(3)“密切关系说”及“二元说”

①关于“密切关系说”

前田雅英教授试图从原因行为和结果行为间的关联程度论证原因自由行为可罚根据及其实行行为。他首先分析了责任非难的范围，指出，如果从国民的一般观点来看，某种行为没有非难可能性

---

① 参见土允：《日本刑法中的原因自由行为理论》，载《法商研究》2004年第2期。

② 参见［日］西原春夫著：《犯罪实行行为论》，成文堂1998年版，第176—177页。

的话，对之进行非难就不能被国民接受，刑罚制度就不会发挥有效机能。原因自由行为既然是根据自己辨认是非的能力与控制能力导致结果发生的，即使在着手的时刻没有责任能力也可以追究其刑事责任。①

在肯定了原因自由行为具有可罚性的基础上，前田教授将原因行为和结果行为之间的关系区分为“中断型”和“连续型”两种基本形态，并进一步分析指出，在利用意图饮酒施暴的案例中，由于能够明确区分原因行为和结果行为的场合，原则上，不能认为这种情形属于原因自由行为。② 与此相对，明知自己在注射兴奋剂后会实施暴行，在实施暴行之前注射兴奋剂，这种场合，虽然行为人于行为时无责任能力，但原因行为和结果行为间的关联性高，原因自由行为能够被承认。③ 关于关联性高低的标准，前田教授提出应从结果发生可能性大小及时间、空间的接续性以及主观意欲等要素综合判断④。

前田教授之所以要从原因行为和结果行为间的关联程度来论证原因自由行为的可罚性根据及其实行行为，主要是为了回避因为坚持“结果说”而导致“实行行为与责任同时存在”原则的矛盾。但随后而来的问题是：既然欲从原因行为和结果行为间的关联程度论证原因自由行为可罚性，必将解决“关联性”判断标准问题，虽然为此前田雅英教授也作出了真挚的努力，但仍然被理论上广泛批评为过于含混、不明确。还有，只要在理论上对于原因自由行为实行行为的认识持“结果行为说”，就不得不说明其与“实行行为

---

① 参见［日］前田雅英著：《刑法总论讲义》，东京大学出版会 1998 年版，第 276 页。

② 参见［日］前田雅英著：《刑法总论讲义》，东京大学出版会 1998 年版，第 277 页。

③ 参见［日］前田雅英著：《刑法总论讲义》，东京大学出版会 1998 年版，第 278 页。

④ 参见陈子平著：《刑法总论》（上），台湾元照出版有限公司 2005 年版，第 315 页。

与责任同时存在”原则的关系问题。回避这一点，其理论就难以让人信服。

②关于“二元说”

该说认为，应相对性地掌握实行行为的概念，将作为未遂行为的实行行为求之于结果行为时，若原因行为时（即作为相当因果关系起点之实行行为）存在责任能力，则符合责任主义之要求，即符合“实行行为与责任同时存在原则”之要求。此说要求下列两要件：

其一，因果关联。a、若欲肯定原因行为是具有法益侵害之一定程度之危险者，则原则上须有下述之特殊状况，即一经饮酒或使用药物等，就会出现侵害他人身体、生命危险行动之习僻者；b、由于存在不少偶然情况介入，故原因行为、结果行为与结果之间，其时间、场所之接近性乃属必要。

其二，责任关联。原因行为时之故意内容，必须具有：a、认识原因行为具有惹起结果行为、结果之危险性；b、认识该危险性通常会实现该结果行为、结果；c、认识结果行为、结果之发生。①

也就是说，在“二元论”看来，将原因自由行为的实行行为解释为结果行为并不违反责任主义，只是并非肯定一切场合的“结果行为”都不违反责任主义，只有处罚符合“因果关联”和“责任关联”的结果行为才不违反责任主义。“二元论”实际上试图通过限定原因自由行为的成立范围以达到维持“结果行为说”的立场。

“二元说”的不足在于：为了维护“实行行为和责任能力同时存在的原则”，而恣意地将属于原因自由行为的范围进行了限缩。实践中，即使原因行为和结果行为之间不存在所谓的“因果关联”和“责任关联”，也同样可能被认定为成立原因自由行为予以处罚。

---

① 参见陈子平著：《刑法总论》（上），台湾元照出版有限公司 2005 年版，第 315 页。

面对“原因自由行为”理论的困境，晚近大陆法系国家或地区的学者提出了通过刑法分则立法予以解决的思路。如有学者写道：“对于原因自由行为的处罚，不但在处罚的论据上无从确认，反而使刑法陷入内部矛盾的境地。此一由法律情感所衍生的产物，反而制造刑法更大适用上的困扰，实应加以舍弃。”面对社会生活中客观存在的原因自由行为现象，论者指出，“对于因自陷于无责任能力或无意思状态下所为之违法行为，以客观可罚性要件的形式，在构成要件中加以规定，亦即将在无责任能力状态下所为行为视为犯罪成立要件的客观可罚性要件，在法律效果的考量上，采用准用之模式。如此不但对于向来争议的‘原因自由行为’可罚性问题，全盘性加以解决，也使得原本与刑法原理原则上不相容情况，顿时消失。”关于刑法分则条文的设计，该论者还提出了如下具体意见：“服用药物、酒类、兴奋剂或其他相类物品，致丧失意识能力或驾驶能力，而驾驶机动车辆者，处1年以下有期徒刑、拘役或3000元以下罚金。”“因而致人死伤者，依各相关规定处罚之。”“服用药物、酒类、兴奋剂或其他相类物品，致丧失意识能力，而为违法行为者，其所犯依各该规定处断之。”①

从立法上解决原因自由行为的处罚和实行行为问题，不失为解决问题的方法之一，但在目前立法还未作出规定前，从理论上对原因自由行为的处罚根据和实行行为作出解释仍然是十分必要的。退一步讲，即使刑法对原因自由行为的处罚有明确规定，刑法理论仍然有必要对这一规定作出理论的解说。

3. 我国学者的观点

与大陆法系一样，对于属于原因自由行为的情况，我国刑法历来也处罚。我国现行刑法第18条第4款“醉酒的人犯罪，应当负刑事责任”的规定，多数学者认为这是我国刑法对原因自由行为理论的贯彻，属于原因自由的一种情况。但是，在理论上如何解释

① 柯耀程著：《变动中的刑法思想》，中国政法大学出版社2003年版，第153、154页。

原因自由行为的可罚性，同样是一个见仁见智的问题。与大陆法系刑法理论不同的是，在我国明确主张“原因行为说”的学者并不多，意见分歧主要来自“不必要说”、“例外说”与“结果行为说”。

“不必要说”学者认为，司法实践中可能需要运用原因自由行为解决刑事责任的仅仅包括醉酒的人、服用麻醉药品的人和对药物有依赖的人。我国刑法第 18 条第 4 款的规定与有关条文相配合运用，完全可以解决不同情形醉酒人的刑事责任。对于因服用麻醉药品而影响辨认或控制自己行为能力的人，综合考虑精神病因素，以主客观相统一的犯罪构成理论为依据，其刑事责任也可以解决。至于对药物有依赖的人，由于其形成对药物依赖后，辨认或控制自己行为的能力已经完全处于部分丧失，正常的状态已不复存在，已无法适用原因自由行为的余地，所以，不宜借鉴原因自由行为理论来完善我国刑法。①

“例外说”的学者在分析了关于原因自由行为处罚根据的各种学说弊端之后，强调责任原则无法适用原因自由行为，提出，“与其我们去对原因自由行为和责任原则作牵强的糅合，致使理论变得扭曲而不合实际，不如径行承认这种例外”。②

多数学者并不赞同“例外说”，因为承认“例外说”，则会因为例外的理由与范围不确定而导致在其他场合也可能承认例外，从而违反罪刑法定的刑法根本原则。

张明楷教授在坚持辨认控制能力、故意、过失与行为同时存在的原则的前提下，对于原因自由行为的惩罚根据作出了解说。他说，“对于同时存在原则中的‘行为’不宜狭义地理解为着手实行后的实行行为，而宜理解为与结果的发生具有因果关系的行为；因

① 参见臭洪先、叶小琴：《不宜借鉴原因自由行为来完善我国刑法》，载《河南省政法管理干部学院学报》2004 年第 1 期。

② 马松健、陈庆安：《原因自由行为的理论出路》，载《河南公安高等专科学校学报》2003 年第 4 期。

此，只要行为人开始实施与结果发生具有因果关系的行为时具有辨认控制能力即可。在行为起先没有实施暴行等结果行为的意思，但由于饮酒等原因行为而产生了该意思时（非连续型），由于如果没有原因行为就没有结果行为，故可以肯定原因行为与结果行为之间的条件关系。在行为人事先就有实施结果行为的意思，出于鼓起勇气等动机而导致丧失辨认控制能力，进而在该状态下实施了结果行为时（连续型），也可以肯定原因行为与结果行为之间的条件关系。既然行为人在实施与结果的发生具有因果关系的行为时具有辨认控制能力，而且具有故意或者过失，就符合犯罪主体要件与主观要件”。①

从张明楷教授的论述不难看出，关于原因自由行为的实行行为，他的观点在借鉴西原春夫教授的“意思决定说”的同时，又表现出了接近前田雅英教授“密切关系说”的明显倾向。张明楷教授虽然没有明确提出“行为与责任同时存在”的论断，但从其论述看，由于其明确指出同时存在原则中的行为不限于实行行为，而是与结果发生具有因果关系的行为，所以，实际上他所主张的同时性原则指的是行为与责任同时存在原则，而在这一点上，与前述西原春夫教授的观点并无不同。

此外，我国也有学者提出将原因自由行为的情况独立设罪的构想。该论者在对原因自由行为理论详尽分析后，写道：“如果囿于现有的理论与立法，原因自由行为的问题无法作出圆满的解决。”“相反，如在分则中直接将原因自由行为设定为一罪，则通过立法赋予此类行为实行行为性，两者的不协调状态得以缓和。而且，将原因自由行为规定为单独一罪，也无混淆预备行为与实行行为之虞，也不会失当地前移着手时点后造成实行行为范围地扩大。”对于具体罪名地设计，论者提出“不妨将这一罪行称之为酩

① 参见张明楷著：《刑法学》，法律出版社 2003 年版，第 199 页。

酊罪。”①

(三) 判例的态度

与理论上学者们的激烈争论不同，大陆法系国家或地区司法实践对原因自由行为场合实行行为的认识相当一致。

在德国，“原因行为说”一直为其司法实务所重视，判例的理论基础是前述的“间接正犯类似说”。在帝国法院时代，德国最高法院在RGST22.413案件的判决中就明确采信了“间接正犯类似说”的立场。针对马车夫因酒精醉酒导致马车辗伤路人的案件，帝国最高法院判决明示了“间接正犯类似说”的立场。指出：“本案中，其实与马车夫将缰绳交给另一个无责任能力人并由其驾车的情形相当，行为人都是在意志自由情形下将马车的控制工作交由一个无责任能力之人接手，以致无法对接下来的事件流程加以控制。”在其后的联邦法院时期，联邦最高法院同样持“间接正犯类似说”肯定“原因行为说”的观点。②

在日本，对于原因自由行为的着手，“二战”前的判例就明确采信“原因行为说”。例如，母亲在睡觉时给婴儿哺乳，将乳头放在婴儿口中熟睡，然后导致婴儿窒息死亡的事案中。大审院1927年10月16日判决认定哺乳行为是原因行为，并指出开始实施原因行为时是实行的着手。战后，“原因行为说”仍然被各级法院采用。比如，对于被告人在病理性醉酒状态下刺杀他人的案件，最高法院1951年1月17日的判决也认定开始实施原因行为时为着手。③

旧中国刑法承袭大陆法传统，刑事判例同样肯定了原因自由行

---

① 何庆仁：《原因自由行为理论的困境与诠释》，载《中国刑事法杂志》2002年第2期。

② 参见卢军杰：《原因自由行为之可罚性基础及适用问题》，台湾大学法学研究所1990级硕士论文，第13页。

③ 参见张明楷：《未遂犯论》，法律出版社、成文堂1997年版，第84页。

为的可罚性。1939年最高法院上字3816号判决写道："旧刑法第32条关于不得因酗酒而免除刑事责任之规定，已为现行刑法所不采，故如被告于尚未饮酒之先，即已具有犯罪之故意，其所以饮酒致醉者，实欲凭藉酒力以增加其犯罪之勇气者，固不问其犯罪时之精神状态如何，均应依法处罚。假如被告于饮酒之时，并无犯罪之意图，只因偶然饮酒至醉，以致心神丧失或精神耗弱而陷入犯罪，即难谓其心神丧失之行为，仍应予处罚，或虽系精神耗弱，亦不得减轻其刑。"① 对于原因自由行为的这种处罚立场，后为我国台湾地区"刑法"所承袭。只是与德、日的判例相比，虽然判决分析了原因自由行为的处罚根据，但原因自由行为的实行行为究竟是"原因行为"还是"结果行为"，判文多并未积极明示。

三、原因自由行为实行行为之再认识

以上较为详细地分析了原因自由行为的处罚根据，并探讨了各种处罚根据对原因自由行为场合实行行为的认识，相比较而言，我认为"意思决定说"更为可取。在对"意思决定说"进一步分析之前，有必要首先对其他学说作简要评析。

（一）是否将原因自由行为设定了具体罪名，是立法的问题

如前所述，各国刑事立法关于原因自由行为的规定有两种不同的方式：一种是在刑法总则中明确规定对于自招的精神障碍不适用有关无责任能力和限制责任能力的规定；另一种是将原因自由行为作为一种独立的犯罪予以规定。这两种立法模式都不失为解决原因自由行为的可行方法，尤其是后一种立法模式可以有效避免原因自由行为场合实行行为解释的困难问题。学者之所以会提出将原因自由行为设定为具体罪名，也许是出于这种考虑。但问题是，是否将原因自由行为设定为具体罪名，是个立法的问题，论者的建议对于立法者来说，或许可以说是一个值得重视的意见。但在现行立法没

---

① 参见苏俊雄著：《刑法总论Ⅱ 犯罪总论》，台大法学院图书部1997年版，第279页。

有将原因自由行为设定为具体罪名之前，刑法理论必须努力对原因自由行为的处罚根据及其实行行为作出合理说明，而不能将希望寄托在将来立法的修订，否则，无异于“画饼充饥”，并无实益。

（二）“不必要说”存在以下疑问

“不必要说”将需要用原因自由行为理论解决刑事责任的案件概括三种具体情形：醉酒的人、服用麻醉药品的人以及对药物有依赖的人，并且认为我国刑法第18条第4款的规定完全可以解决不同情形醉酒人的刑事责任。对于因服用麻醉药品而影响辨认或控制自己行为能力的人，根据我国主客观相统一的犯罪构成理论，其刑事责任也可以解决。对于那些对药物有依赖的人，由于辨认或控制自己行为的能力已经完全处于部分丧失，正常的状态已不复存在，没有适用原因自由行为的余地，以此认为不宜借鉴大陆法系原因自由行为的理论。但这种论述存在以下明显问题：

首先，我国刑法第18条第4款明确规定了醉酒人的刑事责任，的确能够为我国司法实践解决醉酒人的刑事责任问题提供刑法依据，但为何我国刑法要作出如此规定，其理论依据何在，并非没有从理论上进行说明的必要。

其次，论者认为“对于因服用麻醉药品而影响辨认或控制自己行为能力的人，根据我国主客观相统一的犯罪构成理论，其刑事责任也可以解决”，但如何根据主客观相统一的犯罪构成理论解决，论者并没有进一步分析，而这一点正是原因自由行为论题的疑点所在。

最后，按照论者的分析，那些对药物有依赖的人，由于辨认或控制自己行为的能力已经完全处于部分丧失，正常的状态已不复存在，论者认为没有适用原因自由行为的余地。但问题是：如果认为该种情形不属于原因自由行为，那么，在实践中对这类案件将如何处理？论者也没有回答。

（三）“例外说”不仅回避问题，而且有违罪刑法定

“例外说”以实行行为与责任同时存在为理论前提，提出处罚原因自由行为是该原则的例外，这种思维方式本身就存在问题，不

仅回避了问题，而且难以符合罪刑法定这一刑法根本原则的要求，显然不可取。

（四）原因行为充其量属于犯罪的预备行为

实行行为必须是对法益侵害具有现实危险性的行为，与间接正犯对实行行为的理解一样，所谓现实的危险必须是确定、急迫的危险，当某种行为对法益侵害的危险还无法确定时，或者确定的危险还没有达到紧迫的程度时，这种危险就不能认为是实行行为的危险。第一，在行为人自陷无责任能力的原因自由行为的场合，即使行为人意图犯罪而故意使自己陷入无责任能力状态，但由于行为人在其后将处于无责任能力状态，那么，在无责任能力状态实行人是否还能按照先前设定的行为行事由于还是个未知数，原因行为是否能够造成法益的侵害自然也难以确定。第二，在行为人自陷于限制责任状态的原因自由行为的场合，与前述情形不同，虽然原因行为和结果行为之间的意思存在一贯性，但法益侵害是否发生，还有赖于结果行为是否实施，原因行为同样不可能对法益侵害造成急迫的危险。

所以，与间接正犯的利用行为一样，原因行为，充其量也只能将其解释为其后犯罪创造便利条件的预备性质的行为。

（五）责任主义并非要求实行行为和责任必须同时存在，而是强调行为与责任同时存在。

从以上分析可见，实行行为与责任的关系问题是整个原因自由行为理论的核心话题，可以说，刑法理论对原因自由行为处罚的根据和其实行行为问题的讨论是围绕着该问题而展开的。从刑罚的目的和我国主客观相统一的刑法基本原则出发，我认为，责任主义必须得到维护，但责任主义的内涵并非是要求责任和实行行为同时存在，而是强调行为与责任同时存在。

1. 刑法的预防目的与责任主义的本质

所谓责任主义，即“没有责任就没有刑罚”的原则，简单地讲，是指即使某种行为符合刑法条文规定的构成要件给法益造成了侵害或者危险，但仅此还不能科处刑罚，对行为人科处刑罚还必须要求对行为人具有非难可能性。① 近代以来，责任主义已成为世界各国刑法的根本原则之一。从其内容看，责任主义原则又具体包括主观责任原则和个人责任原则。前者是指只有当行为人具有责任能力、故意、过失以及期待可能性时，才能对行为人进行刑罚非难；后者要求只能就行为人实施的个人行为进行非难。在原因自由行为的场合，需要探讨的是其与主观责任的关系问题。日本刑法理论对责任能力与实行行为关系的探讨也是集中于这一点。

所谓主观责任，即欲对行为人的行为进行非难，必须以行为人主观上存在过错、具有责任能力为前提。刑法之所以要强调主观责任原则，与刑法目的紧密关联。众所周知，刑法的重要目的在于保护法益，因此，刑法只处罚那些对法益造成侵害或者具有侵害危险的行为，也就是说，如果某种行为在客观上不可能对法益造成侵害或者没有法益侵害的危险，那么，该行为就不应当解释为犯罪。但是，在现实生活中，造成法益侵害的行为多种多样，有的是基于具有责任能力行为人的故意或过失的行为，有的是由于行为人意志意外的原因。为了实现刑法的预防目的，刑法不可能将一切具有法益侵害危险的行为都认定为犯罪予以处罚。比如，进行科学试验的行为也存在法益侵害的危险，但是法律并不禁止，否则人类社会将无法得到发展。又如，对于幼童的侵害行为，刑法同样不处罚，因为，处罚幼童的行为，不仅是不人道的，也同样无法起到预防法益侵害的效果。刑法只是将那些具有责任能力行为人故意或过失而导致法益侵害的行为规定为犯罪并予以处罚。因为立法者清楚地知道，只有将基于具有责任能力行为人故意或过失行为引起的法益侵害作为犯罪处罚，才能实现刑罚预防的目的。如果现实造成的法益侵害是人们在无责任能力状态下实施的，是行为时无法预见或无法控制的，即使对该类行为进行处罚，对于下一次同样的法益侵害人们还是无法回避。所以，立法者对刑法处罚范围的选择和设定，考

① 参见张明楷：《外国刑法纲要》，清华大学出版社 1999 年版，第 34 页。

虑到了犯罪预防的需要，充分体现了主观责任的初衷。

2. 责任主义旨在强调“行为与责任同时存在”，要求刑法非难的对象必须是基于具备刑事责任能力行为人的故意或过失行为引起的

既然刑法处罚的范围限于具有刑事责任能力行为人故意或过失引起的行为，那么，回答某种行为是否应当受刑罚处罚，关键就在于看该行为是否基于行为人的过错引起，在引起法益侵害的行为之时，行为人是否具有责任能力。当法益侵害是由于具有责任能力行为人的故意或过失造成时，就应当说存在刑法非难的基础和可能性。① 原因自由行为的场合，虽然行为人在实施结果行为时处于无责任能力状态或限制责任能力状态，但由于该种无责任能力状态或限制责任能力状态是基于意志自由的行为人故意或过失引起的，存在刑罚非难的必要性和基础。刑法通过对该行为的非难，旨在告诉行为人避免再为原因自由行为，否则同样会受到刑罚的惩罚。既然处罚原因自由行为同样能够实现刑法的预防机能，为何非要强调行为人的责任能力、故意或过失一定要贯穿于该行为因果进程的始终呢？

从犯罪行为的因果进程看，一个完整的犯罪行为往往开始于意思决定，经过预备前的行为、预备行为，再到实行行为，进而导致法益侵害结果的发生。具有责任能力的行为人故意或过失引起的行为在其因果发展进程中可能呈现两种情况：一是在行为发展过程的始终，行为人具备责任能力，对该行为也一直具有故意或过失；另一种就是在行为的始点上，行为人具备责任能力，具有犯罪的故意或过失，但在行为发展的进程中由于特定的原因，行为人不再具备责任能力，不再具有犯罪的故意或过失，原因自由行为就属于后一情形。责任主义强调行为和责任同在，旨在限制对某一法益侵害的行为恣意发动刑罚，维护刑法的人道，实现刑罚的预防和处罚的意

① 成立犯罪，当然，还必须符合其他要件，如期待可能性等，为了避免论述的累赘，成立犯罪的其他要件不一一列出。

义，但以此并不能必然得出在该行为发展的进程的始终，行为人都必须具备责任能力、具有故意或过失。正如前文佐伯千仞教授指出，在如杀人、强奸、放火等激情犯罪的场合，由于行为人极度的紧张和兴奋，在实行行为的瞬间，失去责任能力的情况也很多，原因自由行为在构造上并非是独一无二的。

实行行为是否必须和责任同时存在，应该是由对原因自由行为是否违反责任主义分析后的一种归结，而不应当是分析原因自由行为是否违背责任主义的前提。以“责任必须和实行行为同时存在”为前提来分析原因自由行为，在逻辑上实际上犯了本末倒置的错误，这也正是多年以来该问题得不到圆满解决的一个重要原因。①

在大陆法系，由于刑法处罚的行为原则上只限于实行行为，学者在思考责任与行为同时存在的原则时，难免会无意识地将行为只是限定为实行行为，从而很容易得出“实行行为和责任同时存在”的责任主义原则，正因为受到大陆法系刑事立法的制约，学者们一直难以跳出“实行行为与责任同时存在”原则的框架。在我国，由于我国刑法不仅处罚犯罪的实行行为，还原则上处罚犯罪的预备行为，我国的立法，在为我国刑法理论跳出“实行行为与责任同时存在原则”的思维桎梏提供了可能和便利的同时，也展示出了我国刑法承认“行为和责任同时存在”原则的必要性。以该认识为前提，主张“结果行为”属于原因自由行为的实行行为并不存在违反责任主义的问题。

上个世纪80年代，赵秉志教授就曾以醉酒行为为例，对于主

---

① 在刑法理论，存在相同逻辑错误的还有理论上对片面共同正犯法律性质的探讨。学者们一般认为由于共同正犯成立需要“相互”的意思联络，而在片面共同正犯的情形下，由于不存在“相互”的意思联络，所以，片面共同正犯中，即使具有片面共同认识的一方，也不能成立共同正犯，只能成立单独犯。其实，共同正犯是否需要相互的意思联络，是由是否承认片面共同正犯进而才能决定的，同样不应当是分析片面共同正犯法律性质的前提。参见何荣功：《论片面共同正犯的理论基础》，载高铭暄、赵秉志主编：《刑法论丛》（第9卷），法律出版社2005年版，第248页。

客观相统一的我国刑法基本原则在原因自由行为场合运用作过具体分析。他说："实施刑法所禁止的危害行为的醉酒人，他在醉酒前不仅能够控制自己的饮酒行为和饮酒程度，而且能够预见、应当预见甚至已经预见到自己在醉酒后可能或必然实施危害行为，有的甚至是故意醉酒来增加自己犯罪的勇气或者企图以此逃避法律的制裁，即他在醉酒前对醉酒后实施刑法禁止的危害行为，是在有责任能力的基础上存在故意或过失的犯罪心理态度的，其醉酒中危害行为的实施，正是受行为人醉酒前犯罪心理态度即主观要件支配的。"① 既然行为人在实施与结果的发生具有因果关系的行为时具有辨认控制能力，而且具有故意或者过失，就符合犯罪主体要件与主观要件。② 我认为，赵教授关于醉酒情形的解释同样可以在原因自由行为的其他场合中得到普遍适用。

第四节　共同犯罪中的实行行为

一、共同犯罪立法概述

共同犯罪作为一种社会现象，在当今世界各国的司法实践中都客观存在。它有别于单独犯罪，在单独犯的情况下，行为人只需要按照刑法分则的具体规定定罪量刑即可，但在共同犯罪的场合，由于行为人之间对共同犯罪的实施往往存在行为的分工，且不同行为人在整个共同犯罪中的作用也可能存在差异，因此，便产生了立法上有无必要对共同犯罪人进行分类以及应当如何科学分类的问题。

古罗马时期，刑法理论对共同犯罪人就存在"代理共犯"、"意见共犯"、"协行共犯"、"帮助共犯"、"核准共犯"、"隐匿共

① 赵秉志：《关于我国生理醉酒人刑事责任问题的研讨》，载《法学研究》1989 年第 1 期。

② 参见张明楷著：《刑法学》，法律出版社 2003 年版，第 199 页。

犯”的划分，① 但由于当时的立法并无共同犯罪具体类型的规定，责任主义思想也未受到重视，司法实践不论哪种共犯，都判处相同的刑罚，所以，理论上对共同犯罪人进行类型的区分在当时意义并不大。中世纪后期，由于人类认识能力的提高和审判经验的积累，特别是个人主义意识的觉醒，需要对共同犯罪人进行区分的观念逐渐得到重视。当时意大利法学将罗马法注释研究用于刑法，开始将正犯与狭义的共犯相区别，认为正犯不仅包括共同正犯，还包括利用奴隶、被胁迫人或无责任能力人作为工具的间接正犯；而狭义的共犯可分为 mandatum，consiliaum，auxilium。② 这种区分正犯与狭义共犯的观念对后世的刑事立法产生了深远的影响。1532 年德国的《加罗林纳法典》第 177 条规定：“明知系犯罪行为，而帮助犯罪行为者；无论用何种方式，均应受刑事处分，其处分按行为者之刑减轻之。”③ 该规定被后世学者认为是人类刑事立法史上首次明确了将共同犯罪人区分为行为者和帮助者的思想，提出帮助者之刑较实行者之刑减轻的刑法处罚原则。④

近代以来，虽然大陆法各国法律一直承袭罗马法以来的传统，但在有关共同犯罪分类的问题上，各国立法仍然存在较大的分歧，归纳起来，主要有“单一的正犯体系”和“正犯·共犯分离的二元参与体系”的对立。

“单一正犯体系”，理论上又称“统一的正犯体系”、“包括的正犯体系”、“排他的正犯体系”等。该体系以等价值因果关系为

---

① 参见许鹏飞著：《比较刑法纲要》，商务印书馆 1936 年版，第 138 页。

② 参见蔡墩铭著：《共犯立法之变迁》，载《现代刑法思潮与刑事立法》，台湾汉林出版社 1977 年版，第 296 页。

③ 参见许鹏飞著：《比较刑法纲要》，商务印书馆 1936 年版，第 139 页。

④ 参见马克昌：《刑事立法中共同犯罪的历史考察》，载《武汉大学学报》（社会科学版）1983 年第 4 期。

基础，不区分正犯与共犯，① 强调对导致构成要件因素的实行相关的所有加功行为，不论参与分工角色的重要性如何，一律视为正犯。至于各个正犯对犯罪加功程度、参与犯罪的角色与分工，待量刑时再作考量。具体看，单一正犯体系具有以下重要特征：（1）凡对犯罪成立赋予条件的，皆为正犯；（2）该体系并不重视行为形态的区别；（3）在犯罪的成立上，依各个正犯的行为个别论之；（4）对各个正犯适用同一法定刑；（5）量刑上，依各个正犯的加功程度、性质而定。②

单一正犯体系将所有参与同一犯罪的行为人都视为正犯，因此，在理论上和实践中就避开了正犯（包括共同正犯）与共犯区分的难题，也避免了有关共犯从属性问题的争论，间接正犯、正犯后正犯等概念也就没有了存在的必要与意义，在方法论上可以说简单实用。但是，单一正犯体系不区分正犯与共犯的做法，却遭到主张正犯·共犯分离二元体系学者的异议。他们认为：（1）单一正犯体系忽视犯罪行为类型的意义，在实践中完全将各种具体行为参与程度的评价与量刑委任于法官，与法治国思想相矛盾；（2）单一正犯体系将所有参与犯罪的行为人视为正犯，不受从属性之限制，可能导致所有参与未遂（如帮助未遂）成为可罚，扩大了刑罚处罚的范围；（3）单一正犯体系仅以因果关系、法益侵害的结果无价值理解犯罪的本质，忽视了犯罪类型具有的行为无价值特征；③（4）单一正犯体系并不处理行为人在刑事制裁上的资格问题，而将该问题拖延到刑罚裁量领域，这就需要在刑罚裁量上制定一系列规则，如何科学制定裁量规则，也并非是一件简单的事情，

---

① 在大陆法中，共犯的概念有广义和狭义之分，广义的共犯包括共同正犯、教唆犯和帮助犯；狭义上仅指教唆犯和帮助犯，若无特别说明，本章是在狭义上使用。

② 参见［日］高桥则夫著：《共犯体系与共犯理论》，成文堂 1988 年版，第 6 页。

③ 参见陈子平：《从共犯规定论正犯与从犯之区别》，载蔡墩铭主编：《刑法争议问题研究》，台湾五南图书出版公司 1998 年版，第 254—255 页。

说不定制定这些刑罚裁量规则以及制定之后可能衍生的问题比区分正犯与狭义共犯的问题还要多;① （5）单一正犯体系将量刑标准变得粗糙，排除了对教唆犯和帮助犯减轻处罚的可能性。②

由于“单一的正犯体系”被广泛认为存在上述问题，在近现代的立法上，只是为意大利、奥地利、挪威、丹麦和巴西等少数大陆法系国家的刑法典所采用。

“正犯·共犯分离的二元参与体系”认为，在罪刑法定原则及责任主义的要求下，刑法对一项犯罪行为的法律后果，若能按各个参与者的不法和责任内容，尽量予以个别分开规定，则更能贯彻责任刑法的基本原则。③“正犯·共犯分离的二元参与体系”以实行行为为中心，将共同犯罪分为不同形态，这些具体共同犯罪形态不仅存在概念性区分，在刑罚评价上也有重要差别。从当今世界各国的立法现状看，采用“二元参与体系”国家或地区的刑法对共同犯罪多是采取三分法，其中，多数如德、日及我国台湾地区是将广义的共犯区分为共同正犯、教唆犯和帮助犯的具体类型，而少数如西班牙刑法采取的是将共同犯罪人划分主犯、共犯和隐匿犯的类型。

“单一的正犯体系”中不区分正犯与共犯，主张一切共同犯罪人在本质上都是正犯，一切共同犯罪行为实际上都是实行行为，理论上区分共同犯罪实行行为与非实行行为的意义也被否定，因此，探求实行行为与非实行行为界限主要是以德、日为代表的采取“正犯·共犯分离的二元参与体系”国家和地区刑法学者的任务。

---

① 参见林山田著:《刑法通论》（下），台大法学院图书部 2001 年版，第 41—42 页。

② 参见［德］汉斯·海因里希·耶赛克、托马斯·魏特根著，徐久生译:《德国刑法教科书》（总论），中国法制出版社 2001 年版，第 778 页。

③ 参见苏俊雄著:《刑法总论Ⅱ—犯罪总论》，台大法学院图书部 1998 年版，第 401 页。

二、共同犯罪中实行行为的内涵

共同犯罪中实行行为的问题需要重点关注两种情形：第一，在共同犯罪中，只有一个实行犯（正犯），其余是教唆犯和帮助犯的情形；第二，存在两个以上的实行犯，形成共同实行（共同正犯）的场合。对于前者，有关实行行为的探讨，重点就是要解决实行犯（正犯）与教唆犯和帮助犯的区别标准；对于后者，需要探讨的是共同实行行为的内涵、特征等问题。

（一）大陆法正犯（共同正犯）与共犯区分的学说

实施犯罪实行行为的为正犯（或共同正犯），实施教唆行为和帮助行为的成立教唆犯和从犯，即共犯，因此，厘清了正犯与共犯，特别是正犯与从犯的界限，是认识共同犯罪实行行为的前提。在德、日刑法中，共同犯罪实行行为的问题正是以正犯与共犯（特别是从犯）区分为背景认识的。

在“正犯·共犯分离的二元参与体系”中，应当如何理解正犯与共犯或者说实行行为和非实行行为的界限，“主观说”和“客观说”有着截然不同的认识。

1. 主观说

也称“意志理论”，该理论从因果关系条件说的立场出发，认为，在共同犯罪中，原因与条件对于结果的发生均是等价的，根据犯罪的客观方面区别正犯与共犯是不可能的，对正犯与共犯的区分应求之于主观的标准，以行为人的故意内容和行为目的、利益的差别探求正犯与共犯的区别。其中又有“故意说”和“目的、利益说”的具体差别。

“故意说”认为，凡以自己犯罪的意思实施犯罪的，成立正犯；而以加功他人犯罪的意思实施犯罪的，是从犯。“目的、利益说”则主张，希望凡以犯罪的动作是为达成自己独立的目的、利益的是正犯；为了他人的目的、利益实施犯罪的，是从犯。①

---

① 参见［日］木村龟二著、阿部纯二增补：《刑法总论》，有斐阁 1978 年版，第 374 页。

由于共同犯罪中实行行为的界定和正犯与从犯的区分实际上是一个一体两面的问题，因此，若根据主观说，只有以自己犯罪的意思或者为达成自己独立的目的、利益而实施的行为，才可以理解为是犯罪的实行行为。

“故意说”为德国著名学者布黎于1885年在《因果关系及其刑法上之关系》一文中首倡，后来得到德国帝国法院判决的支持。现在德国的联邦法院大体上采取的也仍然是这种主张。但“故意说”以及“目的、利益说”仅根据行为人的主观方面区分正犯与共犯以及实行行为与非实行行为，完全忽视了行为的客观特征，一直都遭到学者们的强烈批判。

第一，西方学者指出：“……这种学说不仅不能区分正犯与共犯，有时甚至会得出荒谬的结论，例如，某甲从商店为妻子盗窃了珍珠项链，其妻未参与任何行为，会得出甲是盗窃从犯，此案并不存在正犯的错误结论。”①

第二，在我国，该学说也受到学者们的广泛批评：“所谓犯罪的意思、目的或利益只是行为人参与共同犯罪的主观原因，属于犯罪动机的范畴，并不具有决定犯罪形态的意义。”② 并且，以犯罪的意思和意图作为标准，缺乏规范根据，在实践中也难以把握，“无法保证法律适用的安定性与平等性”③。

现在，理论上采取纯粹“主观说”的学者已不多见。

2. 客观说

也称“客观说”，与“主观主义共犯论”不同，“客观主义共犯论”提出应以行为的客观方面来区分正犯与共犯，但在其内部，又存在“形式的客观说”和“实质的客观说”的具体分歧。

（1）形式的客观说

---

① 参见马克昌著：《比较刑法原理—外国刑法学总论》，武汉大学出版社2003年版，第625—626页。

② 刘凌梅著：《帮助犯研究》，武汉大学出版社2003年版，第198页。

③ 刘凌梅著：《帮助犯研究》，武汉大学出版社2003年版，第198页。

认为构成要件的实施与支持性行为，在客观上有不同的表征，正犯与共犯只需要从形式上考察，没有必要考量行为人在犯罪过程中的作用与地位问题。其中又有以下相异见解：

其一，“构成要件说”。认为正犯与共犯的界限应由具体犯罪的构成要件决定。正犯是实行构成要件行为之人，其观念为刑法分则各罪所明定，至于行为人动机或目的何在，系为自己或他人利益，在所不问；反之，共犯并不担任构成要件行为之实行，即使与所参与的行为有直接利害关系，也不因此而成立正犯。①

其二，“时间说”。正犯与共犯的区别，应就实行犯罪的时间求其标准，凡在他人实行犯罪前为加功者，对于犯罪有间接关系，故为从犯；在他人实行犯罪之际为加功者，与犯罪已有直接关系，故为正犯。换言之，在他人实行犯罪之际为帮助行为者，即使未参与实行，亦为正犯，只有实行犯罪前为帮助行为者，始成立从犯。②

“形式客观说”由于其意旨符合早期罪刑法定主义理念，其中正犯与共犯的界限也可谓泾渭分明，加之由贝林格（Bling）、迈耶（M. E. Mayer）以及李斯特（F. von List）等刑法学大师的倡导，曾一度是德国旧时刑法理论上的通说。在日本，“形式客观说”长期以来也一直得到不少学者的支持，直至今日著名学者山中敬一教授仍然坚持认为“正犯与从犯的区别，以行为者是否实施实行行为来区分的形式客观说是妥当的”。③ 但在德、日刑法中，若坚持“形式客观说”对正犯行为的理解，则共同犯罪中幕后的主谋者的刑事责任将无法确定，特别是在集团犯罪中，组织、领导犯罪集团的幕后大人物往往并不实施实行行为，在形式客观说的理

① 参见韩忠谟著：《刑法原理》，台湾雨林美术印刷有限公司 1986 年版，第 282 页。

② 参见韩忠谟著：《刑法原理》，台湾雨林美术印刷有限公司 1986 年版，第 282 页。

③ ［日］山中敬一著：《刑法总论Ⅱ》，成文堂 1999 年版，第 861 页。

论中刑法充其量只能将其评价为教唆犯，但这将导致“犯罪之元恶巨憝居于幕后主持地位，将不成为正犯，而鹰犬爪牙之辈反成为制裁之主体，显然未得其平”。①为了适应今日共同犯罪发展的客观实际，现在采取“形式客观说”的学者也越来越少。

（2）“实质的客观说”与“行为支配论”

①关于“实质的客观说”。“实质的客观说”为德国学者提起，现多为日本学者采用，强调区分正犯与共犯的标准，应从实质意义上考察。但对实质意义的理解不同，又有以下几个具体判断标准：

a、“因果关系说”。这是德国学者毕克迈耶的观点。认为行为对结果赋予原因者为正犯，赋予条件者为从犯。至于原因与条件的区分，毕克迈耶则提出了最有力条件说。②

b、“重要作用说”。以完成犯罪行为实际上之效果，作为区别正犯与从犯之标准。对于犯罪之完成（实行）予以重要之影响者为正犯；予以轻微之影响者为从犯。③

c、“危险性程度说”。这是日本学者高桥则夫提出的见解，认为共同正犯与从犯的区别在于二者对法益侵害的危险性程度不同，共同正犯的场合，是从参与者自身固有的部分行为中产生了危险的增加；与此相对，帮助行为则是对止犯行为的危险的增加。④

②关于“行为支配论”。“行为支配论”是当今德国学者提出的认定正犯（或共同正犯）行为的理论基础。现在，为德国学者广泛接受的是由洛伯（Lobe）创立、洛克辛（Roxin）加以改进的多元正犯原理的行为支配论。洛克辛的多元正犯原理的行为支配

---

① 参见韩忠谟著：《刑法原理》，台湾雨林美术印刷有限公司 1986 年版，第 209 页。

② 参见马克昌主编：《西方刑法学说史略》，中国检察出版社 1996 年版，第 219 页。

③ 参见洪福增：《共同正犯与从犯之区别》，载刁荣华主编：《“最高法院”判例研究》（下），台湾汉林出版社 1983 年版，第 102 页。

④ 参见［日］高桥则夫著：《共犯体系与共犯理论》，成文堂 1988 年版，第 322 页。

论，简单地讲，以限制正犯的概念为基础，立足于目的行为论的立场，将行为支配作为正犯成立的决定性要素。“正犯是指在对于整个犯罪过程具有操纵性之行为支配地位之人，该行为人对于是否从事犯罪与如何进行犯罪，以及对于犯罪之结果与目的，均具有决定性之角色或地位，能够依其意愿阻止和加速实现的进程；而共犯则不具有犯罪支配地位，他是否实行与如何实行构成要件该当行为，则取决于他人意思之决定，共犯行为人在整个犯罪过程中只充当边缘角色，对犯罪的发生或进行仅起到诱发或促进作用。”① 在行为支配论看来，某种行为是否可以评价为正犯的实行行为，关键在于该行为在犯罪的过程中是否居于支配地位，具有决定作用。

与“形式客观说”对正犯行为的理解相比较，“行为支配论”和“实质客观说”从实质的意义上理解实行行为，的确可以为解决犯罪集团幕后人物刑事责任问题提供理论依据，也可以在一定程度上避免刑罚处罚的漏洞和不均，在德、日现行立法体例下，“行为支配论”和“实质客观说”确实具有其存在的价值及合理性。但由于“行为支配说”和“实质客观说”中的“支配”和“实质”都是价值色彩浓厚的概念，往往需要由法官进行自由判断，而判断的标准能否为法官明确掌握，一直为反对论者所怀疑。如针对德国刑法学上的行为支配论，理论界就存在以下疑问：

其一，“行为支配论”是以“目的行为论”为理论基础的，但由于“目的行为论”本身的理论科学性还疑问重重，以“目的行为论”作为“行为支配论”的理论前提，是否存在坚实的理论根基?②

其二，目的行为支配论中的行为支配是现实的行为支配还是可能的行为支配，也是不明确的。如果把行为支配解释为现实的行为

① 林山田著：《刑法通论》（下册），台大法学院图书部 2001 年版，第 49 页。

② 参见张明楷著：《刑法的基本立场》，中国法制出版社 2002 年版，第 290 页。

支配，则支配行为只限于既遂的场合，也就是说，只有既遂的行为才是正犯的实行行为，未遂行为由于不具有现实的行为支配，就不是正犯实行行为；如果说行为支配是可能的行为支配，则过失行为也是支配行为，如果这样的话，根据这种可能的行为支配对过失犯也可能区别正犯和共犯，然而这就破坏目的行为论的基本思想，因为目的行为论主张只有对故意犯才存在区分正犯与共犯的可能与必要。①

其三，行为支配论认为正犯行为是实施了有目的的支配的行为，而教唆犯和帮助犯是未实施支配行为者，但在现实情况中，教唆犯与帮助犯是否完全不可能评价为实施了支配行为，也值得进一步研究。② 如甲故意教唆乙杀丙，在这种情况下，在甲的教唆行为中，甲预先认识到让乙去杀丙，这种预先认识到的使乙决意杀丙的行为目的，促使乙选择或行使必要的手段方法并使乙产生杀丙的决意，若这种行为仍然不能被评价为支配行为，那么，支配的概念究竟应当如何理解实际上成了一个无法确定的概念。

也许正是考虑到“实质的客观说”和“行为支配论”存在上述学者们所提出的种种疑问，虽然在今天的德、日刑法理论上“实质的客观说”和“行为支配论”已占据通说地位，但却一直未能得到刑事司法实践的重视。在德国，虽然近期的判例有日益重视行为客观方面的趋势，但联邦法院主要还是承继着帝国法院时期的主观标准说。③ 在日本，判例也同样是以主观的标准即是为自己犯罪还是为他人犯罪来区分正犯（共同正犯）与从犯以及共同犯罪

---

① 参见［日］木村龟二主编，顾肖荣等译：《刑法学词典》，上海翻译出版公司1991年版，第330—331页。

② 参见［日］大塚仁著，冯军译：《刑法概说（总论）》，中国人民大学出版社2003年版，第239页。

③ 参见［日］佐佐木养二著：《共犯论序说》，南窗社1990年版，第263页。

中的实行行为与非实行行为的。①

(二) 我国共同犯罪实行行为的理解

1. 概述

我国刑法以共同犯罪人在共同犯罪中的作用为主要标准，同时兼顾共同犯罪人在共同犯罪中的分工，将共同犯罪人分为主犯、从犯、胁从犯、教唆犯等法定形态，并无正犯或共同正犯的明确规定。但既然我国刑法规定有教唆犯，那么，对共同犯罪人进行分工分类在我国仍然具有重要意义；并且在我国的司法实践中，司法机关在认定共犯人行为的社会危害性程度大小时，一般也是先看行为人是实行犯、帮助犯，还是教唆犯、组织犯，然后再分析他们在共同犯罪中所起的作用大小，进而认定为是主犯、从犯还是胁从犯。② 因此，在我国共同犯罪中研究实行行为，对于准确认定共同犯罪人的行为性质、实现对共同犯罪人的科学定罪与量刑仍然具有重要意义。

从我国学者现有的研究成果看，有关正犯（或共同正犯）与教唆犯和从犯区分标准的认识，远不如德、日刑法那样学说林立，目前学者们大多是从构成要件的立场出发对共同正犯行为进行理解的，即认为共同正犯行为即为共同实行行为，是共同实现刑法分则规定的构成要件的行为。有学者在对德、日刑法关于正犯与共犯区分的学说进行研究之后强调，我国没有必要对正犯和实行行为的概念进行扩张。论者认为，德、日刑法之所以要对正犯和实行行为的概念作出扩张解释，很大程度上是出于社会实践处罚犯罪集团中的幕后人物的需要。在我国，由于刑法规定了组织犯这种犯罪人形态，这就为司法实践中认定集团犯罪中幕后人物的刑事责任提供了法律依据，德、日刑法对正犯进行扩张解释的必要性在我国并不存

① 参见［日］山中敬一著:《刑法总论Ⅱ》，成文堂 1999 年版，第 860 页。

② 参见张明楷:《教唆犯不是共犯人中的独立种类》，载《法学研究》1986 年第 3 期。

在，论者认为，坚持对正犯行为作传统意义的理解，既符合罪刑法定对实行行为定型的要求，也能够满足司法实践的需要。相反，若对正犯从实质意义上理解，采取德、日刑法理论中的行为支配论或实质客观说，则如我国学者强调可能混淆组织犯与正犯的界限。①

2. 我国学者的理解

在我国，虽然对共同实行行为在我国并无不同认识，都是将其理解为是指共同实现刑法分则规定的构成要件的行为，但具体到对“刑法分则规定的构成要件行为”（以下简称“构成要件行为”）的解释，在刑法理论上却还是存在较大争论。

第一种观点认为，所谓构成要件的行为，除发生犯罪结果的原因行为以外，还包括发生在犯罪现场的其他行为，如有学者明确指出，在盗窃一类的共同犯罪中，直接动手窃取公私财物的人或者站在墙外接运赃物的人以及当场分散事主注意力的人，都是实行犯。②

另一种观点强调，所谓构成要件的行为，仅指对于发生犯罪结果有直接原因力的行为，如有学者说：“实行行为是指属于犯罪结果发生的直接原因的行为，共同犯罪的结果是实行行为直接引起的。”③

陈兴良教授则提出：“在以犯罪构成要件作为标准区分正犯与共犯的时候，应当根据法律对某一犯罪的构成要件之规定，结合犯罪的事实特征，以便得出正确的结论。”④

3. 评析

我认为，上述第一种观点，实际上是以犯罪行为实施的时间作

---

① 参见刘凌梅著：《帮助犯研究》，武汉大学出版社 2003 年版，第 204 页。

② 参见杨春洗主编：《刑法总论》，北京大学出版社 1981 年版，第 206 页。

③ 参见王泰：《论共同犯罪的客观特征》，载《河北法学》1983 年第 2 期。

④ 陈兴良著：《本体刑法学》，商务印书馆 2001 年版，第 527—528 页。

为正犯与共犯的区分标准，凡在他人实施犯罪中予以加功的为正犯，而其行为即为实行行为，这种观点混淆了实行行为与帮助行为质的规定性，也否认事中帮助犯存在的可能性。

第二种观点将直接引起犯罪结果的行为界定为正犯的行为，在单独正犯的场合，应当说是合理的。但在共同正犯的情况下，其缺陷却是显而易见的，如甲、乙基于杀丙的共同故意开枪杀丙，由于甲枪法不准未能射中，结果由乙射出的子弹将丙打死，本案中，虽然甲的行为与丙的死亡之间无直接因果关系，但甲仍然成立（共同）正犯是没有疑问的。

陈兴良教授坚持以构成要件作为正犯与共犯区分的标准，强调对构成要件行为的理解要结合刑法分则的规定，符合了我国刑法对实行行为与非实行行为的实际规定，应当说是可取的，但是，其没有对具体构成要件行为的实质特征作出解释，则是其不足。

如本书第一章的分析，实行行为是刑法分则规定的对法益侵害具有现实危险的行为。实行行为的理解需要从形式和实质两个方面进行。其中，为刑法分则所规定，是实行行为的形式特征，是判定某种行为是否为实行行为的法律依据。对法益侵害具有现实的危险，是实行行为的实质特征，是实践中认定实行行为的需要，对于共同犯罪中实行行为的理解同样需要坚持这一基本立场。

与单独犯对实行行为的理解一样，第一，所谓“分则构成要件的行为”，从形式上看，即指具体罪状所载明或由理论予以概括的具体犯罪行为。① 如故意杀人罪的杀害行为，盗窃罪的秘密窃取财物的行为，强奸罪的暴力、威胁行为和强行性交的行为等。尚未着手实行犯罪的预备行为以及没有实施刑法分则构成要件行为的教唆行为和帮助行为，除刑法分则有特别规定外，不应当称其为“构成要件的行为”。第二，“分则构成要件的行为”的具体范围，同样，除了包括“实行性”的实行行为外，还应当包括“帮助性

① 参见林亚刚：《犯罪预备与犯意表示、阴谋犯》，载《国家检察官学院学报》2003 年第 4 期。

的”实行行为、“组织性的”实行行为、“教唆性的”实行行为、“预备性的”实行行为。第三，在实质上，共同犯罪的实行行为必须是对法益侵害具有现实危险的行为，所谓现实的危险，同样要求行为对法益侵害具有客观性、定型性、紧迫性特征。①

但是，共同犯罪毕竟不同于单独犯，共同犯罪特别是共同正犯的场合，共同实行行为是通过行为人相互利用、相互补充而形成的，行为人刑事责任的承担需要遵循“部分行为全体责任”的原则，因而，共同犯罪中的犯罪实行行为必然具有不同于单独犯的显著特征。具体而言：

其一，在并进的共同实行行为中，由于各个行为人的行为都充足具备犯罪构成客观方面实行行为，因而同单独犯的实行行为的表现形式并无区别，共同实行行为，就是指各个实行行为人都实施了刑法分则规定的构成要件的行为，每一个行为人的行为都会对法益的侵害存在现实的危险。

其二，在分担的共同实行行为情况下，由于各共同行为人在着手实行犯罪时，实行行为内部存在分工，因而对实行行为的认定，并不要求行为者实施了客观构成要件的全部，只要行为人实施了构成要件的一部分，就应认定为是共同犯罪实行行为。并且，各个分担的实行行为，在地位上是相互平等的，不存在从属关系，即都是实行行为，而非帮助行为。在犯罪结果发生的场合，也不要求所有的分担实行行为与犯罪结果的发生具有直接原因力。在分担实施实行行为的场合，法益侵害的现实危险是通过行为的整体表现出来的，单纯的考察个别行为人的实行行为，并不一定都存在法益侵害的现实危险。比如甲乙行为人共同实施对丙的诬告陷害行为，甲负责编造犯罪事实，乙负责向司法机关告发。若单纯考察甲的行为，只是编造犯罪事实而不实施告发的，就不具有法益侵害的现实危险。

其三，在共谋的实行行为中，即二人以上共谋实行某种犯罪行

① 关于实行行为实质解释，请参见第二章第一节的相关论述。

为，当只有一部分人基于共同的意思实行了犯罪，由于共同实行行为整体性决定了没有直接实行刑法分则规定的犯罪实行行为的共谋者，也可能被评价为共同犯罪的实行行为。同样，若孤立地理解仅参与共谋者的行为，就不能说其具有法益侵害的现实危险。这一点将在后文再作详细探讨。

三、共同实行行为的类型

在刑法理论上，根据不同的研究目的和划分标准，共同实行行为可以作不同的分类。我国台湾学者甘添贵教授将共同正犯的客观行为具体分为以下四种：（1）共同或分担行为；（2）全部或一部分行为；（3）作为或不作为行为；（4）物理或心理原因行为。①而蔡墩铭教授则将其行为分为两种：并进型和后继型。前者包括竞争式和合作式两种具体模式；后者则可分为接力式和轮流式两种形态。②

在大陆，有学者根据实行行为的特征，将共同实行行为具体分为：分担的实行行为、并进的实行行为、先行的实行行为、承继的实行行为。③ 也有学者择共同实行行为的主要方面，将其分为：（1）依是否实施实行行为为标准，可划分为共谋的共同实行行为和实行的共同实行行为；（2）依是否有原始实行行为，可划分为偶然共同的实行行为和继承的共同实行行为。④ 我认为，上述我国学者采取的第一种分类法，虽然将共同实行行为的类型作了区分，但遗憾的是并没有指出区分的标准，相比之下，后一种分类法则更

① 参见甘添贵：《共同正犯之客观行为》，载《月旦法学杂志》第12期。

② 参见蔡墩铭：《犯罪心理学》（下），台湾黎明文化事业股份有限公司1979年版，第641—642页。

③ 参见陈兴良著：《共同犯罪论》，中国社会科学出版社1992年版，第92—93页。

④ 参见林亚刚：《共同正犯相关问题研究》，载《法律科学》2000年第2期。

为可取。根据学者们的相关研究成果，从我国共同犯罪的司法实践出发，我认为，对共同实行行为作以下区分是很有必要的。

（一）根据实行行为人是否亲自实施犯罪构成要件的行为，共同实行行为可以进一步分为实行（普通）的共同实行行为和共谋的共同实行行为

所谓实行的共同实行行为，是指各行为人都实施了符合犯罪构成要件行为的情况。根据共同实行行为整体性的特征，这里的实行行为，不以实施全部构成要件的行为为必要，也包括仅实施一部分构成要件行为的情形。

所谓共谋的共同实行行为，如前所述，是指二人以上共谋实行某种犯罪，只有一部分人基于共同实行的意思实行了犯罪实行行为，由于共同犯罪整体性的要求，即使没有直接实行刑法分则规定的犯罪实行行为的共谋者也要被认定为成立共同实行行为的情况。

（二）根据是否存在原始的实行行为，共同实行行为可分为先行（原始）的实行行为和承继共同实行行为

先行的实行行为，是指各个共同行为人在形成共同犯意后，继而共同实行一定犯罪的情况。

所谓承继共同实行行为，是指先行行为者实施了部分犯罪后，后行为者具有与先行行为者之间的意思沟通继而参与实行剩下的部分犯罪的情况。如甲以抢劫的故意对丙实施暴力行为之后，乙以共同实行的意思参与犯罪，取走了丙的财物。

在承继共同实行行为的情况下，后行为人对其参与之前的由先行行为人实施的实行行为，以及由此实行行为引起的结果是否承担共同犯罪的刑事责任？在刑法理论和实践中一直有争议。

全部肯定说认为，后行为人对全部行为成立共同正犯，也要对其参与之前先行为人的行为承担责任。在上述案例中，乙成立抢劫罪的共同正犯，即使在先前甲的行为导致了丙的死亡，乙也要承担丙死亡的责任。全部否认说认为，共同正犯的成立必须要求行为人在主观上存在意思的联络，行为人只应当对在共同意思支配下的行为承担共同的责任。承继共同实行行为的场合，对于先行的事实，

后行为人与先行行为人并不存在意思联系，无法形成共同犯罪的事实，所以，后行为人对先行为人实施的犯罪及其结果不应当承担责任。部分肯定说认为，在一般情况下，由于后行为人与先行行为人不存在意思联系，没有共同犯罪关系，所以，后行为者不能对先行为者的行为承担责任，但在某些特定情形下，如犯罪属于结合犯、犯罪具有持续效果时，行为人就全部犯罪事实成立共同正犯，后行为者应当对先行为者的行为承担责任。比如，甲以强盗的目的对乙施加暴行，抑制了乙的反抗，此时与丙形成了共同的犯罪意思，将财物共同取走，甲、丙同时成立抢劫罪共同正犯，丙应对甲的暴力行为承担责任；又如，甲以非法占有乙财物的目的骗取了乙的信任后，甲、丙共同将乙的财物取走，甲、丙共同成立诈骗罪。

我认为，一行为人是否应当对其他行为人的行为承担责任，关键在于考察二者是否存在共同犯罪的关系，只有行为人在共同犯罪意思支配下实施了具有相互利用、加功的行为，才存在承担共同责任的主客观基础。我并不否认承继共同正犯和承继共同实行行为成立的可能性，但承继的共同正犯和承继的共同实行行为也只能在共同意思形成后的阶段才有存在的可能性，刑法必须禁止回溯到先前的行为认定共同犯罪关系，以此为前提，我坚持否定说的观点。

对于部分肯定说列举的上述两个案例，我认为，前一案例中，丙取走财物的行为充其量只能认定为属于盗窃罪的行为；后一案例中，由于丙没有实施使甲陷入认识错误的行为，欠缺成立诈骗罪的本质要件，因此，无论是其单独或者与甲共同取走财物的行为，充其量只能评价为诈骗罪的帮助行为，属于事中帮助犯。

（三）根据共同实行行为内部是否存在分工，将共同实行行为分为并进（全部）的实行行为和分担的实行行为

所谓并进的实行行为，是指共同犯罪中不同的参与者实施都是充足犯罪客观要件的行为。在复行为犯，如抢劫罪的场合，成立并进的实行行为，必须是行为人既实施了暴力、胁迫等手段行为，也实施了劫取财物的目的行为。

所谓分担的实行行为，指共同犯罪人在实行犯罪时不以实行全

部行为为必要，而是在实行行为内部存在分工的实行行为。在分担实行行为的场合，虽然每个行为人没有实施全部的实行行为，但由于共同实行犯罪意思的存在，每个参与者仍然要对整个犯罪的实行行为承担刑事责任，即“部分行为全体责任”。

另外，在理论上，学者们还将共同实行行为分为任意共同实行行为和必要共同实行行为，① 相互共同实行行为和附加的共同实行行为，累积的共同实行行为和择一的共同实行行为。② 这些分类从不同的角度揭示了实行行为的涵义，对于全面认识实行行为具有积极意义，不再一一分析。

四、共同实行行为的法律特征

共同实行行为是共同正犯区别于教唆犯和帮助犯的客观事实基础，也是共同正犯必须承担“部分行为全体责任”的事实根据。共同实行行为不同于单独实行行为的特点在于：共同实行行为虽然由不同行为主体实施，但是由于共同实行意思的存在，使各实行行为之间相互利用、相互补充，形成了一个有机统一整体。也就是说，行为者不仅自己实施犯罪的实行行为，而且是将他人的实行行为作为自己的行为，从而共同实现了犯罪，此时，无论是哪一方的实行行为，其性质和归宿都已经发生了质的变化，即一方的实行行为不仅是其自身实现犯罪、承担刑事责任的根据，而且事实上成为他方实行行为不可分割的一部分。具体看，共同实行行为具有以下重要特点：

（一）行为的整体性

共同实行行为由不同的主体实施，因而在实施共同实行行为时，不同行为人的具体实行行为就可能存在一定的差异。从不同行

---

① 参见陈弘毅著：《刑法总论》，台湾鼎茂图书出版公司 1998 年版，第 216 页。

② 参见陈家林著：《共同正犯研究》，武汉大学出版社 2004 年版，第 100—101 页。

为人实施具体行为的时间上看，有的实行行为在前，而有的实行行为在后；从具体行为人实行行为的性质上看，有的实施的可能是此种手段行为，有的可能实行的是彼手段行为；从具体实行行为所包含的内容看，有的实施的是部分实行行为，有的实施的是完整的实行行为，但是，上述种种差异并不影响共同实行行为的法律性质。即由于共同犯罪意思的存在，各人的行为都是共同实行行为的部分行为，在共同意思的范围内结合为一个整体。我国有学者曾从行为分担的角度对此作过形象而精辟的论述，实行行为中的分工属于小分工，而正犯与共犯之间的分工是大分工。① 小分工是在共同实行行为整体性制约下的行为具体分担，就行为的法律性质而言，并无差别。

正确认识共同实行行为的整体性有重要意义：

首先，有助于正确认定犯罪的性质。日本学者泷川幸辰在阐述对共同实行行为从整体性上认识的必要性时，就日本刑法第 60 条规定指出："……它不是无用的规定，所有的共同者满足了构成要件的全部时，例如只在三个盗窃者一起把大行李包裹运出去的时候适用的话，这个规定是无用的；但是在各行为人有分工且分担不同的角色并各自实现构成要件一部分时，例如第一个行为人破坏行李包裹的锁，第二个行为人取出物品，第三个行为人运出去的时候，这个规定就必要了。"② 西田典之教授也同样指出，甲、乙在意志互有串通的情况下，甲用手枪胁迫丙，乙从丙夺取财物时，甲、乙共同完成了抢劫罪。但如把甲、乙的行为分别来看的话，他们的行为仅分别构成胁迫罪（日本刑法第 222 条）和盗窃罪（日本刑法第 235 条），但从共同实行行为的整体性来看，在这种情况下，

① 参见高铭暄：《刑法总论精义》，天津人民出版社 1986 年版，第 175 页。

② ［日］泷川幸辰著，王泰译：《犯罪论序说》（下），载高铭暄、赵秉志主编：《刑法论丛》（第 4 卷），法律出版社 2000 年版，第 436 页。

甲、乙应当按抢劫罪处罚。①

其次，有助于正确把握共同正犯的犯罪形态，特别是共同正犯的犯罪停止形态。比如犯罪中止，在单独犯的情况下，根据我国刑法的规定，只要行为人自动放弃了犯罪或者有效防止了犯罪结果的发生，就构成犯罪中止。但共同实行犯的犯罪中止，情况却较为复杂，共同实行行为人共同自愿放弃了犯罪或者共同有效地防止犯罪结果的发生，当然成立共同实行犯的犯罪中止；在共同犯罪的过程中，自动放弃犯罪实行行为者，在劝说其他实行行为者停止犯罪无效的情况下，转而采取防止措施，避免了危害结果的发生，自动放弃犯罪实行行为者也成立犯罪中止；但是，不管任何行为人的实行行为达到了刑法规定的犯罪既遂标准时，由于共同实行行为整体性的存在，该犯罪（亲手犯除外）就应成立犯罪既遂。

（二）行为的关联性

共同实行行为的关联性是指，在行为人共同实施实行行为的过程中，由于实行行为互相交织，相互利用、相互补充，其中任何人的实行行为造成了法律规定的严重结果的发生，或者法律规定的应负较重刑事责任的情况，其他参与者对此具有罪过时，就应当承担相应的刑事责任。例如在结果加重犯共同正犯的场合，在共同犯罪实行的过程中，共同实行行为人在实施犯罪时，发生了加重结果，其中，各共同正犯者的实行行为对于加重结果的发生皆存在直接原因力，各共同正犯当然都应对此加重结果承担正犯的刑事责任；如果二人以上共同实行了结果加重犯的基本犯罪行为，直接引起了加重结果的发生，由于共同实行行为关联性的存在，即使其他参与者对加重结果的发生没有实施具有直接原因力的行为，只要对此严重结果的发生具有罪过，同样也应对该加重结果承担相应的刑事责任。

① 参见［日］西原春夫主编，金光旭等译：《日本刑事法的重要问题》（第2卷），法律出版社、成文堂2000年版，第122页。

（三）行为性质和地位的等同性

所谓行为性质和地位的等同性，是指在共同实行犯罪的过程中，尽管在共同实行行为的内部，有可能存在行为的分担；就具体的实行行为而言，也可能存在种类上的差别，但是他们都属于实行行为的范畴，与犯罪的教唆行为和犯罪的帮助行为存在本质上不同。具体而言，犯罪的教唆行为是指使他人产生犯罪决意并唆使他人实行犯罪的行为；而犯罪的帮助行为是指使正犯的实行行为更容易进行的加功行为。

行为性质和地位的等同性并不意味着各行为人承担的刑事责任的相同性，在共同实行行为的场合，在共同行为承担共同责任的前提下，仍然需要注意坚持个人责任原则。在德、日刑法中，由于行为人实施的是实行行为，因而构成正犯，就应处以正犯的刑罚，具体到刑事责任的承担，由于不同行为人参与实行行为的程度不同，犯意的强弱也存在差别，因而刑罚的轻重可能不相同。这种情况，根据我国刑法的规定，也应当成立实行犯，但根据我国刑法的规定，对共同犯罪人刑事责任的确定，是以其在共同犯罪中所起的作用为标准的，因而，实行犯既可能构成主犯（主要实行犯），也可能构成从犯（次要实行犯），甚至具有成立胁从犯的可能性，因此，对正犯（或共同正犯）应当区别不同的情况，分别承担主犯、从犯或胁从犯的刑事责任。

五、共同实行行为中的特殊问题

（一）概述

以上探讨了共同实行行为的一般理论，但共同实行行为中特别成为问题的是共谋行为的法律性质问题。共同犯罪场合的共谋，可以分为两种具体情况：其一，共谋共行，即行为人参与共谋之后继而又都参加了共同实行行为。其二，共谋而未共行，具体又包括行为人共谋之后都未实行犯罪和共谋之后仅有一部分人未实行犯罪两种情况。在共谋共行的场合，共谋行为被随后实施的实行行为所吸收，失去了独立评价的意义，此种情形的共谋的性质并不成为问题，因此，需要研究是只是共谋后未共行的情况。在共谋但未共行的场合，“共谋”是否能够被评价为犯罪的实行行为或者何种“共谋”行为能够被评价为实行行为？这是研究共同犯罪实行行为必须解决的问题。

从当今世界各国的刑法看，有关“共谋”的法律性质，不仅立法体例极不统一，在刑法理论上，也争议纷呈。

（二）英美法系相关国家和地区的立法体例

在英美法系国家和有关地区，犯罪共谋（conspiracy）作为普通法上一种不完整的犯罪，① 最初见于14世纪的判例中，主要适用于叛逆罪。到17世纪犯罪共谋的范围被扩大，除叛逆罪外，还适用于其他一些重罪。② 直至今日，犯罪共谋仍然是英美法系国家刑法中不完整罪的表现形式之一，刑法一般在总则中将其规定为一种独立的犯罪，即“共谋罪”。

美国法律协会1962年《模范刑法典》第五章第3条第1款规定，所谓共谋，是指以促进或助长实质犯罪③之实行为目的，为该当于下列行为之一者，即与他人犯该罪之共谋罪：（a）行为人与他人同意由全体或一部分人实行构成该犯罪或其未遂罪或教唆罪之行为者；（b）于他人计划或实行该犯罪或其未遂罪或教唆罪之际，同意对之予以援助者。除此之外，该条第2—7款还分别对共谋关系的范围、以复数犯罪为目的之共谋以及对共谋罪的合并与管辖等作了详细的规定。

在英国，共谋罪则包括两类，即制定法上的共谋罪和普通法上的共谋罪。前者是由《刑法草案》第1条第1、2款规定的，而后

---

① 不完整罪是英美法的一个特有概念，又称“从属”犯罪，所谓不完整罪包括未遂、教唆、共谋三种情况。

② 参见储槐植著：《美国刑法》，北京大学出版社1996年版，第148页。

③ 在英美法上，实质犯罪又称主要犯罪，以与从属犯罪（未遂、教唆和共谋）相对应，指那些使用严重危害社会的方法威胁或侵害人身、财产安全以及公共机构运转的犯罪。

者则包括共谋欺诈、共谋败坏公德、妨害风化等。①

继承英美法系传统的我国香港地区刑法，在有关共谋的问题上同样也传承了英美法的做法。在香港刑法中，共谋罪又称串谋罪，一般在预行罪行中加以规定。根据规定，串谋罪是指二人或二人以上协议作出非法行为。协议各方在以下情况成立串谋罪：（1）为了共同的犯罪或非法目的而行事；（2）各方在一定时间参与串谋，但不需要在同一时间参与；（3）各方明知起码有另一方参与串谋；（4）各方明知在协议各自作出的非法行为之外有或将有一个共同的犯罪计划，但仍然加入该计划。②

英美法系国家或地区，除立法的规定外，其理论上对于“共谋”法律性质的探讨比较少。

（三）大陆法系国家的立法、学说及判例

1. 立法例

大陆法系国家和有关地区刑法，在共谋的问题上，其立法例大体上可分为两种模式：

其一，刑法典对共谋的法律性质作明确的规定。如我国澳门地区刑法典第 25 条规定：“与某人或某些人通过协议参与或共同直接参与事实之实行者，均以正犯处罚之。”在这种体例下，只要行为人参与了共同犯罪协议，即使没有亲自参与实施犯罪实行行为，也以共同正犯论处，实质上是将“共谋”或“协议”扩张视为犯罪客观方面的实行行为，因而各共谋者均构成共同正犯。

其二，刑法典只对正犯或共同正犯的构成要件作明确规定，对共谋的法律性质不予明确说明，或者仅在分则中就重大犯罪设置个别性处罚规定。如德国刑法典第 25 条规定：“自己实施犯罪，或通过他人实施犯罪的，依正犯论处；数人共同实施犯罪的，均依正

---

① 参见［英］J·C·史密斯、B·霍根著，赵秉志等译：《英国刑法》，法律出版社 2000 年版，第 309 页。

② 参见赵秉志主编：《香港刑法纲要》，北京大学出版社 1996 年版，第 36—37 页。

犯论处（共同正犯）。”日本刑法总则第60条在规定共同正犯一般成立条件的同时，在分则第78条、第88条以及第93条分别规定了内乱阴谋罪、外患阴谋罪和私战阴谋罪。法国和我国台湾地区等也取这种立法体例。

2. 学说

立法的不同带来了理论上对“共谋”的认识也不同。在上述采取第二种立法例的国家或地区，由于立法上没有对共谋的法律性质做明确规定，因而，理论上免不了对其性质存在不同的认识。从现有的刑法理论看，争论的焦点主要集中在共谋能否被评价为共同正犯，或者说共谋行为能否被评价为实行行为的问题。也就是说，二人以上共谋实行某种犯罪行为，当只有一部分人基于共同的意思实行了犯罪，没有直接实行刑法分则规定的犯罪实行行为的共谋者与实行犯罪实行行为者，是否构成共同正犯的问题。有的学者认为，既然是共同正犯，就至少要求各行为人实施了一部分实行行为，若承认共谋共同正犯，就是承认没有实施实行行为的人也是共同正犯；而有的学者主张，只要参与共谋，即使未亲自实施实行行为，仍成立共同正犯。上述认识的差别，主要在于理论上对共同正犯的共同是指“犯意”的共同还是“行为”的共同理解的不同。

一般而言，持客观主义的共犯理论的“犯罪共同说”倾向于否认共谋成立共同正犯。在“犯罪共同说”看来，共同犯罪是两个以上有刑事责任能力的人对同一法益实施犯罪的侵害，所谓“共同”就是以犯同一罪的意思，对同一犯罪事实的加功。共同正犯是指共同实行特定的犯罪，如共同实施了该当杀人罪、盗窃罪、强盗罪、放火罪的构成要件的实行行为。① 共同正犯的成立，在客观上必须有共同实施犯罪实行行为的事实，仅参与共谋而未分担实行行为者，不能成立共同正犯。

“行为共同说”的认识比较复杂，根据“行为共同说”所依据

---

① 参见［日］大塚仁等编：《注释刑法》（第3卷），青林书院1992年版，第323页。

的理论基础不同，又可分为“主观的行为共同说”和“客观的行为共同说”。按照“主观的行为共同说”的认识，犯罪是行为人反社会人格的征表，共犯中的“共同”关系，不是二人以上共犯一罪的关系，而是共同表现恶性的关系，共犯应理解为二人以上基于共同行为而各自实现自己的犯意。但即使严格按照“主观的行为共同说”，也不乏学者主张“共同正犯成立在客观上尚须有共同之行为，而此‘共同行为’必系在共同意思成立后之行为，始属相当，共同谋议系共同意思成立前之行为，非兹此所谓‘共同行为’，故亦不认为有所谓共谋共同正犯”。① 而“客观的行为共同说”认为，二人以上共同实行同一特定的犯罪当然应当成立共同正犯，即使二人以上行为人不是实行同一犯罪，而出于各自的犯罪意图相互协力、共同实行犯罪的场合，只要行为人实施的行为之间存在协力关系，也应当是共同正犯。虽然“客观行为共同说”认为共同正犯不限于共同实行特定的犯罪，但由于强调客观上二人以上行为人实行行为之间的利用、加功等协力关系，所以，严格贯彻“客观的行为共同说”，只是参与共谋的行为，难以评价为正犯的实行行为。

理论上肯定共谋为共同正犯的理论是共同意思主体说。该说指出，二人以上由于共同的犯罪意思而结为同心一体，共同正犯成立之客观要件，无须全体共同者均有分担实行行为的客观事实，只要共同意思体其中之一人实施了实行行为，即可视为全体实行，因此仅参与共谋而未亲自实施实行行为者，自当成立共同正犯。除此之外，“目的的行为支配说”、“间接正犯类似说”、“优越支配共同正犯说”也是为承认共谋共同正犯的概念而特别提出的理论。② 当然，这些学说对“共谋”的意义理解有严格的范围。

3、判例

① 洪福增著：《刑法判例研究》，台湾汉林出版社 1983 年版，第 67 页。

② 参见张明楷：《外国刑法纲要》，清华大学出版社 1999 年版，第 309—311 页。

在德国，虽然并不存在共谋共同正犯的概念，但由于其在认定正犯时判例采取的是主观说，加之实践又承认正犯后正犯概念，所以，实际上日本刑法中所谓的共谋共同正犯的现象，在德国同样被刑法关注。在日本，共谋共同正犯系由判例孕育产生。“二战”前后的一个时期，以共同意思主体说为依据，日本司法实务几乎无限制地适用共谋共同正犯的理论。但从1958年日本最高法院大法庭练马案事件判决后，日本实务开始以个人责任原则为前提检讨共谋共同正犯问题，并试图限制共谋概念的范围。① 从现在的情况看，为了处理集团犯罪、智能型犯罪等幕后操纵者的刑事责任，共谋共同正犯的观念仍然被日本的理论和实务广泛承认。

（四）我国学者的认识

1. 观点的争议

在我国，共谋作为一种客观存在的社会现象，历来受到我国学者的关注，对于其法律性质，有以下不同意见：

（1）不成立共同犯罪。这是我国刑法理论上较早的观点，如我国曾有学者指出，“共谋而未参与实行的，不构成共同犯罪”。理由是：“这种情况下，未参与者与参与实行者只有共同的犯罪故意而没有共同的犯罪行为，既然没有共同的犯罪行为，当然不能成立成共同犯罪。”② 如甲、乙约定当晚10时到某仓库盗窃铜板，甲如期而至，乙却未去，甲一人盗窃铜板。针对本案，论者指出，甲、乙虽具有盗窃罪的共同故意，但却无共同盗窃的行为，不构成共同犯罪。③

（2）属于犯罪的预备行为。认为仅参与共谋而未实行的，成立犯罪的预备。在我国的刑法理论上，这种观点曾得到不少学者的

① 参见陈子平著：《刑法学》（下），台湾元照出版有限公司2006年版，第156—157页。

② 高铭暄主编：《刑法学》，法律出版社1982年版，第190页。

③ 参见林文肯、茅彭年著：《共同犯罪的理论与司法实践》，中国政法大学出版社1987年版，第54页。

支持。他们认为，共谋是共同犯罪行为，参与共谋即使未实行也构成共同犯罪。因为共同犯罪行为包括犯罪的预备行为和实行行为，而犯罪的预备和犯罪的实行是两个紧密相联的阶段，共谋属于犯罪的预备行为。不能把犯罪的预备同犯罪的实行之间的密切联系割裂开来，而把加以共谋杀丙的行为视为与甲单独杀死丙这一犯罪活动的全过程无关的、以外的行为。①

（3）或以预备论处，或者是犯罪既遂、未遂，或者属于犯罪中止。这是新近我国学者提出的认识。该论者首先指出，参与共谋而未实行者应当成立共犯，不能只负预备行为的刑事责任。关于共谋的处理，论者进一步分析道，即使是主谋而未实行者，其在共同犯罪中的地位、作用，也应当以是否实施属于刑法分则规定的实行行为来决定其是否成立共同正犯。所谓实行行为，就是指刑法分则具体犯罪客观方面的行为，主谋者既然没有实施刑法分则规定的行为，自然不成立“共同正犯”。对其应当按照其他共谋者实施犯罪的情况以及自身没有参与实行的主客观表现，或以预备论处，或者是既遂、未遂，或者属于中止。②

（4）根据作用认定为主犯或从犯。持该意见的学者指出，共谋共同实行犯罪的现象在我国社会生活中也是存在的。对于这种共同犯罪现象应当怎样处理呢？根据我国刑法的规定，总结司法实践的经验，在共同谋议实行犯罪的场合，不论其是否直接参与实行行为，都应根据其在共同犯罪中所起的作用处罚。即所起的作用是主要作用，按主犯从重处罚；所起的作用是次要作用，则按从犯比照

① 邓定一：《共谋而未实行，不构成共同犯罪吗?》，载《法学》1984年第6期。类似的观点还可参见：马克昌、吕继贵、杨春洗主编：《刑法学全书》，上海科学技术文献出版社1993年版，第149页；王作富主编：《中国刑法适用》，中国人民公安大学出版社1987年版，第172页。

② 参见阴建峰、周加海主编：《共同犯罪适用中的疑难问题研究》，吉林人民出版社2001年版，第17—18页。

主犯从轻、减轻或免除处罚。①

(5) 不言及共谋行为的性质，径直论及其犯罪形态。我国有学者在针对部分人仅参与共谋而未实行情形的处理，指出：第一，如果实行行为犯罪既遂（当实行犯为两人以上时，只要部分实行犯的行为具备全部构成要件要素，共同犯罪即成立既遂，即使有的实行犯自动放弃犯罪、中止自己的行为也无妨）或未遂，对参与共谋而未实行者都应当与实行犯一样按既遂犯或未遂犯处罚，不论参与共谋因何种原因未实施实行行为。因为即便是中止预备行为的单纯共谋犯，也毕竟只是中止了自己的"行为"，而没有中止与其相互联系的实行者的行为，共同犯罪行为毕竟已经进入实行阶段。第二，当实行犯为两人以上时，如果所有实行犯都中止犯罪，共谋未实行者与实行犯均成立中止犯；如果部分实行犯的行为导致犯罪既遂，其他实行犯的行为因意志以外的原因或行为人"中止"而未致构成要件要素齐备，共谋而未实行者与所有实行犯均应按照犯罪既遂处罚，这是"部分行为全体责任"原则的要求；如果部分实行犯自动放弃实行行为，其他实行犯因意志以外的原因而未致行为达到犯罪既遂状态，对自动放弃实行行为者以中止犯处罚，对其他实行犯按未遂犯处罚，对仅参与共谋者一般按未遂犯处罚，但对于自动放弃犯罪预备行为而未参与实行者，应按预备阶段的中止犯处罚。②

(6) 分别处理。认为共谋可能被评价为实行行为，也可能成立主犯、教唆犯或帮助犯。这种认识是我国学者在评述了其他相关学说后提出的见解。具体意见如下：第一，当共谋的内容是组织与策划，而该内容又在刑法分则条文中做具体规定，那么，共谋就是该种犯罪的实行行为，应当直接根据刑法的规定进行处罚。第二，

① 参见马克昌主编：《犯罪通论》，武汉大学出版社 1999 年版，第 529 页。

② 参见龚培华、肖中华著：《刑法疑难问题与司法对策》，中国检察出版社 2002 年版，第 112 页。

在有组织犯罪或犯罪集团中，行为人与他人实施共谋，共谋的内容是组织、领导、策划犯罪的分工或具体实施，如负责组织犯罪集团、网罗集团成员、制定犯罪计划等，这就属于总则规定的组织行为。行为人虽未实施实行行为，但应认定为组织犯，按照主犯进行处罚。第三，在一般共同犯罪中，如果共谋的内容就是教唆他人进行犯罪，那么行为人构成教唆犯，应当适用我国刑法关于教唆犯的规定，其所起的作用是主要作用时，应按主犯处罚；是次要作用时，应按照从犯从轻、减轻处罚或免除处罚。第四，在一般共同犯罪中，如果共谋的内容是帮助犯罪，那么成立帮助犯，按其在共同犯罪中的作用，分别作为主犯或者从犯处理。①

2. 评析

从理论的科学性和完整性而言，以上观点都存在这样或那样的问题，依次评述如下：

第一种观点认为共谋未实行不构成共同犯罪，实际上将共谋行为评价为犯罪预备之前的行为，不仅有违客观事实，也不符合我国刑法规定。首先，从客观上考察，共谋已不同于共同犯意表示，最低限度内已经是一种共同的犯罪预备行为。其次，从我国的刑事立法看，无论是1979刑法还是现行刑法，都规定了有关共谋成立共同犯罪的情况，如1979年刑法第162规定，对窝藏或者作假证明包庇犯罪分子，若在“事前通谋的，以共同犯罪论处”。而现行刑法第156条、第310条也分别规定了在事前有通谋的情况下构成走私罪和窝藏、包庇罪的共犯。

第二种观点肯定共谋者成立共同犯罪，与第一种观点相比，具有可取性，但仅将共谋评价为犯罪的预备行为，未能正确理解共同犯罪行为的整体性特征，忽视了共谋行为性质的多元性，失之片面。

第三种观点强调参与共谋而未实行者应当成立共同犯罪，而且

① 参见陈家林著：《共同正犯研究》，武汉大学出版社2004年版，第148—149页。

不能只负预备行为的刑事责任，这一点是正确的，但提出当主谋者由于没有实施实行行为就不能成立共同正犯的观点，显然同样存在未正确理解共同实行行为的整体性的问题。甲、乙二人共谋实行盗窃，虽然甲未实行，但由于其共谋的内容是实行盗窃，根据“部分行为全体责任”的原理，甲仍然有可能成立盗窃罪的实行犯。

第四种观点认为对于共谋者应当按照其在共同犯罪中的作用，或认定为主犯，或认定为从犯，符合我国刑法的规定，固然是正确的。但主犯、从犯是一个量刑的概念，根据定罪和量刑的基本原理，定罪是量刑的前提和基础，不准确认定共谋者的性质，如何能够认定其到底是属于主犯还是从犯？我国学者一再强调，虽然我国刑法将共同犯罪人划分为主犯、从犯、胁从犯，但在我国的司法实践中，司法机关在认定共犯人行为的社会危害性程度大小时，一般也是先看行为人是实行犯、帮助犯，还是教唆犯、组织犯，然后再分析他们在共同犯罪中所起的作用大小，进而认定为是主犯、从犯还是胁从犯。① 不解决共谋行为的性质，无法认定其是属于主犯，还是属于从犯。

第五种观点以“部分行为全体责任”的共同犯罪责任原则为出发点，对共谋者在不同情形下所成立的犯罪形态进行了详细的解说，但偏离了问题。共谋行为属于何种犯罪停止形态无疑会对共谋行为刑事责任产生重要影响，从这种意义上看，对共谋行为停止形态进行论述也是十分必要的，但问题是：共谋属于何种停止形态是以对共谋行为性质的评价为前提的，不研究共谋行为的法律性质而径直论及其停止形态，是本末倒置的方法论。

相对于上述五种观点，第六种观点最为可取，其对共谋法律性质的四点解说也基本上是正确的。其不足之处在于：该观点没有对共谋的内容是实行犯罪情形下共谋行为的法律属性作出说明，而这一点是处理共谋时必须解决的重要问题，不说明这一点，就不

① 参见张明楷：《教唆犯不是共犯人中的独立种类》，载《法学研究》1986 年第 3 期。

完整。

（五）“共谋”性质的再认识

论及共谋的法律性质，必须兼及共谋共同正犯的问题。关于共谋及共谋共同正犯，我的基本认识如下：

1. 日本刑法肯定共谋共同正犯是其社会实践的需要

共谋共同正犯是指二人以上共同谋议实行犯罪行为，而由谋议者中的一人或一部分人直接实行，参与共谋的其他成员即使未直接实行犯罪，也要作为共同正犯负担刑事责任。在日本，判例和刑法理论之所以广泛采纳共谋共同正犯的概念，与前述正犯与从犯区分标准持实质客观说的理由一样，根本与日本的刑事立法密切相关。

众所周知，日本刑法坚持以分工为标准，将共同犯罪人分为正犯、教唆犯和帮助犯，这种分类法，虽然能够较为充分地反映共同犯罪人在共同犯罪活动中所从事的活动，易于定罪，也有利于限制法官自由裁量权，但是，它却不能明确地显示出共同犯罪人在共同犯罪中所起的作用之大小，也不可能充分地反映犯罪行为对社会危害程度的轻重，特别是难以科学评价共同犯罪中幕后人物的刑事责任。“今日是犯罪集团的时代，在集团犯罪中，担当犯罪实行者的原则上是地位低下的小人物，而可以称为中心人物的大人物，则是幕后主持，只处罚实行者，不能达到处罚的目的。”① 因此，设计共谋共同正犯的观念，重要原因就在于满足司法实践规制幕后人物刑事责任的需要。正是在这种意义上，学者们对“日本刑法肯定共谋共同正犯是其社会实践的需要，是刑法理论向司法实践的不得已的妥协”的评价是十分精确的。

2. 我国仍然存在承认共谋共同正犯的必要性

关于我国是否有必要承认共谋共同正犯的概念，理论上有两种截然对立的观点。

一种观点认为，应当承认共谋共同正犯的概念，并认为共谋共

① 参见周治平：《共谋共同正犯引论》，载蔡墩铭主编：《刑法总则论文选辑》（下），台湾五南图书出版公司 1984 年版，第 594 页。

同正犯在我国刑法中，可以有以下情况：（1）在集团犯罪和聚众犯罪中起组织、策划、指挥作用的首要分子；（2）刑法分则以首要分子为构成犯罪条件的犯罪；（3）刑法明文规定或者其他事前同谋，事后实施帮助行为的人；（4）刑法明文规定由单位构成的犯罪，并规定对直接负责的主管人员予以处罚的，其直接负责的主管人员应当视为具有共谋共同正犯的性质。不过，论者进一步指出，并非只要参与共谋就成立共谋共同正犯，欲将共谋评价为共同正犯，必须具备特定的条件。①

另一种观点指出，与日本等国不同，我国在划分共犯时，采用的是混合分类法，即同时采用分工分类与作用分类方法，而以作用分类为主。在我国，正犯与主犯的概念和功能是分开的。正犯只意味着行为人实施了分则所规定的犯罪构成客观方面的实行行为，而并不说明犯罪人在共同犯罪中的作用大小。正犯自然可以是主犯，而教唆犯、帮助犯同样也可能是主犯，我国刑法理论中的正犯与德、日等国刑法上的正犯有本质的差异。既然组织犯、教唆犯、帮助犯都可能是主犯，而国民对共同犯罪的法感情又集中在“主犯”而非“正犯”之上，这样，在我国引入日本学者都认为的“扩张的正犯概念”，其实是错误的共谋共同正犯的概念，完全没有必要。②

我认为，为了说明我国是否有必要承认共谋共同正犯概念，首先有必要对我国可属于共谋共同正犯的情形做具体说明。在我国，对于可属于日本刑法上共谋共同正犯的主要包括以下两种情形：第一，集团犯罪中未亲自实行犯罪的组织者、领导者，即集团犯罪的幕后大人物；第二，一般共同犯罪中仅参与共谋而未亲自实行的行为人。由于我国刑法明确规定：“组织、领导犯罪集团进行犯罪活

① 参见林亚刚：《共谋共同正犯研究》，载《法学评论》2001 年第 4 期。

② 参见陈家林著：《共同正犯研究》，武汉大学出版社 2004 年版，第 148 页。

动的或者在共同犯罪中起主要作用的，是主犯。”“对组织、领导犯罪集团的首要分子，按照犯罪集团所犯的全部罪行处罚。”根据刑法的规定，犯罪集团中的组织者、领导者的责任可以径直按照我国刑法规定的组织犯进行定罪处罚，自不需要在集团犯罪的场合承认共谋共同正犯的概念；相反，如果在集团犯罪中再承认共谋共同正犯的观念，将会导致组织犯和共谋共同正犯的混淆。但在一般的共同犯罪中，仅参与共谋而未实行的行为人，由于同样存在被评价为共同正犯的可能，这种情形不是共谋共同正犯，那又是什么呢？

3. “共谋”而未实行并不都成立共谋共同正犯

我赞同在我国应当承认共谋共同正犯的观念，但并非一切共谋行为都可以评价为成立共同正犯。对于某种共谋行为是否可以评价为共同正犯的实行行为，正如我国学者所认识，关键在于考察“共谋”的内容与实效。即对参与共谋而未直接实施实行行为的性质认定，主要应当从共谋而未实施实行行为是否具有相当于自身实施实行行为的效力、其在共同犯罪中的地位、利益之间的关系等方面考察。没有参与实行行为的，并非当然都成立共同正犯的行为，关键在于参与者对“共同谋议”的实体内容是否明确，对于主谋者按其分担，即使没有直接去实施实行行为，也应当视为共同正犯的行为；如果共谋者中只提供帮助行为，或者只是单纯引起他人实施犯罪的犯意教唆的，则不成立共谋共同正犯。① 即考查共谋的“内容”与“实效”，是认定共谋行为属于实行行为还是属于教唆行为、帮助行为的关键。

4. “共谋”法律性质的具体分析

根据我国刑法的基本理论和刑法的规定，在我国，共谋的性质可以评价为以下几种情形：

其一，共谋实行法定的某种轻微的犯罪，后来自动放弃犯罪实行，由于整个案件情节轻微，危害不大，如根据我国刑法第 13 条

---

① 参见林亚刚：《共谋共同正犯研究》，载《法学评论》2001 年第 4 期。

但书的规定，不认为是犯罪的，共同犯罪当然也无从成立。

其二，在有组织犯罪或犯罪集团中，行为人与他人实施共谋，且共谋的内容是组织、领导、策划犯罪的分工或具体实施，如负责组建犯罪集团、网罗犯罪集团成员、制定犯罪计划等。尽管共谋者并不一定实施犯罪的实行行为，但是，正是因为共谋行为的存在，才使犯罪集团各成员的协调一致，使异心别体成为同心一体，从而使犯罪目的更易得逞。对于这种行为，具体看可有两种情况：（1）刑法总则已将其规定为犯罪的组织、策划等行为，因而不再是一般的犯罪实行行为，实行者应当认定为主犯。根据我国刑法第 26 条第 3 款规定："对组织、领导犯罪集团的首要分子，按照集团所犯的全部罪行处罚。"（2）刑法分则中对某些具体犯罪规定了组织、策划等行为的，则属于该种具体犯罪的实行行为，不再属于犯罪的非实行行为。应当径直按照刑法分则的规定进行定罪处罚。

其三，在一般的共同犯罪中，二人以上共谋实行某种犯罪行为，且共谋内容明确，当只有一部分人基于共同的意思实行了犯罪，没有直接实行犯罪实行行为的共谋者，尽管没有直接实施犯罪的实行行为，但是与实行行为相比较，共谋行为在实现对法益的侵害上具有同等的效力，未直接实行者也应当认定为实行犯，并承担实行犯的刑事责任。依照我国刑法的规定，根据行为人在共同犯罪中作用之大小，分别承担主犯、从犯和胁从犯的刑事责任。

其四，在一般共同犯罪中，如果共谋的内容是教唆他人进行犯罪，那么共谋行为应当评价为教唆行为，行为人构成教唆犯，① 应当适用我国刑法关于教唆犯的规定，其所起的作用是主要作用时，应按主犯处罚；是次要作用时，应按照从犯从轻、减轻处罚或免除

① 其实，如何认定共谋行为是否属于教唆行为，是个难题。我认为，一般的共谋犯罪是行为人均出于自己的犯罪意思发动而共同谋议，属于教唆行为的共谋旨在使原本无犯罪意思之人产生犯罪意思。所以，一般的共谋行为与属于教唆行为共谋区分的关键，在于考查共谋行为人是否在共谋行为前已存在犯罪的意思。

处罚。如果共谋的内容是帮助犯罪，那么成立帮助犯，由于帮助犯属于我国刑法中的从犯，① 依照从犯处理。

其五，在共同犯罪中，若行为人共谋之后由于意志以外的原因都未实施具体犯罪的实行行为，而刑法又未对其作特殊规定，共谋行为实质上是共同犯罪中的犯罪预备，根据刑法的规定应当以共同犯罪的预备予以处罚。

其六，在间接正犯的情形下，一般认为，由于被利用者一般不具有作为共同犯罪评价的意义，实际上等于行为人利用工具亲自实施犯罪，此种场合下，如果只是作为“工具”的行为人直接实施了共谋的内容，利用者成立间接正犯，其共谋无疑应当被评价为犯罪的实行行为。

① 在我国，也有学者认为帮助犯也可以成立主犯。

第四章　实行行为的着手

第一节　实行着手概述

一、实行着手的概念

在语义上，着手即动手，指开始做某事。① 但自刑事古典学派创始人贝卡利亚于1764年在《论犯罪与刑罚》一书中首次明确提出“着手”的概念并将其与犯罪未遂相联系以来，“着手”就由一个日常生活用语成为了一个具有特定内涵的刑法概念。在刑事立法上，最早使用“着手实行”概念的是1796年6月10日颁布实施的《法国刑法典》。与以往的刑法典不同，由于受到法国大革命思想的强烈影响，该部法典体现出了崇尚个人自由、重视罪刑法定等客观主义刑法的倾向。对于未遂犯，该法典规定：“表明于外部行为且根据着手实行所持续的全部重罪之未遂，因偶然、独立于行为人意思的情由而中断的场合，以重罪处罚之。”② 其后，该规定完全被1810年《法国刑法典》继承。由于《法国刑法典》的巨大影响，许多国家刑法后来在规定犯罪未遂时，都把着手实行犯罪明确规定为犯罪未遂的特征之一。1871年德国刑法第43条第1项规定：“以犯重罪和轻罪的意图，对发动包含该重罪和轻罪实行开始

① 参见《现代汉语词典》，商务印书馆2002年版，第1661页。

② 参见［日］末道康之：《法国刑法中的未遂犯论》，成文堂1998年版，第46页；［日］黑木忍：《实行的着手》，信山社1998年版，第4页。

的行为人，在其意图实施的重罪未达既遂的场合，以未遂犯处罚之。”实行的着手成为一个与犯罪未遂相伴生的重要范畴。

在现代刑法学理论上，关于着手实行的概念，学者们的理解并不尽一致。① 多数的学者认为，着手意味着犯罪实行行为的开始，表明犯罪人的行为已进入了犯罪的实行阶段，行为人实施的行为已不再属于为犯罪准备工具、制造条件的预备行为，而成为犯罪实行行为的一部分。

由于各国立法例不同，刑法处罚范围的差别，实行的着手在各国刑法中的意义和地位存在一定的差别。在大陆法系，学者们认为刑法中的绝大多数犯罪和日常生活中的一般行为一样，都有基于某种动机而产生实施犯罪的意图，并为实现该意图而做准备，然后根据该准备将犯罪意图付诸实施，最后达到引起结果的过程。② 根据行为发展阶段的不同，理论上将故意犯罪的发展阶段区分为阴谋、预备、实行等不同阶段。行为人仅实施预备行为而停止犯罪的，成立预备犯；行为人着手实行行为后未得逞的，成立未遂犯。因此，行为人是否着手实行犯罪不仅是预备行为与实行行为的重要分界点，也是预备犯与未遂犯区分的关键。又由于大陆法系刑法坚持预备行为原则上不可罚，未遂犯有刑法特别规定的才处罚，所以，实行着手便成为可罚的未遂犯和不可罚的预备犯，即罪与非罪的区分界限。

在我国，自新中国成立以来，刑法不仅处罚未遂犯，原则上也处罚预备犯，所以，与大陆法系刑法不同，实行的着手在我国并不承载罪与非罪的区分机能。但着手实行同样被认为是实行行为的起点，所以，行为人是否着手实行犯罪是预备行为与实行行为的区分依据，从而也是预备犯与未遂犯相区分的重要依据。

---

① 参见熊选国：《刑法中行为论》，人民法院出版社 1992 年版，第 244 页。

② 参见陈子平：《刑法总论》（下），台湾元照出版有限公司 2006 年版，第 3 页。

二、实行着手的立法例

现代各国刑法虽然大都采纳了实行着手的意义，但在未遂犯规定时并非都采用了“实行着手”的概念。

法国、奥地利、瑞士、日本等国的刑法使用的是“实行着手”的用语，如《法国刑法典》第121—5条规定：“已着手实行犯罪，仅仅由于罪犯意志之外的情事而中止或未能得逞，即构成犯罪未遂。”日本刑法第43条也写道：“已着手实行犯罪未遂者，得减轻其刑。”

德国、意大利等国家并没有使用“实行着手”的用语，而是采取了其他的表述方法。如德国刑法典第22条写道：“行为人已直接实施犯罪，而未发生行为人所预期结果者，为未遂犯。”意大利刑法对未遂犯即着手的规定则更具特色，其刑法典第56条指出：“以相称的行动、明确的方式指向实施重罪的人，如果未完成犯罪或者结果未发生，承担未遂的责任。”可见，在意大利，行为人是否实施了相称的行动、行为人是否实施了明确指向重罪的方式是行为是否着手的标志。

旧中国的刑法深受大陆法的影响。暂行新刑律时代（1912～1928年），当时的刑法是由日本学者冈田朝太郎起草的，关于未遂犯的规定完全采取了与日本刑法同样的立场，使用了“着手”的概念。其后，1928年的旧刑法以及1935年的刑法都维持了“着手”概念的使用。新中国成立后，我国两部刑法典虽然对犯罪停止形态的规定与旧中国刑法存在很大的不同，但在未遂犯的概念中维持“着手”概念使用的立场并未改变。

第二节　着手的学说与判例

一、国外的学说与判例

（一）概述

实行的着手，即实行行为的开始。在大陆法系特别是德、日的刑法理论和实践中，由于其不仅是构成未遂犯的前提，也是可罚的未遂犯与不可罚的预备犯区分的重要标志之一，① 所以，长期以来，“着手”问题一直为其刑法理论和实务所特别关注。由于理论上关于着手问题的探讨历来都是以刑法的任务为背景，同时与违法性问题又紧密关联，② 因此，着手问题的学说异常复杂，大别之，主要有“主观说”、“客观说”与“折中说”（主客观混合说）的对立。这些学说对于着手标准的认识各不相同，在深层次上反映了主观主义、客观主义和折中主义的刑法观。

（二）学说的概况

1. 主观说

“主观说”是以主观主义刑法理论为基础的见解。主观主义刑法强调犯罪的本质在于行为人犯罪意思的危险性，行为只是具有征表危险性格的意义。所以，当犯罪的意思被表现于外部时即可认定为实行行为的开始。

“主观说”出现在19世纪后半期的法国和德国。在主观主义刑法理论盛行的时代，“主观说”在德国曾为学者鲍克曼（Bockelmann）等主张。在日本，得到牧野英一、宫本英修、江家义男等教授极力推崇。主观主义刑法学大师牧野英一教授指出：“犯罪观念的要点必须求诸于犯罪人的主观方面。将犯罪理解为犯意的表现时，着手是指犯人遂行其犯意的状态。据此，如果能够通过其遂行的行为确定犯意时，即为着手。学者们或者将着手理解为意思的客

---

① 关于未遂犯与着手的关系，理论上有两种代表性看法。一种观点认为未遂犯的成立要件有二：(1) 着手实行和 (2) 未得逞或未发生构成要件结果。这种观点将着手实行作了实质意义的解释。在日本及我国台湾地区，该认识为多数学者接受。另一种观点认为未遂犯的成立要件有三：(1) 着手实行、(2) 没有发生既遂结果以及 (3) 发生了危险的结果。该种观点将实行着手只做形式意义的理解，在日本为学者曾根威彦、在我国台湾地区为陈子平教授等少数学者所提倡。

② 参见黎宏：《日本刑法精义》，中国检察出版社2004年版，第189页。

观化，或者理解为能够根据行为识别犯意，或者理解为能够确定犯意的确定性与遂行性，都无外乎此意。”①

宫本英修教授对于着手也同样持主观主义的观点，但将实行的着手界定为犯意的飞跃表动是其理论的特色。他说：“着手的意义如何，终究是个刑法解释的问题，因此，究竟何种见解妥当，不能离开刑法关于未遂犯处罚的规定。从刑法原则上以同一标准处罚未遂犯与既遂犯的精神看，应采取主观说，实行着手应当是指具有完成力的犯意的表动。”② 也就是说，在宫本教授看来，未遂犯因为没有发生结果，如果重视行为客观面的话，必须应当和发生了法益侵害结果的既遂犯有别，即必须减轻处罚。但是，日本刑法第43条却规定：“已经着手实行犯罪而未遂的，可以减轻处罚。”未遂犯“可以”与既遂犯同等处罚的立法规定，应当理解为刑法重视的不是结果的发生，而是未遂与既遂共通的行为者的犯意。以此为前提，对于实行的着手的含义，宫本英修教授进一步分析指出：“犯人在行为之际直接面临着所预见的法益侵害，为了克服其意识中的感情障碍，必须有犯意的进一步飞跃的紧张。犯意紧张到这种程度时，其意思表动就能以充分的惯力踏上完成犯罪的轨道。如果没有特别的障碍，当然就处于可能达到结果的状态。实行的着手是指具有完成力的犯意的表动，或者说这种犯意的表动是犯意飞跃的表动。”③

除牧野和宫本两位教授外，江家义男教授也从主观主义刑法理论的立场出发表达了他对着手“主观说”的支持。他说：“只要立足于主观主义，那么，关于实行着手主观说的见解就是正确的。”但江家教授并不完全赞同牧野英一和宫本英修两位教授对着手的认识，在坚持主观说基本思想的前提下，提出了另辟蹊径的看法，他说，犯意的紧张性是与行为者的认识相适应的，离开了认识就无法

① ［日］牧野英一：《日本刑法》(上卷)，有斐阁1937年版，第254页。
② ［日］宫本英修：《刑法大纲》，弘文堂1935年版，第178页。
③ ［日］宫本英修：《刑法大纲》，弘文堂1935年版，第178页。

抽象地存在，例如，意图杀人准备毒药的场合，有与其事实认识相适应强度的意思紧张性，所以，对自己的行为，如果从事物自然经过看，能够确认具有实现犯罪的可能性的该行为实施时即为实行的着手。① 将实行的着手求之于行为者犯意的紧张性是江家教授学说的特色。

无论是牧野、宫本，还是江家教授，虽然他们对实行意思具体内容的理解不尽一致，但都将实行行为的着手求之于行为人犯罪意思，这一点是共同的。这一共同点也正显示了他们刑法的根基所在。而也正是针对这一点，在理论上被广泛认为存在以下缺陷：②

第一，理论的破绽。“主观说”一方面强调根据行为人的意思危险性认定着手，另一方面实际上暗中在客观方面谋求着手的认定，偏离了“主观说”的本意。小野清一郎教授评价道：“要我说的话，主观主义者所说的‘得逞’、‘飞跃’，其实也不外乎要由客观实施来决定。”③

第二，判断标准的不明确。如果在认定着手时以犯罪意思为标准，由于预备行为和实行行为都具有犯罪意思，也都采取了表动意思的客观行为，那么，预备行为就有可能被认为属于实行行为，实行行为所具有的区分未遂与预备的分水岭机能就可能丧失。韩国刑法学者李在祥教授指出，将犯罪认为是犯意的表现，由于预备犯也是犯罪意思的表现，因而很难将预备与未遂区别开来，具有将未遂的范围扩大到预备阶段的危险。虽然说着手的时间在于犯意的飞跃表动或者在犯意确定表现出来时，但何谓意思的飞跃表动？何时犯意能够被确定？离开了构成要件的类型很难对此进行论证。④

① 参见［日］黑木忍：《实行的着手》，信山社 1998 年版，第 21 页。

② 参见张明楷：《刑法学》，法律出版社 2003 年版，第 290—291 页。

③ ［日］小野清一郎著，王泰译：《犯罪构成要件理论》，中国人民公安大学出版社 2004 年版，第 127 页。

④ 参见［韩］李在祥著，李相敦译：《韩国刑法总论》，中国人民大学出版社 2005 年版，第 319 页。

第三，着手的提前。根据主观说，为了侵入室内盗窃而将玻璃打破的行为，以抢劫的目的持枪侵入他人住宅的行为，由于各自的犯意都明显的表现于外部，都要被认定为实行的着手，显然不符合客观实际。

第四，理论根基的失当。西原春夫教授指出，"主观说"是主观主义刑法理论所倡导的，这种学说要么以社会防卫为重点，要么采取的是将刑罚理解为教育即善的乐观主义。① 但无论采取何种刑法观，都难以被现代社会所接受。为了保障人权，维护刑法的安定性，现代社会的刑法都是以构成要件为中心而构建的，过分强调行为人的内在心理意思，难以与构成要件的意义相符合。

此外，将着手实行解释为"犯意的飞跃表动"或者"犯意的紧张"还存在不具有普遍适用性的弊端。比如，我国学者针对宫本教授的观点分析指出，宫本教授将实行的着手理解为犯意的飞跃表动，但由于在过失犯的场合，不会产生犯意的飞跃表动，因此，主观说难以确定过失犯实行着手的时期。②

日本著名刑法学家木村龟二教授就曾是"主观说"的倡导者，但在晚年，其认识到了"主观说"存在的上述缺陷，转而采取了倾向"客观说"的"主观的客观说"的立场。"二战"后，在整个世界范围内，随着主观主义刑法理论的全面衰落，"主观说"被认为是一种早已过时了的理论。③ 现在，关于实行着手学说的争议主要集中在客观主义刑法理论内部以及客观主义刑法理论与折中主义刑法理论之间。

2. 客观说

---

① 参见［日］西原春夫：《刑法总论》（上卷），成文堂 1993 年改订版，第 326 页。

② 参见陈家林：《论实行行为的着手》，载刘明祥主编：《马克昌教授八十华诞祝贺文集》，中国方正出版社 2005 年版，第 534 页。

③ 参见［德］汉斯·海因里希·耶赛克、托马斯·魏特根著，徐久生译：《德国刑法教科书》，中国法制出版社 2001 年版，第 620 页。

“客观说”是以客观未遂论为基础，将客观行为作为标准来确定实行着手的学说。与“主观说”将着手的标准求之于“行为人”之危险性格不同，“客观说”将着手的标准置于“行为”的危险性。但在如何解释行为的危险上，“客观说”在理论上被进一步区分为“形式客观说”与“实质客观说”两种。

(1)“形式客观说”

此说以构成要件为基准，从形式上论及法益侵害的危险性，认为在实现构成要件的一部分之时点，或从全体上看，可视为定型的构成要件内容之行为时点，即为实行的着手。① 在德国，学者李斯特、施密特、希佩尔都是该说的支持者。在日本，过去持“形式客观说”的学者有客观主义刑法学者大场茂马、小野清一郎等。小野清一郎教授直截了当地指出：“犯罪的实行是符合构成要件的行为，‘着手’即是该构成要件行为的开始，或多少实现了一部分。”②

在当代的日本刑法理论上，“形式客观说”最杰出的代表是团藤重光教授，基于对构成要件是犯罪的定型的认识，他的学说又被称为“定型说”。团藤教授指出：“关于实行的着手，客观上存在种种学说，我认为，只有根据定型说才能使着手的时期得以明确。‘实行’是指符合基本构成要件的行为，这种行为的开始正是实行的着手。要有实行行为的开始，第一，必须对基本的构成要件存在构成要件的故意，如果一开始就有使犯罪不完成而告终的意思，也不成立未遂罪；第二，必须至少实施了符合基本构成要件的一部分行为，而且以此为已足。”③ 依团藤教授的观点，杀人罪的着手时期是开始实施杀害行为时，盗窃罪的着手时期，是占有行为的开始

---

① 参见［日］川端博：《刑法总论讲义》，成文堂 1997 年版，第 447 页。

② ［日］小野清一郎著，王泰译：《犯罪构成要件理论》，中国人民公安大学出版社 2004 年版，第 125 页。

③ ［日］团藤重光：《刑法纲要总论》，创文社 1990 年版，第 354 页。

之时。①

与团藤教授的认识不同，在“形式的客观说”的内部另有一些学者指出，强调只有实施了构成要件行为或构成要件行为一部分时才为实行的着手的观点，会使得未遂犯处罚的范围过于狭窄，所以，应当认为，不仅实施了符合构成要件的行为是实行的着手，即使行为人实施了与构成要件行为有“密接联系行为”时，也属于实行的着手。由于该学说将实施与构成要件行为有“密接联系行为”认定为着手，在理论上，该认识被称为“密接行为说”。日本刑法学家泷川幸辰在很早就提出了类似的认识。他说：“作为实行的着手来说，应当理解为由于同符合构成要件的行为有直接关联，所以在自然观察下可以算作其一部分的行为。”② 在现代刑法理论上，植松正和植田重正两位教授是该说的代表人物。植松正教授指出：“关于着手的意义，从客观的方面下定义者，认为实现构成要件的全部或部分或者与此密接的事实是着手。对这里的‘构成要件的全部或一部分事实’没有异议，但有的学者不承认‘与此密接的事实’。不承认的学者似乎使着手概念明确，但实际上也不能使概念明确，其结果与承认‘与此密接的事实’相同。”“倘若加上一句‘密接’，反而会正确的表现其内容。”③ 近年，学者黑木忍对实行着手进行了专题研究，其著述《实行的着手》在详尽分析了各种着手的学说之后，也表达了他赞同“密接行为说”的立场。他说，通过以上考查，实行的着手基本上以形式客观说中的密接说是妥当的。④

相对于传统的“形式的客观说”，“密接行为说”强调只要实

① 参见［日］黑木忍：《实行的着手》，信山社 1998 年版，第 27 页。

② ［日］泷川幸辰著，王泰译：《犯罪论序说》，载高铭暄、赵秉志主编：《刑法论丛》（第 4 卷），法律出版社 1999 年版，第 410 页。

③ 参见［日］植松正：《刑法概论Ⅰ总论》（再订版），劲草书房 1974 年版，第 315 页。

④ 参见［日］黑木忍：《实行的着手》，信山社 1998 年版，第 57 页。

施了与构成要件相密接的行为就是实行的着手，明显具有向“实质客观说”靠近的倾向，但由于其仍然强调以构成要件的行为作为判断是否密接的基准，因此，我认为，其仍然不失为“形式的客观说”。学者们之所以要坚持“形式客观说”，这与他们强调罪刑法定，特别是形式犯罪论密切相关。根据罪刑法定原则的要求，行为只有符合刑法所规定的构成要件时才可能构成犯罪；构成要件是犯罪的定型，凡是符合构成要件的行为就是实行行为，构成要件符合性的判断只能是一种形式的、抽象的、定型的判断，否则就可能有损构成要件的自由保障机能，违背罪刑法定原则。① 既然实行行为是符合基本构成要件的行为，那么，开始实施这种行为时自然就应当是实行着手。

在刑法学理论上，对于“形式客观说”的批评意见有：

第一，没有回答问题。“形式客观说”论者一方面说，实行行为是指刑法规定的构成要件的行为，另一方面，对于实行的着手又解释为开始实施刑法规定构成要件的行为，这实际上是以问题回答问题，是逻辑上的循环论证。牧野英一教授说：“问什么是符合构成要件的行为，却回答符合构成要件的行为就是这种行为，这实际上犯了同义反复的错误。”② 我国台湾学者陈子平教授指出：“实行之着手属于实行行为何时开始之构成要件该当性问题，因此，此说采取之基准本身并非不妥，问题在于此说以抽象性之构成要件来解答实行之着手，乃是以问答问。”③

第二，难以在实践中操作。大谷实教授指出：“‘形式客观说’在重视形式性的一点上，和罪刑法定原则是一致的。但是，正如从

---

① 参见张明楷：《未遂犯论》，法律出版社、成文堂联合 1997 年版，第 57 页。

② 参见［日］西原春夫：《犯罪实行行为论》，成文堂 1998 年版，第 218 页。

③ 陈子平：《刑法总论》（下），台湾元照出版有限公司 2006 年版，第 13 页。

口袋中掏枪杀人的行为，什么阶段上可以看做开始实施杀人行为的部分行为，在形式上难以确定，因此，以这种形式的判断基准来区别未遂和预备，实际上是不可能的。”① 我国学者张明楷教授也评价道：“这些形式理论的观点在许多问题上难以给审判实践提供明确的适用标准，例如，根据团藤的观点，开始实施杀人罪构成要件的杀人（实行）行为时，是杀人罪的着手，但什么时候才算‘开始杀人’，仍是一个没有解决的问题。”②

第三，对着手的认定过迟。如有学者指出，实行着手必须是实行了刑法分则构成要件的行为，若按照团藤的理论，只有在行为人的手接触到目的物时才是实行的着手，那么，实行着手的时期被认定在非常迟的时期。未遂犯的范围也被不适当地缩小。③ 西原春夫也说：“形式客观说过于缩小属于犯罪概念要素的行为的范围，导致在非常迟延的时期才能认定实行的着手。”④ “密接关系说”为了弥补定型说对着手认定过迟的缺陷，将实施了与构成要件行为具有密接关系的行为解释实行的着手，但如何界定“密接关系”，又面临新的难题。此外，我认为，在德、日刑法中，构成要件符合性的判断只能是一种形式的、抽象的、定型的判断，若将“形式客观说”贯彻到底，有可能出现把形式上符合构成要件但实质上不具有实行行为的不能犯同样认为存在实行的着手，作为未遂犯处罚，这样，就会不适当地扩大未遂犯的处罚范围。

面对“形式客观说”存在的上述疑问，现在，刑法理论上持

---

① ［日］大谷实著，黎宏译：《刑法总论》，法律出版社 2003 年版，第 276 页。

② 李海东主编：《日本刑事法学者》（上），法律出版社、成文堂出版社 1997 年版，第 245 页。

③ 参见［日］板仓宏、铃木裕文：《实行的着手》，载［日］阿部纯二等编：《刑法基本讲座 未遂、共犯、罪数论》（第 4 卷），法学书院 1992 年版，第 26 页。

④ ［日］西原春夫：《刑法总论》（上卷），成文堂 1993 年改订版，第 325 页。

该说的学者并不多，特别是在日本和我国台湾地区，在实行着手问题上，理论上占支配地位的观点是“实质的客观说”。

（2）“实质客观说”

“实质客观说”认为，应以对法益侵害的危险做实质性判断，以此来考虑行为人的行为是否着手。由于行为无价值论和结果无价值论对危险的理解重点不同，“实质客观说”中具体观点比较复杂，学者们的表述也存在很大差别。具有代表性的论述有以下几种：

其一，“必要行为说”。该说认为，当行为人实施了对构成要件结果的实现具有不可或缺的行为时，是实行的着手。日本学者安平政吉是该说的代表人物，他说：“形式上以一定的构成要件为标准，该行为实现事物自然经过的一定犯罪的法定事实，特别是至于为实现结果所必要不可或缺的状态，应视为着手。”① 但何种行为是必要的？何种行为是不必要的？由于是一个非常不明确的概念，所以，“必要行为说”在日本的刑法理论上并没有得到学者们的广泛赞同。“实质的客观说”的意见分歧主要在“结果危险说”与“行为危险说”之间。

其二，“结果危险说”。该见解以未遂犯是具体危险犯这一理论前提出发，重视结果无价值，强调行为只是具有发生结果的抽象危险时，还缺乏处罚的根据，只有当行为具有造成法益侵害结果的具体危险时，才能成立未遂犯。所以，只有当行为发生了作为未遂犯的结果的危险时，即法益侵害的危险性达到了具体程度时，才是实行的着手。② 持该种见解的学者较多，如平野龙一明确指出，未遂犯是具体危险犯，故只有当行为发生了具体迫切的危险时，才是

① 转引自参见马克昌：《比较刑法原理——外国刑法学总论》，武汉大学出版社 2002 年版，第 530 页。

② 参见张明楷：《刑法学》（第 2 版），法律出版社 2003 年版，第 291 页。

实行的着手。①此外，大谷实也表达了同样的认识。他说："既然未遂犯的处罚根据在于引起了实现构成要件或发生结果的现实危险，那么，关于实行的着手也应当从引起现实危险方面来考虑，所以，实质的客观说是妥当的。因此，实行的着手，是开始实施具有引起构成要件结果的现实危险的行为。"②

其三，"行为危险说"。该说将实行的着手定义为开始了实现犯罪构成要件的包含现实危险性的行为。该种观点将未遂犯的处罚不是求之于形式的"符合构成要件行为的开始时间"，而是求之于"产生结果发生的危险性之行为的开始时间"。③"行为危险说"重视行为无价值，这一点表现出了其与"结果危险说"的明显不同。大塚仁教授关于实行着手就是持该种认识。他说："从自由主义的观念严格把握犯罪概念时，必须以客观说为基调。而且，在我们以构成要件理论为基础的立场上，应该认为开始实行行为及包含着实现犯罪构成要件的现实危险性的行为是实行的着手。"④曾根威彦教授也主张"行为危险说"，他从实行着手旨在解决构成要件符合性，而是否发生侵害法益的具体危险旨在判定违法性的立场出发，提出行为的危险并不是引起构成要件现实的危险，而是实现构成要件一般的危险。他写道："在开始实施具有侵害法益的一般危险的行为的时候，就可以说是具有实行的着手。"⑤

其实，在一般情况下，结果的危险是通过行为的危险表现的，

① 参见［日］平野龙一：《刑法总论Ⅱ》，有斐阁1975年版，第313页。

② 参见［日］大谷实著，黎宏译：《刑法总论》，法律出版社2003年版，第276页。

③ 参见马克昌著：《比较刑法原理——外国刑法学总论》，武汉大学出版社2002年版，第531页。

④ ［日］大塚仁著，冯军译：《犯罪概说（总论）》，中国人民大学出版社2003年版，第154页。

⑤ ［日］曾根威彦著，黎宏译：《刑法学基础》，法律出版社2005年版，第202页。

行为的危险和结果危险往往难以分离，只要有着手实行，马上就会有侵害法益的具体危险，因此，一般的场合，对于实行的着手，无论是主张“结果危险说”，还是持“行为危险说”，并不会得出相异的结论。存在的主要在以下问题上：

其一，隔离犯的场合，如甲意图杀乙，通过邮局将毒药寄给外地的乙，如果持“结果危险说”，则会主张“到达主义”，如大谷实教授认为只有当被害人收到毒药时，才能认定为杀人罪的着手。① 如果主张“行为危险说”，则会倾向采取“寄送主义”，如大塚仁，强调行为人在寄送毒药时，已是实行的着手。②

其二，具有行为危险但不具有结果危险的场合，也就是说当行为具有反价值但不具有结果反价值的场合。如我国刑法中规定的诬告陷害罪，捏造犯罪事实的行为虽然可以评价为行为的无价值，但若没有告发的行为即不存在法益侵害的危险。对于这种情形，若从无法益侵害之现实或紧迫危险则不得以未遂加以处罚的规定，即客观未遂论的观点，则“结果危险说”较为正确；若强调实行之着手乃是解决实行行为何时开始的问题，则行为危险说更为妥当。③ 该问题后文将做进一步的分析。

作为实行着手的学说之一，“实质的客观说”遭到的质疑与批评有：

第一，标准不明确。有学者指出，对着手进行实质判断是完全必要的，但如果没有形式判断的限定，其判断标准难以明确。④ 有的甚至认为根据实质客观说，可能使一些根本不符合构成要件的行

① 参见［日］大谷实著，黎宏译：《刑法总论》，法律出版社 2003 年版，第 278 页。

② 参见［日］大塚仁著，冯军译：《犯罪概说（总论）》，中国人民大学出版社 2003 年版，第 158 页。

③ 参见陈子平：《刑法总论》（下），台湾元照出版有限公司 2006 年版，第 13 页。

④ 参见张明楷：《未遂犯研究》，法律出版社、成文堂联合 1997 年版，第 62 页。

为因为具有法益侵害的危险从而被认定为犯罪，有违反罪刑法定的嫌疑。

第二，刑法目的理解的失当。“实质客观说”以是否存在法益侵害的危险作为判定标准，这是以刑法的目的在于保护法益为理论前提的，但刑法目的只有法益保护，没有其他吗?①

在大陆法系的刑法上，由于实行的着手和未遂犯的处罚根据紧密联系在一起，行为人是否着手犯罪的实行行为，往往决定着行为是否可罚。只有从实质的立场上认识实行的着手，才能发挥实行着手应有的机能，这正是“实质客观说”能够成为理论上通说的根本原因所在。现在，虽然“实质的客观说”是日本以及我国台湾地区刑法理论的通说，但具体到对实行着手进行实质判断时，是否需要考虑行为人主观方面以及在多大程度上考虑行为人的主观方面，还存在较大的争议。纯客观说论者如内藤谦、中山研一、内田文昭、前田雅英等教授提出，是否具有法益侵害的现实危险，应当纯粹地以行为与外在情况作为判断素材，不应考虑行为人主观要素。修正客观说论者佐伯千仞教授认为，应一并综合考虑行为人的意图、计划以及性格的危险性来决定行为是否具有法益侵害的现实危险。而福田平、平野龙一、大塚仁、大谷实教授则认为，对危险的判断应当兼顾行为人的主观方面，但只应当考虑故意或过失，②这也是日本司法实务的见解。

3. 折中说

该说主张应综合考虑行为主观面与客观面以决定着手实行之时期。在日本和德国的刑法学中，虽然都存在“折中说”，但具体认识却存在一定的差异。

(1) 日本的折中说

① 参见郑善印：《犯罪之着手》，载蔡墩铭主编：《刑法争议问题研究》，台湾五南图书出版公司1998年版，第230页。

② 参见［日］川端博：《刑法总论讲义》，成文堂1997年版，第449页。

在日本，折中说的中心思想在于综合考量行为人之整体计划，当法益侵害之危险性存在时，即为实行的着手。其中，根据判断重点究竟是置于主观面还是客观面，又可分为“主观的客观说”和“个别的客观说”。

①“主观的客观说”

“主观的客观说”将危险判断的重点置于主观方面。认为以行为人的整体计划为基础，当行为人实施了对构成要件保护客体有直接危险的行为，明确表现犯罪意思时，即为实行的着手。晚年的木村龟二教授在放弃了“主观说”之后，转向支持该说。他说：“应以行为人之‘整体的计划’为基础，在对该构成要件的保护客体造成直接危险的行为明确表现其犯罪意思时，是实行的着手。”①对于实行着手的具体内容，木村教授进一步分析指出：“从‘主观的客观说’的立场看，例如，行为人以打开手枪的保险、确定目标、杀人的意思，从口袋中取出手枪时就是杀人罪的着手，没有必要等到扣动扳机。而盗窃罪，以进入房间窃取财物的意思，在房间前站立时就是实行的着手。或者，以盗窃的意思，只要实施了毒杀看门狗或者将其绑在其他场所的行为，就是实行的着手。在这种场合，直接的危险并不意味着行为一定要在时间、场所上接近行为的结果，因此，实施邮寄恐吓文书的行为就是恐吓罪实行的着手。另外，不必要成立具体危险，应以行为者认识的事实为基础进行危险的判断，因此，若相信空枪中装有子弹而向对方开枪的行为，就有了杀人罪的着手。再者，行为人以损伤被害人的眼睛为目的而准备投掷胡椒，同时为逃走而让汽车处在待机状态，结果与预期相反，被害人没有出现的场合，仍成立强盗罪的未遂。”②

②“个别的客观说”

---

① 参见［日］木村龟二著，阿部纯二增补：《刑法总论》，有斐阁1978年版，第345页。

② ［日］木村龟二著，阿部纯二增补：《刑法总论》，有斐阁1978年版，第346页。

“个别的客观说”将危险判断的重点置于客观面。认为从客观上看，依行为人的犯罪计划，直接实行构成要件行为时为实行的着手。因为犯罪者的计划因人而异，需要个别的决定，所以，称为“个别客观说”。在当今的日本，“个别的客观说”虽然不是刑法理论上通说的观点，但其也有较大的影响。福田平、庄子邦雄、西原春夫、野村稔等学者都支持折中说。

西原春夫教授也对他之所以持该说做过详细的解说。他指出：第一，历来的“主观说”和“客观说”一方面提出了各自不同的形式标准，但在判断实际案件时结论却并没有什么差异。之所以如此，是因为客观说只是提出了客观标准，但在判断行为的着手时实际上考虑了行为人的犯意或计划。主观说尽管不承认外部行为自身的意义，但实际上也考虑了危险性客观化。如果这样的话，将两者结合起来的折中说，是最妥当的。① 第二，即使是单纯的作为犯，例如将枪抵住他人胸口，手指已扣在扳机上时，如果是出于杀人的意图，当然是实行的着手，成立杀人未遂；但若只是开个玩笑，就不成立犯罪。所以，着手必须要考虑行为人之主观意图。②

作为学生的野村稔继承了西原教授的这一思想，分析道：“为了判断行为的危险性必须着眼于实施行为的状态。人们是处在一定的客观状态下从事一定行为的，他在赋予他的行为以特定意义的同时实施着该行为。因此，要判断这样的行为是否具有危险性，不仅要看行为的外在部分，还必须考虑行为者在实施行为之际的主观意图。”“根据行为者的犯行计划，他已经预定了把自己的行为中介于危及法益之中的时候，对法益的威胁还是间接的，并且欠缺紧迫性，这样还不能认定是实行的着手。对法益的威胁是直接的，但是其危险性还并不紧迫的场合下也不能认定是实行的着手。危险到底

---

① 参见［日］西原春夫：《刑法总论》（上卷），成文堂 1993 年改订版，第 326 页。

② 参见［日］西原春夫：《刑法总论》（上卷），成文堂 1993 年改订版，第 326 页。

是不是直接的以及紧迫的，必须要以行为时的状况为前提进行客观的判断。”“按照行为者的犯行计划，对于该构成要件所要保护的客体构成的威胁是直接的、紧迫的时候，应该确定为实行的着手。”①

无论是“主观的客观说”还是“个别的客观说”，虽然都强调以“行为人的整体计划”为基础，但并不同于“主观说”。西原春夫教授认为“主观说”与“折中说”的不同在于：“主观说”中，所赋予外部行为的仅仅是作为能否确定犯意或者能否作为认定犯意表动的材料的意义。在“折中说”中，外部行为既是犯罪意思的征表，又在某种程度上作为客观危险把握。② 木村龟二教授本人也对“主观说”和其所主张的“主观的客观说”间的区别作过论述。他在提出了“主观的客观说”的见解之后说：“主观说”与“主观的客观说”的不同点在于：前者以行为人的犯罪意思所认识的事情为前提，根据行为人的见解，认为实施了构成要件行为的场合，是实行的着手；后者以行为人犯罪意思认识的事情为前提，不是根据行为人的见解，实施了客观上具有直接侵害法益的危险的行为时，才是实行的着手。③

对于日本刑法理论上的折中说，我的基本认识如下：

其一，关于“主观的客观说”的认识。“主观的客观说”试图避免“主观说”的缺陷，向“客观说”接近，但由于其以行为人的犯罪意思所认识的事情为前提，根据行为人的见解为资料判断实行的着手，那么，若将该说贯彻到底的话，仍然会使一些在客观上根本不存在危险的行为，因为行为人的认识错误而认定为具有法益

---

① ［日］野村稔著，全理其、何力译：《刑法总论》，法律出版社 2001 年版，第 336、337 页。

② 参见［日］西原春夫：《犯罪实行行为论》，成文堂 1998 年版，第 226 页。

③ ［日］木村龟二著，阿部纯二增补：《刑法总论》，有斐阁 1978 年版，第 345 页。

侵害的危险。从处罚的结果看，与“主观说”并无太大差异。所以，“主观的客观说”仍然不失为“主观说”。此外，“主观的客观说”提出的“行为者计划”，不仅有欠明确，而且脱离实际，因为突发性的犯罪，虽然出于故意，却没有什么犯罪计划。①

其二，关于“个别客观说”的评价。“个别客观说”强调依行为人的犯罪计划，直接实行构成要件行为时为实行的着手。而是否符合构成要件要从客观的立场进行判断，并不是以行为人的认识为资料，其实这种认识与前述“客观说”的观点很难说存在本质区别。如前文指出，许多持“客观说”的学者在对着手的判断时都强调需要考虑行为人的犯罪意图，这样一来，虽然其形式上称为“客观说”，在实质上却是“折中说”。

(2) 德国的折中说

在德国，折中说也称“主客观混合理论”，认为，单纯以主观理论和客观理论难以科学理解未遂犯的处罚根据。根据法治国的理念，仅有犯罪意思或法的敌对意思尚不具备刑罚惩罚的基础，意思必须在客观上转化为具体行为时，才具备可罚性。只有依照犯罪人的犯罪计划，行为人对犯罪的实现不需要有进一步的行为时，或者行为人依照犯罪计划已直接着手实行犯罪的构成要件时，即进入未遂阶段。“主客观混合理论”是以主观说为骨干同时兼采客观说的理论。② 在德国，虽然学者们多采取“主客观混合理论”，但具体理解存在分歧，具有代表性的观点有“主观—实质危险理论”和“印象理论”。

①“主观—实质危险理论”。认为，未遂犯的着手不能依形式观点判断，需依实质观点认定，即按照犯罪人的计划，行为人是否认为攻击的法益已进入直接危险阶段，行为人不必做进一步必要或

① 参见马克昌：《比较刑法原理——外国刑法学总论》，武汉大学出版社 2002 年版，第 536 页。

② 参见林钰雄：《新刑法总则》，台湾元照出版有限公司 2006 年版，第 346 页。

重要行为即可产生侵害，至于行为人主观认知的危险在事实上是否发生，并不重要。

案例一：甲计划袭击某公司出纳员乙，甲知道乙习惯会在某公车站下车，于是准备好胡椒粉，在公车站附近等待，只要乙一下车，即以胡椒粉洒向乙的眼睛，夺其钱包。为此，甲事先让汽车引擎发动，计划在实施犯罪后，可立即离开现场。在等待四班车后，甲确信乙此次不会出现。

案例二：甲计划在晚上抢劫乙的商店，当晚甲带上面罩，站在乙店门前，一手持枪，另一手按门铃。依甲的计划，在按门铃后，乙或其他人会来应门，甲即以枪抵住开门者进行抢劫。但是，甲按门铃后并没有人来开门，后被警察逮捕。

根据“主观—实质危险理论”，行为人在埋伏等待被害人出现的情形中，不管被害人事实上出现与否，对于行为人是否着手实行犯罪的认定，关键在于考察行为人的犯罪计划，即遇见被害人前，行为人是否认为被害人已面临足以导致构成要件结果发生的危险。对于案例一，甲尚未确定被害人是否会出现，以及何时出现，故甲的行为只属于预备行为。对于案例二，甲蒙面站在门前，以甲的主观认知就等待被害人出现，立即实施犯罪计划，此时甲的行为已进入实行阶段。

②印象理论。认为未遂犯的可罚性在于行为人以未遂行为显示其与法律规范相违背之意思。此等客观可见之未遂行为，因足以震惊社会大众对法秩序之信赖，而破坏法律之确定性与法律秩序，故而应具有刑罚性。① 实行着手的认定，应根据行为者的计划，若行为人已进入被害者的范围空间内，和被害法益存在紧密关联，足以造成了对法律和平的破坏和社会大众不安时，应当认定成立着手实行。在上述案例一中，甲的犯罪计划的实现必须等待乙的出现，由于甲、乙之间欠缺时空的紧密关联，甲行为人仍然只是处于犯罪的

① 林山田：《刑法通论》（上），台大法学院图书部 2006 年版，第 443 页。

预备阶段；在案例二中，按照甲的设想，乙在听到门铃后就会出现，甲的按门铃的行为与被害者法益产生间具有紧密的关联，甲的行为足以震撼法律和平，因此，甲的行为应当进入着手实行。①

主客观混合理论是当今德国刑法理论上的通说，德国著名刑法学家耶赛克教授以印象理论为理论前提，阐述了他对实行着手的认识。他说，作为客观的要素，未遂要求行为人“直接开始实现构成要件”，所谓直接开始，就是指着手某一行为，该行为没有中间环节直至构成要件实现。是否存在直接的开始，能够根据行为人的计划，即“根据行为人对行为的态度”加以判断。因此，起决定性作用的是以实现行为决意的过程、手段、方法等行为人的态度为基础，对在何种程度接近行为作出客观的评价。②

晚近一个时期，主客观混合理论也得到我国台湾地区越来越多学者的赞同，苏俊雄、林山田等一批受到德国刑法强烈影响的学者都支持该说。林山田教授在详尽分析了在着手问题上存在的“主观说”、“客观说”和“主观与客观混合理论”后指出：“由于客观理论和主观理论各有缺失，乃有主观与客观混合理论之提出，即以主观理论为基础，而辅以客观理论，以作为认定着手实行之标准。混合理论乃以行为人主观上所认识之事实，作为判断之背景事实，故而在不能未遂之情形亦可找到着手实行之时点，并且加上客观限制，故不至于扩大未遂犯之范围。亦既折中了主观理论与客观理论，又能避去两理论之缺点，应属可采之理论。”③ 以主客观混合理论为出发点，林山田教授进一步分析指出，只要行为人依其主

① 以上内容参见黄惠婷：《预备行为与未遂行为之区别》，载《月旦法学杂志》第108期。

② [德] 汉斯·海因里希·耶赛克、托马斯·魏特根著，徐久生译：《德国刑法教科书》，中国法制出版社2001年版，第617页。

③ 林山田著：《刑法通论》（上），台大法学院图书部2006年版，第450页。

观之认识而开始实行足以实现构成要件之行为，即为实行着手。①

由于“主客观混合理论”强调“只要行为人依其主观之认识而开始实行足以实现构成要件之行为，即为实行着手”，这种对实行着手的解释与日本刑法理论上的“主观的客观说”并无本质的不同。在德国和我国台湾地区，之所以能够以印象理论为基础探讨实行的着手，根本与其刑法理论和实践处罚不能犯的立场相关（后文详述）。德国刑法第23条第3款明确规定：“行为人由于对犯罪对象和手段的认识错误，在性质上其犯罪行为不能实行终了的，法院可以免除其刑罚，或减轻其刑罚。”我国台湾地区“刑法”也规定：“未遂犯之处罚，得按既遂犯之刑减轻之。但其行为不能发生犯罪之结果，又无危险者，减轻或免除其刑。”若从这种意义上看，德国和我国台湾地区刑法关于实行着手的学说是符合其刑法规定的，当然，从理论的科学性而言，必然面临与前述“主观的客观说”同样的诘难。

4. 争论的问题点

对于上述学说争论的问题点，我国台湾学者陈子平先生作了归结。② 他说无论采取上述何种见解，重点在于“危险之判断”时，行为人之主观意思是否应当作为或者同时作为判断的对象或素材，以及作为判断对象或素材的“行为人意思”内容究竟包括哪些。

首先，有无“危险的判断”时，行为人之主观意思是否应作为或同时作为判断对象或素材的问题。若采实质客观说中的“纯客观说”，则不以行为人的意思为判断对象。“修正客观说”、“主观说”和“折中说”则在危险判断时都考虑了行为人的意思。其中，“主观说”过分依赖于行为人的意思，而“修正客观说”和“折中说”则兼顾行为人的主观意思。

① 林山田著：《刑法通论》（上），台大法学院图书部1998年版，第448页。

② 以下参见陈子平著：《刑法总论》（下），元照出版有限公司2006年版，第15—16页。

其次，有关作为判断对象或素材的“行为人意思”的内容究竟为何的问题。大塚仁、大谷实等仅以行为人之故意作为危险性判断对象之行为人意思内容，亦即其所考量的行为人的主观意思，只限为故意。有的主张作为危险性判断对象之行为意思内容，应一并包括行为的计划，而非仅为故意。判断基准的不同，对于具体案件的着手就会存在差别。例如：甲在路上强行拉乙女上车，载至荒郊野外强奸的案件。若依前者见解，由于判断有无侵害性自主的危险性，若只是考虑行为人之故意，并不考虑行为人之计划，从而当甲强行将乙女拉上车时，就能判定有侵害性自主的现实危险性，即已属于强制性交（即我国刑法上的强奸罪，笔者注）的着手；若依后者见解，由于判断有无侵害性自主之危险性，要同时考虑行为人的计划，并非仅考虑行为人的故意，从而当甲强行将乙女拉上车时，尚不能算是对于乙之性自主已有现实危险性，必须依其计划载往目的地，将乙拖下车时，始得认为有侵害性自主的现实危险性，始得为犯罪的着手。

解决实行着手并非只是限于上述两个方面问题，但不可否认的是陈教授归纳的上述两个方面问题是认定着手的两个重要的问题点，因此，欲科学解决实行着手，需要对这两个问题作出圆满的回答。

（三）判例的动向

刑法理论上关于“实行着手”的争论对刑事司法判例产生了重大影响，在大陆法系，不仅不同国家或地区的刑事司法实践在有关“着手”的问题上态度存在明显差异，即使同一国家或地区的刑法在不同时期也不一样。

1. 德国

德国刑事司法实践对实行着手的判断标准历经了一个由客观说向折中说演变的过程。在早期，判例也曾采取过“形式客观说”，但随着刑法理论对未遂犯处罚根据普遍改采“印象理论”，关于实行着手的认定，判例也逐渐转向折中说。例如德国联邦法院的判决（BGHSt28，162.）指出，以行为人打造特定汽车之钥匙，预以随时可以开锁发动汽车之行为，构成盗窃罪之未遂犯。①

2. 日本

关于实行着手的认定标准，日本的判例比较复杂，大审院和最高法院时期判例的立场并不相同。

（1）大审院的立场

大审院时期，主流判例采取的是“形式客观说”，也就是说，当开始实施了符合构成要件的行为时就是着手。例如在日本旧刑法施行期间，针对诈欺取财罪，1907 年大审院判决指出，既然实施了欺罔行为，不管对方是否因为欺罔行为陷入错误，都是已经着手实行了犯罪构成要件要素的行为。现行刑法颁布以后，大审院同样维持了“形式客观说”的立场。如针对诈欺罪，1934 年大审院判决指出，企图通过欺诈赌博骗取他人财物，欺骗他人参与赌博，即使对方没有加入，同样成立欺诈罪的未遂。②

另外，也有一些判例，特别是针对盗窃罪的判例，大审院采取的是“形式客观说”中“密接行为说”。例如，1934 年大审院判例指出，以盗窃的目的侵入他人住宅，接近侵犯他人对财物的事实上支配的行为时，就是盗窃罪的着手。③

（2）最高法院的态度

“二战”后直至 20 世纪 50 年代初期，最高法院和下级审判例仍然采纳的是大审院以来的“形式客观说”。从 50 年代初期开始，下级审判例和最高法院出现了转而采取了“实质客观说”的倾向。例如，行为人为了窃取他人裤子口袋里的现金，手已接触到了口袋的外侧，但因被发现而没有达到目的。针对本案，广岛高等法院 1953 年判决指出：“应当大量观察各种案件通过何种方法行为遂行犯罪，考虑行为人是否达到了可能产生结果的客观状态”来决定

① 参见苏俊雄著：《刑法总论Ⅱ 犯罪总论》，台大法学院图书部 1997 年版，第 359 页。

② 参见［日］黑木忍著：《实行的着手》，信山社 1998 年版，第 8 页。

③ 参见［日］黑木忍著：《实行的着手》，信山社 1998 年版，第 8 页。

是否着手实行犯罪。宇都宫地方法院1965年判决也同样指出：“对于实行之着手，法院之立场认为，基于客观可能发生行为结果之虞的客观状态，换言之，在对保护客体具有侵害法益之直接的现实危险的场合，即可解释为实行之着手。”①

最高法院成立后，判例主流采取的也是实质客观说。著名案例是：被告人X于某日下午7时30分左右，与熟人Y驾驶翻斗汽车，共同以物色女性发生性交的意图在市内来回行驶。期间，认准了单身的A女，二被告人边喊着“上车吧”边尾随了100米左右。X与Y相互勾通了强奸的意思后，共同将拼命反抗的A女拉进驾驶室，然后行驶5 000多米至某护岸工程的现场，在驾驶室内抑制A女的反抗并强奸了A女。另外，将A女拉进驾驶室的这一暴行，致使该女受到需10天治愈的伤害。日本最高法院1970年7月28日对此案的判决指出：“在这种事实关系中，被告人开始将A女拉进翻斗车驾驶室阶段，就显然具有强奸的客观危险性，将此时理解为强奸行为的着手是适当的……将被告人的行为认定为强奸致伤罪的原判决是正确的。”② 从判文“显然具有强奸的客观危险性”的用语看，最高法院对于本案明显采纳了实质客观说的立场。

3. 我国

旧中国，我国早期的判例采取的是主观说。如大理院1913年上字第68号判决指出：“持刀直立，面向屋内，有欲得之而甘心之状，幸屋内坚闭不得入，始将凶刀夺下，拿获送案。是即意图杀人业已着手，因以外障碍而致未遂。”此外，大理院1915年统字第252号、第384号等判决也表达了同样的态度。③

---

① 参见苏俊雄著：《刑法总论Ⅱ 犯罪总论》，台大法学院图书部1997年版，第359页。

② 参见张明楷著：《未遂犯论》，法律出版、成文堂1997年版，第78页。

③ 参见郭君勋著：《案例刑法总论》，三民书局1988年版，第359—360页。

1920年后，我国实务的见解开始改采客观说，并且倾向于采取了形式客观说中的“密接行为说”。针对下级法院的判决，1920年大理院上字839号判决明确阐述了“密接行为说”的立场，判文指出：“查犯罪未遂与预备之区别，全以已着手为标准。凡实施构成犯罪要素之行为，谓之实施。着手者，即指开始实施而言，与实施有密接关系。该上告人拿枪出外，尚未成行，即被拦住，据证人供上告人拿枪时尚看不见所欲杀之人，是当时纵欲杀人亦无从开始实施，自无着手可言。核其行为，尚在杀人预备之程度，原判认为杀人未遂，实属错误。”

新中国成立后，旧中国的法律传统被我国台湾地区的“刑法”所承袭。关于实行着手，我国台湾地区的“最高法院”仍然奉行客观说，其中，有的采纳的是“密接行为说”，有的持“实质客观说”。采取“密接行为说”的判例如1995年台上字的4 341号判决：“……留滞时间有数分钟之久，用眼睛搜索财物，纵其所物色之财物尚未移入自己支配管领之下，惟从客观上已足认其行为系与侵犯他人财物之行为有关，且属具有一贯接连性之密接行为，显然已着手盗窃行为之实行。”采取“实质客观说”的如1997年上易字第1 104号判决：“……是于决定盗窃行为着手时点之际，即应考虑具体财产持有人之支配力是否已有被侵害之直接或现实危险性。就侵入住宅盗窃犯罪之形态观之，若行为人不仅有侵入住宅之行为，且已开始有搜寻、物色财物、或为物色财物而接近财物之动作，则应认此际行为人之行为对住宅居住人就各动产之支配力已有加以排除而转移持有之直接或现实危险性。”①

近些年，我国台湾地区司法实务的见解很不一致，判例在采取客观说和主观说理论的同时，由于受到德国刑法的强烈影响，又出现了采取主观与客观混合理论的倾向。

---

① 参见陈子平著：《刑法总论》（下），元照出版有限公司2006年版，第16—17页。

二、我国学者的观点

在我国，关于实行的着手讨论虽然不如德、日刑法那样热烈，但也存在观点的对立，特别是晚近一个时期，实行着手问题越来越引起学者们的关注。从当今的理论现状看，争议主要集中在形式客观说与实质客观说之间。

形式客观说可以认为一直是我国刑法理论上的通说。早期的刑法统编教材就明确指出："所谓实行犯罪，就是实施符合刑法分则所规定的某种具体犯罪构成要件的行为。例如，杀人罪中剥夺他人生命的行为，盗窃罪中的秘密窃取他人财物的行为等，都是属于犯罪构成要件的行为。"① 这种对实行着手概念的认识仍然为我国现在的教科书有力维持。现在的教科书同样指出："所谓已经着手实行犯罪，是指行为人已经开始实施刑法分则规范里具体犯罪构成要件中的犯罪行为。如故意杀人罪中的杀害行为，抢劫罪中的侵犯人身的行为和劫取财物的行为等。"②

实质客观说是在对形式客观说的批判中提出的，虽然在我国目前只是为张明楷、黎宏等少数学者提倡，但由于其论证较为充分，立论十分有力。论者强调形式着手说在从开始实施犯罪构成客观要件的角度考虑实行的"着手"这一点上，虽然和主张"什么是犯罪，应当给予什么样的处罚，法律事先都必须具有明确规定"的罪刑法定原则的精神相一致，③ 但该说并不可取。之所以要提倡实质客观说，主要是基于以下考虑：

第一，形式客观说不明确。张明楷教授指出，诚然，实行行为

① 高铭暄主编：《中国刑法学》，中国人民大学出版社1989年版，第173页。

② 高铭暄、马克昌主编：《刑法学》，北京大学出版社、高等教育出版社1999年版，第156页。

③ 参见黎宏：《论未遂犯的成立要件》，载《云南大学学报（法学版）》2004年第2期。

必须是符合犯罪客观要件的行为，这是罪刑法定原则决定的。但问题在于如何认定何种行为符合刑法分则所规定的构成要件？例如，究竟什么行为叫开始“杀人”？甲意欲杀乙，乙迅速逃离，甲在追赶中，从腰里掏出手枪，然后瞄准乙，接着开枪射击，但没有打中。那么，从何时起可以认定甲“杀人”或“剥夺他人生命”？又如，盗窃罪的实行行为是秘密窃取他人财物的行为，但什么行为开始叫“秘密窃取他人财物”？A进入银行后，寻找保险柜，找到后便开始使用携带的工具撬保险柜，但未得逞，从何时起可以认定A实施的是“秘密窃取他人财物”的行为，形式客观说无法回答这些问题。①

第二，形式客观说在具体适用上有时使着手过于提前。实质客观说论者通过具体的案例分析了形式客观说在有些案件中会导致着手的提前的问题。

案例一：甲租用某建筑公司场地开了一舞厅，并为舞厅财产投了32万元人民币保险，后因甲无力支付租金，场地被建筑公司封锁。甲在气急又无奈的情况下，决定放火烧毁歌舞厅：一来可以解对建筑公司之恨，二来可以从保险公司获取保险赔偿金。甲在放火后败露，未到保险公司理赔即被当地公安机关抓获归案。持实质客观说论者指出如果根据形式的客观说，造成财产损失的保险事故是刑法分则明文规定的构成要件的行为，所以，开始实施造成财产损失的保险事故的行为，就是着手保险诈骗罪的实行行为，故甲放火的实行行为同时就是保险诈骗罪的实行行为。而事实上，造成保险事故的行为，只是为诈骗保险金创造了前提条件；如果行为人造成保险事故后并未到保险公司理赔，保险金融秩序与保险公司的财产受侵害的危险性就比较小；只有当行为人向保险公司理赔时，才能认为保险金融秩序与保险公司的财产受到侵害的危险性达到了紧迫

① 参见张明楷著：《刑法的基本立场》，中国法制出版社2002年版，第214~215页。

的程度，才是实行行为的开始。①

案例二是我国刑法第243条规定的诬告陷害罪。根据我国刑法第243条的规定，诬告陷害罪的客观要件的行为是“捏造事实诬告陷害他人”。若严格按照形式客观说见解，行为人先捏造事实，后向司法机关告发的，捏造事实时就是着手。但事实上，只有开始向司法机关告发时，才能认为是着手。②

面对实质客观说的责难，为了维护形式客观说的论点，也有学者针对实质客观说的上述论点做了针对性的反驳。反驳者提出：

第一，即使对于我国刑法规定的保险诈骗罪，按照通说的观点也应当是以行为人开始实施向保险公司索赔的行为为实行的着手。因为制造保险事故而实施的杀人、放火、伤害等行为，本身并不含有虚构事实、隐瞒真相的欺诈性质，人的死亡、财产的损失是客观存在的事实……因此，制造事故本身的行为不是保险欺诈行为的一部分，只有行为人实施向保险公司索赔的行为时才属于实行的着手。③

第二，形式客观说认为实行行为的着手是开始实施分则所规定的犯罪构成要件的行为的观点并没有错误，由于我国刑法分则所规定的犯罪构成要件的行为本身就蕴涵着危险性的含义，因而没有必要在认定着手时再度强调行为对犯罪客体的危险。持实质客观说的学者正是因为对我国的犯罪论体系作了形式的解读，才导致得出不合理的结论。④

我认为，反驳者的意见并没有说服力：

---

① 参见张明楷著：《刑法的基本立场》，中国法制出版社2002年版，第215—216页。

② 参见黎宏：《论未遂犯的成立要件》，载《云南大学学报（法学版）》，2004年第2期。

③ 参见陈家林：《论实行行为的着手》，载刘明祥主编：《马克昌教授八十华诞祝贺文集》，中国方正出版社2005年版，第544页。

④ 参见陈家林：《论实行行为的着手》，载刘明祥主编：《马克昌教授八十华诞祝贺文集》，中国方正出版社2005年版，第543页。

其一，从论者的分析可见，论者为了维护形式客观说，将制造保险事故的行为解释为一种“客观存在的事实”。行为的确可以归属于客观事实的范畴，但这种事实毕竟是我国刑法分则规定，作为保险诈骗的手段具有不可否认的行为属性，那么，这种行为的法律性质到底是预备行为还是实行行为是一个不能回避的问题，回避了这一点，其辩驳将没有说服力。退一步讲，如果说对于保险诈骗罪实行着手的解释还存在回旋的余地，那么，形式客观说对诬告陷害罪、招摇撞骗罪着手将如何解决呢？

其二，我赞同反驳者提出“我国并不存在只是形式上符合构成要件的行为”的看法。在我国和德、日刑法上都使用“构成要件”的概念，虽然用语相同，但内涵却有别。在德、日刑法中，构成要件符合性是成立犯罪的要件之一，但德、日刑法理论中构成要件是一个形式的概念，构成要件符合性的判断是抽象的、形式的、定型的判断，即使行为符合构成要件，行为也不一定违法，更谈不上一定存在责任的问题，为了认定成立犯罪，还需要进一步进行行为违法性和有责性的判断。与德、日不同，我国的犯罪构成是形式与实质的统一，行为符合犯罪构成既表明行为具有了违法性，也表明行为具有刑罚的可非难性。所以，在我国，只有在形式和实质上都符合了刑法分则条文规定的构成要件，才能将某一行为解释为实行行为。虽然我国犯罪构成是形式与实质的统一，而且实践中对行为是否符合犯罪构成的判断往往是一体性的，但这并不表明我们不需要从形式和实质两个层次和角度认识我国的犯罪构成和实行行为，相反，为了说明某种行为是否符合刑法分则规定的构成要件，同样需要从形式和实质两个层面进行符合性判断。而侧重从形式上认定的叫形式客观说，侧重于从实质上判断的称为实质客观说。我国通说的观点虽然指出了实行的着手是指实施了刑法分则规定构成要件的行为，但是由于其未能对符合构成要件行为的实质内涵作出说明，正因为如此，我国学者才将我国通说的观点称为“形式客观说”，所以，我们不能因为我国的犯罪构成是形式与实质的统一，而否认从实质上判断的必要性，也不能如论者所讲

“由于我国刑法分则所规定的犯罪构成客观要件的行为本身就蕴涵着危险性的含义，因而没有必要在认定着手时再度强调行为对犯罪客体的危险”，如果这样的话，那么，同样可以得出“我国刑法分则规定的构成要件本身也蕴涵着实行行为形式的特征，自不必要再度强调实行行为的形式特征”的不合理结论。

纵上所述，在我国，虽然反驳者试图维护形式客观说，但其没有解决实质客观说论者指出的问题。

三、我的认识

（一）争论的归结

通过以上分析可以看出，关于实行着手，在德国，当今刑法理论和司法实务主流的观点采取的是折中说；而在日本，理论通说和判例持实质客观说；在我国台湾地区，理论上多数学者支持实质客观说和折中说。对于同一种社会现象，不同国家或地区的刑法评价之所以会出现如此的差异，我认为，其原因在于：

第一，根本上是由各国各地区刑法对未遂犯处罚根据所持的立场决定的。

一般来说，实行的着手是实行行为的起点，是实行行为与预备行为的分界线，当行为人着手实行犯罪而未得逞时成立未遂，因此，行为人是否着手犯罪，事关未遂犯的处罚界限，对于未遂犯处罚根据的理解不同，有关实行着手的认识也必将不同。

在刑法发展史上，关于未遂犯的处罚根据，学说上有主观未遂论、客观未遂论和折中未遂论的对立。主观未遂论认为，未遂犯的刑罚理由在于行为人以未遂行为显露其主观上的法敌对意思，故处罚未遂行为的关键点，并不存在于行为对构成要件所保护之行为客体的危险，而是行为人以其行为表露其主观心态上对法律的敌对性。客观未遂论指出，未遂犯处罚根据并不在于行为人的犯罪意思，而在于未遂行为对于构成要件所保护的行为客体形成的危险，在于实现构成要件结果之危险，犯罪行为从预备到未遂、再到既遂，其危险程度逐渐增大，直至发生法益侵害的结果，因此，未遂犯乃因其行为引起结果不法之高或然率而受处罚。折中的未遂论强调，未遂犯的可罚性在于行为人以未遂行为显示其与法律规范相违背之意思，并且该显示的意思足以震惊社会大众对法律的信赖，破坏法律之安定性与法律秩序，所以，并非所有出于主观犯意的未遂行为，均具备刑罚性而加以刑罚制裁，只有当表征主观犯意的客观行为足以令社会大众感到不安，法律对此不加以制裁，就会足以危害法律秩序之安定性与法律秩序时，才有以刑罚制裁的必要。① 也就是说，在折中的未遂论看来，未遂犯处罚依据存在于行为唤起“法动摇的印象”，故而亦称印象理论。

以主观未遂论为前提，必然在着手问题上采纳主观说；以客观未遂论为理论根基，关于实行着手则会倾向采取客观说的立场；而对未遂犯的处罚持印象理论，往往在实行着手的问题上会采取兼顾主观和客观的折中说。在德国，由于未遂犯的处罚根据，通说的观点采取的是印象理论，在着手的问题上，德国学者多持折中说自然不足为怪。而在日本，“二战”后随着客观主义刑法理论的喧嚣日上，客观未遂论逐渐占据上风，学者们在实行着手的问题上必然会向客观未遂论倾斜。所以，学者对实行着手持什么观点，实际上取决于其在未遂犯的处罚根据上所持的立场。

第二，与各国刑法对不能犯的态度密切关联。

不能犯是行为人虽然以犯罪意思实施行为，但其行为在性质上不可能发生结果的情况。不能犯的特点在于行为人主观上虽认为已着手犯罪的实行，实际上却不具有法益侵害的危险性，不可能存在犯罪的实行行为。对于不能犯，各种立法态度并不一致。德国刑法典第 23 条第 3 款规定：“行为人由于对犯罪对象和手段认识错误，在性质上其犯罪行为不能实行终了者，法院得免除其刑罚，或减轻其刑罚。”可见，对于不能犯，德国刑法仍然认为是犯罪，相对于其他犯罪，只是可以减轻或免除处罚而已。我国台湾地区的“刑

① 参见林山田著：《刑法通论》（上），台大法学院图书部 2006 年版，第 442—443 页。

法”对不能犯也作出了类似的规定，其刑法第26条规定：“未遂犯之刑罚，得按既遂犯之刑罚减轻之。但其行为不能发生犯罪之结果，又无危险者，减轻或免除其刑。”① 与德国和我国台湾地区的刑法不同，日本现行刑法没有对不能犯作出规定，其司法实务的一贯立场是认为不能犯不存在法益侵害的危险，不处罚。

德国刑法明确肯定了不能犯的犯罪性和可罚性，所以，在实行的着手的问题上必须将属于不能犯的情形包括在内，若严格贯彻客观说，不能犯的实行行为和着手问题将被会否定，因此，德国刑法处罚不能犯的立场从根本上决定了其刑法理论难以采取客观说的立场。而在日本，由于其刑法理论和判例一贯认为不能犯不成立犯罪，那么，被认为能够作为犯罪处罚的行为都具有法益侵害的危险，这样，实质客观说在日本司法环境下具有承认的空间。这正是“客观说”在德国被冷落而在日本被青睐的根本原因。

实行着手是一种社会现象，更是一种法律现象，因此，关于着手的认定，必须结合一国的刑法规定展开论述，脱离了这一点，将无法得出正确的结论。我国刑法关于实行着手的理解和认定，也必须遵循这一基本原则。

（二）实行着手的再认识

关于实行的着手，我的意见如下：

1.“主观说”不可取

对于“主观说”，如前所述，日本学者批评存在理论破绽、判断标准不明确、着手提前、理论根基失当等缺陷，即使在我国的刑法上，若采取该说也同样存在上述问题。特别是我国刑法不仅处罚未遂犯，原则上也处罚预备犯，即使当行为人实施的是犯罪的预备

① 注意：我国台湾地区新修正的“刑法”从2006年7月1日起施行。关于不能犯，新“刑法”作了重大修订，第26条规定：“行为不能发生犯罪之结果，又无危险者，不罚。”也就是，新“刑法”对不能犯的态度不认为成立犯罪，不再处罚。不能犯的修订必将对台湾地区的刑法理论，特别是未遂犯的处罚根据和实行着手的理论产生重大影响。

行为，同样存在行为人犯意的飞跃表动或犯意的征表，而且，不管是预备行为，还是实行行为，行为人在主观上的犯罪决意是相同的。若依主观说，我国刑法中实行行为和预备行为的界限将不复存在，所以，“主观说”在我国同样不可取。

2. “折中说”在德国和我国台湾地区有其存在的法律依据，但并不符合我国刑法的规定和我国主客观相统一的刑法基本原则

“折中说”认为，以行为人的犯罪意思所认识的事情为前提，根据行为人的见解为资料判断实行的着手，如前所述，在德国和我国的台湾地区，由于刑法处罚不能犯，这种观点是符合其刑法规定的，但并不符合我国刑法的规定。

第一，折中说（主要是主观的客观说）在对实行行为本质的认识上实际上采取的是“抽象的危险说”，不符合我国刑法对实行行为本质的理解。

关于实行行为的本质，学说上有“主观说”、“抽象危险说”、“具体危险说”以及“客观说”的不同理解。① 在我国，犯罪的成立行为必须具有严重的社会危害性，既是理论的通说，也是我国刑法的明确规定。而社会危险性是主客观的统一，若一种行为只有主观犯意，而无客观上的社会危害，就不能评价为具有社会危害性，也不能将其认定为违法。我国刑法理论对社会危害性是主客观统一的理解，其实已明确表明了我国刑法对实行行为的本质的理解坚持的是“客观说”的立场。②

折中说提出，实行着手需要以行为人的犯罪意思所认识的事情为前提，根据行为人的见解为资料判断，在关于实行行为的判断上采取的实际上是“抽象的危险说”，若将该说贯彻到底的话，必然会使一些在客观上根本不存在危险的行为因为行为人的认识错误而认定为具有法益侵害的危险，从而肯定实行的着手。比如，行为人误将白糖当砒霜实施杀人，按照主观的客观说，以行为人的计划为

---

① 有关实行行为本质的详细论述，参见本书第二章第一节的相关内容。

② 详细论述，参见本书第二章第一节的相关内容。

判断资料，那么，该案中行为人意图以砒霜杀人，当然具有法益侵害的危险，也可以肯定杀人罪的着手。这种结论实际上将没有任何法益侵害危险的行为认定为实行行为，不符合我国刑法的规定，也不符合我国刑法一贯坚持的主客观相统一的基本原则。

第二，在我国，虽然司法实践一贯处罚除迷信犯之外的一切形式的不能犯，理论上也有不少学者肯定不能犯的可罚性，但这种做法和认识本身就存在疑问，不能成为主张折中说的依据。

在我国的司法实践中，对于不能犯，除迷信犯外一般是肯定其处罚性的，并且处罚不能犯也得到我国不少学者的支持。比如我国传统的刑法理论都是将犯罪未遂区分为能犯未遂和不能犯未遂，认为误将白糖当砒霜杀人的情况是工具不能犯，属于不能未遂的情形之一，应当处罚。① 司法实践的做法和理论的认识显然是以对实行行为的本质持抽象危险说为前提的，结果必然会将一些只有主观犯意，而无客观上的社会危害性的行为也评价为犯罪，只是片面地强调了行为人的主观恶性，忽视了行为的客观危害。从处罚科学性而言，并不符合我国刑法的规定和刑法理论的基本立场，不足以成为我国主张折中说的理论依据。

第三，折中说，尤其是主观的客观说，虽然其不同于纯粹的主观说，具有向客观说接近的属性，但由于其强调以行为人的整体计划为基础进行危险性判断，在根本上仍然难以摆脱主观未遂论的阴影。

陈子平教授批评指出："主观未遂论或以主观未遂论为基础的主观客观混合理论（印象理论），则由于过度偏重行为人之犯罪意思或法的敌对意思，而忽略行为人在客观上所造成之法益侵害或侵害之危险，实有放弃行为主要而助长心情刑法之虞，且其以相当抽象之'动摇一般人对法秩序之妥当性之信赖'作为处罚理由，亦

① 参见高铭暄、马克昌主编：《刑法学》，北京大学出版社、高等教育出版社 2000 年版，第 159 页。

可能造成刑法过度干涉而违反谦抑性原则之虞。"①

基于客观未遂论及对实行行为本质的认识，关于实行的着手，"客观说"必须得到维持。

3. 与"形式客观说"相比，我更倾向于"实质客观说"

在客观说中，我更倾向于"实质客观说"，原因除了上文大陆法学者批评指出的"形式客观说"存在"没有回答问题"、"难以在实践中操作"等缺陷外，在我国，"形式客观说"还有以下问题：

第一，使着手提前。实行的着手是指开始实施实行行为，即实行的着手是实行行为的开始，若严格按照"形式客观说"，在一些复行为犯的场合，就会得出着手提前的不合理结论。前文所举的我国刑法第243条规定的诬告陷害罪，"捏造犯罪事实的行为"和"向司法机关虚假的告发行为"都是刑法分则明确规定的构成要件的行为，都应当是诬告陷害罪的实行行为。依"形式客观说"，那么，在行为人开始捏造犯罪事实行为时，就已经开始了本罪的实行行为，是本罪的着手，即使由于意志以外的原因未能告发的，也要认定为成立未遂犯。但事实上只是捏造了犯罪事实但并不告发，对本罪保护的法益并无侵害或侵害的危险，更谈不上实行行为的危险。而只有开始向司法机关告发时，才能认定为着手。

第二，无法解决不作为犯等特殊形态犯罪的着手问题。不作为犯，特别是不真正不作为犯的成立是以违反作为义务为前提的，并且，对于大多数不真正不作为犯而言，并不是一开始违反了作为义务就成立犯罪，只有违反注意义务的行为具有侵害法益类型的危险性时，才能承认实行行为。也就是说，对于不作为犯实行着手的理解，不仅应当考查不履行特定作为义务的形式，更应当从实质上考

---

① 陈子平著：《刑法总论》（下），台湾元照出版有限公司2006年版，第10页。

查其不履行特定义务是否对刑法保护的社会关系构成现实的危险性。① 如果离开了对法益侵害危险的实质判断，在不作为犯的场合，实行的着手将无法认定。

此外，在间接正犯、原因自由行为、隔离犯等犯罪形态中，实行的着手也必须从实质上考查法益侵害的危险是否达到了类型化、确定的程度，是否达到了紧迫的程度，不从实质上考查行为是否具有法益侵害的危险类型，就无法认定这些特殊形态实行行为的着手。

在我国，有些学者之所以不采取“实质客观说”，主要是认为“实质客观说”具有违反罪刑法定、判断基准不明确的缺陷，我的回应如下：其一，实质客观说并不否认罪刑法定，也不排斥形式客观说。形式客观说与实质客观说犹如形式与实质的关系一样，是一对对应的范畴，并非是对立的概念，形式客观说为实质客观说提供了实质判断的框架，实质客观说是形式客观说的进一步深入化、明确化，在某种意义上，实质客观说实际上可以认为是形式客观说的认定标准。实质客观说并非是抛弃形式客观说而谋求对实行着手的解释，而是对形式客观说的实质解释。其二，理论对于实质客观说提出的判断标准不明确的批评，我认为也是不能成立的。实质客观说强调只要法益侵害的危险达到紧急、紧迫时，才是实行的着手，不可否认，“侵害法益危险紧急、急迫”的概念，不是非常具体的，需要司法人员的规范评价。但并不意味着因实行行为的这种要求本身存在缺陷就不应当作出这样的要求，因为刑法中存在诸多的规范要素，这些规范要素都需要司法人员的规范评价。② 若因为实质客观说对实行行为的界定存在不明确就否认该说的科学性，那么，刑法中众多的规范要素是否能够被承认，将会是个疑问。

---

① 参见高铭暄、马克昌主编：《中国刑法解释》（上卷），中国社会科学出版社 2005 年版，第 399 页。

② 参见张明楷著：《刑法的基本立场》，中国法制出版社 2002 年版，第 215 页。

坚持实质的客观说，在我国的现行立法下，也并非没有问题，在个别犯罪的认定上也会出现与通说观点矛盾的结论。即已开始了犯罪实行行为由于不具有法益侵害现实危险而不成立未遂犯的结论，也就是说，开始实施实行行为却并不一定成立未遂犯的结论。

虽然我们常说，实行的着手是实行行为的起点，表明了行为人开始实施了犯罪实行行为，而不再属于犯罪的预备行为，即使未得逞，行为人的行为应当认定为未遂，不再成立预备犯。但这只是一般的情形，是在实行行为一开始就具有法益侵害现实危险的情形，对于我国刑法中的单行为犯和部分复行为犯是适用的，但对于我国刑法规定的有些犯罪，特别是部分复行为犯并不适用。如前文所述的我国刑法规定的诬告陷害罪，捏造犯罪事实的行为和虚假的告发行为都是使本罪构成要件类型化的行为，都属于本罪实行行为，因此，若从形式立场上解释，只要行为开始了分则条文规定的捏造行为时，就应当解释为实行的着手，相反，若从实质的立场解释，只有出现了法益侵害的现实危险的告发行为时，才是本罪的着手。此外，在保险诈骗罪、招摇撞骗罪中也存在类似的问题。其实，不只是我国承认实质客观说存在上述疑问，即使在大陆法系的刑法理论上，也存在同样的问题。如日本学者曾根威彦和我国台湾学者陈子平教授在阐述未遂犯的成立要件时，就特别强调其构成要件有三，即着手实行、没有发生既遂结果以及发生了危险结果。① 他们对未遂犯要件解释为三的做法实际上暗含着他对实行开始并不一定成立犯罪未遂的看法。也就是说，在曾根和陈子平等教授看来，着手实行虽然表明行为人开始实施实行行为，但并不一定具有法益侵害的危险。对于刑法规定的大多数犯罪，行为人一着手，法益侵害的现实危险就随之出现，犯罪未得逞即成立未遂；但也有一些犯罪，虽然行为人开始了刑法分则规定的实行行为，但并不一定随之出现法

---

① 参见［日］曾根威彦著，黎宏译：《刑法学基础》，法律出版社 2005 年版，第 201 页。

益侵害的危险，也还是成立预备。① 所以，欲解决实行着手的判断标准，必须回答实行着手的意义，特别是行为人已经开始刑法分则规定的行为却不具有法益侵害的现实危险时，那么，着手的意义是旨在解决实行行为的始点还是未遂犯的处罚界限，也就是说，对实行着手究竟应当是坚持形式的理解，还是应当从实质的立场进行？

我认为，将实行着手还是解释为未遂犯的处罚界限为宜，应当维持对实行着手的实质解释。② 原因在于：

第一，自1810年《法国刑法典》在首次创制法定的犯罪未遂概念，将着手规定为犯罪未遂的特征之一以来，着手便成为一个与犯罪未遂相伴生的概念，行为人是否着手犯罪便成为行为是否成立未遂的重要标志，成为限定未遂犯处罚范围的重要概念。正因为如此，大陆法系的多数学者并没有像曾根威彦教授那样将未遂犯的要件解释为三，而是认为未遂犯的成立要件有二，即实行的着手和犯罪的未得逞，并强调实行的着手不仅表明行为人开始实施了实行行为，更在于行为人的行为对法益的侵害具有了现实的危险，多数学者实际采纳了对实行着手的实质解释。将实行的着手解释为未遂犯处罚的界限，符合这一概念的基本用意。

第二，在我国，刑法通说的观点将未遂犯的要件解释为三：(1) 行为人已着手实行犯罪；(2) 犯罪未完成而停止；(3) 犯罪的未完成是由于行为人意志以外的原因。通说的观点并没有在实行着手的要件之外，再特别强调成立未遂犯必须具有法益侵害的危险，其中也暗含了对实行着手做实质理解的必要性。

第三，在德、日这些原则上不处罚预备犯的国家，尚且强调对实行着手做实质的解释，以限定刑法的处罚范围，从而显示出刑法处罚的谦抑性立场。在我国，刑法原则上处罚预备犯，这样看来，

① 参见陈子平著：《刑法总论》(下)，台湾元照出版有限公司2006年版，第14页。

② 其实，这也是我在实行着手的问题上采取“实质客观说”的原因所在。

似乎对实行着手的解释更应当维持谦抑的立场，维持实行着手的实质意义，即实行的着手不仅仅意味着是实行行为的开始，更必须是对法益侵害具有现实危险的行为。

4. “客观说”必须考虑行为人的主观意思

有关着手的学说，表面上看是认定实行行为的起点，但由于大陆法系的刑法原则上不处罚预备犯，只有当行为人实施了实行行为时，才可能被认为是犯罪，因此，在实质上，关于着手问题的讨论实际上旨在解决未遂犯的处罚范围问题。在我国，由于刑法原则上处罚预备犯，因此，着手旨在解决实行行为与预备行为的界限。行为人实施的是预备行为还是实行行为，直接关系到行为人是成立预备犯还是未遂犯，进而对行为人的刑事责任产生影响。因此，无论在大陆法系还是在我国，着手问题的讨论说到底还是一个与责任相关联的问题。责任的本质是对行为人意思的非难，因此，探讨实行着手是否需要行为的意思，自然是一个无法回避的问题。

在我国，目前，学者对实行着手应当坚持“客观说”并不存在争议，那么，在坚持客观说的同时是否有必须考虑行为人的主观意思？

我认为，无论是根据我国刑法主客观相统一的基本原则，还是从司法实践认定犯罪的需要出发，在认定行为人是否着手犯罪时，都无法回避行为人的主观认识。实行行为是构成要件的类型化，同一形式的行为，对于此罪来说是具有导致结果发生的现实危险的行为，但是，对于彼罪来说，可能不是具有导致犯罪结果发生的现实危险的行为。如果不考虑行为人的主观认识，单纯依照行为的客观危险，无法判定到底属于何种犯罪的实行行为，也无法明确行为危险的类型与程度。① 比如在将枪口对准对方时，是杀人的实行行为，还是伤害的实行行为，或者是胁迫的实行行为，不考虑行为人的主观方面就不能鉴别。又如，在开枪而未射中时，是杀人的未遂

---

① 参见黎宏：《论未遂犯的成立要件》，载《云南大学学报（法学版）》2004 年第 2 期。

还是伤害的未遂，不考虑行为人的主观方面也不能判别。①

虽然在判定实行的着手时需要考虑行为人的主观意思，但由于行为人的主观意思深藏于行为人的内心，具有隐蔽性，往往难以把握。因此，实践中在认定行为人主观上是出于何种犯罪意思时，不能单凭行为人的供述，而应当根据客观事实加以判断。比如在开枪射击他人的场合，如果行为人用枪瞄准的是被害人的头部、心脏等要害部位，那么，就难以说行为人具有的是伤害的故意。所以，认定实行的着手需要考虑行为人的主观意思，而对主观犯意的认定，实际上是以客观事实为基础的推定。

判断着手需要重视行为人的主观认识，还有以下两个问题需要明确：

第一，判断着手需要考虑行为人的主观认识，旨在维护实行行为类型化的需要，并不是将行为人的主观认识的具体内容作为危险存在与否的判断基准。实行行为是一个抽象的概念，而具体犯罪着手的判断都是具体的，强调着手需要考虑行为人的主观认识是实现由抽象到具体认识的需要。实行行为所具有的危险是行为的客观属性，考虑行为人主观认识，旨在指明客观存在的危险属于哪种具体行为的危险，为危险类型的判断指明方向，并非等同于前述“主观的客观说”提出的以行为人主观认识的内容作为危险有无及其程度的判断资料。

第二，关于需要在多大程度上考虑行为人主观认识，也就是说，是只需要考虑行为人的故意，还是需要兼顾行为人的犯罪计划和意图？我认为，对该问题的回答，关键看行为人的犯罪意图对行为的危险及其程度是否产生影响。在我国，犯罪计划和意图一般并不是构成要件的要素，行为人的犯罪计划并不决定实行行为的类型，自然也无法决定实行行为的危险类型及其程度。所以，行为人的行为是否着手，通常情况下不必考虑行为人的犯罪计划和意图。

---

① 参见［日］平野龙一著：《刑法总论Ⅱ》，有斐阁1975年版，第314页。

5. 实行着手的认定

实行着手表明了行为人实施的已经是犯罪的实行行为，不再是犯罪的预备行为，既然行为人实施了犯罪的实行行为，则必然表现出实行行为的基本特征。在实践中，认定着手需要考查以下几个方面：

第一，行为的危险是否达到定型的程度。预备行为与实行行为虽然都具有法益侵害的危险，但二者危险的性质不同，实行行为的危险具有定型性，而预备行为的危险具有不确定性。在实行的着手之时，既然行为人实施了实行行为，那么，行为的危险同样具有确定性的特点。特别是对于单一危害行为的犯罪，危险是否能够定型对于认定该类犯罪是否着手具有重要的意义。比如在意图杀人而开枪的场合，在行为人瞄准被害人之时，由于行为的危险能够定型，就应当认为是杀人罪实行的着手，不必等到扣动扳机之时；在意图盗窃而侵入他人房屋的场合，当行为人进入他人房屋实施了寻找财物的行为时，其行为的性质和危险就能确定，不必等到接触到财物时才认定为盗窃罪的着手。

第二，行为的危险是否具有紧迫性。与预备行为的危险相比，实行行为的危险具有紧迫性，即法益侵害面临直接、紧急的威胁，因此，危险是否紧迫也是判断行为是否着手的重要特征之一。在强奸罪的场合，当行为人实施暴力等手段行为时，一般来说，妇女性自由的权利就面临紧迫侵害的危险，而行为人实施奸淫行为时，法益的危险就不再是紧迫的问题，而是已经遭受了实际的侵害，所以，在强奸罪中，实施手段行为时一般就能认定为是本罪实行的着手。

第三，行为是否接近犯罪对象。在我国刑法中，并非任何犯罪都有犯罪对象，但是在存在犯罪对象的犯罪中，行为是否接近犯罪对象，也是行为是否着手的一个重要特征。有些犯罪必须是行为已直接接触或接近对象，才能认为已着手，如抢劫，在被害人尚未出现前，则不能认为已着手。①

---

① 参见高铭暄、马克昌主编：《中国刑法解释》（上卷），中国社会科学出版社 2005 年版，第 399 页。

第四，行为人是否使用了准备的犯罪工具和条件。行为人是否已使用了所准备的犯罪工具，利用了所制造的条件，也是行为是否着手的重要特征之一。为进行犯罪准备工具、制造条件的是犯罪预备，在利用了准备的工具和条件时，则通常已经表明行为人已经着手实行犯罪。

第五，行为是否具有能够直接实现法益侵害结果或危险。刑法中的一切犯罪行为，不管是犯罪的实行行为还是犯罪的非实行行为，之所以被规定为犯罪，根本原因在于这些行为能够造成法益的侵害或者具有法益侵害的危险。相对于非实行行为，实行行为与法益侵害的结果或危险之间具有直接的因果关系，也就是说，实行行为本身不再需要借助其他行为即可造成法益侵害结果的实现或危险的发生。所以，行为是否直接实现法益侵害结果或危险，也是行为是否着手的重要特征之一。

第三节　着手的特殊问题

在刑法上，间接正犯、原因自由行为、共同正犯的着手都具有特殊性，需要特别研究，鉴于这些问题在本书的第三章中实际上已做了阐述，这里不再论述，仅对隔离犯、不作为犯和复行为犯的着手问题进行论述。

一、隔离犯的着手

（一）概述

关于隔离犯的概念，学者们的表述并不一致。大塚仁教授认为隔离犯是指实行行为和犯罪结果之间在时间或场所存在间隔的犯罪。① 大谷实、山中敬一教授也持该看法。团藤重光教授则说只有

① 参见［日］大塚仁著，冯军译：《刑法概说（总论）》，中国人民大学出版社2003年版，第158页。

当实行行为与结果之间存在场所的间隔时，才能称为隔离犯。① 在日本，隔离犯是研究着手的重要问题之一，学者们对隔离犯的研究具有两个重要特点：第一，隔离犯多是作为间接正犯的情形之一进行论述的；第二，从学者们对隔离犯的讨论看，理论上多是以行为人通过邮局向被害人寄送毒药的案件为设例展开论述的。

我国刑法理论对隔离犯的探讨并不深入，但作为一种客观存在的社会现象，则同样需要关注。根据我国刑法理论，理解我国刑法中的隔离犯需要注意以下两点：第一，关于隔离犯的概念，应当以大塚仁、大谷实教授的界定为宜。隔离犯之所以成为问题需要特别研究，主要是因为在隔离犯的情形下，行为的危险和结果的危险间存在一定的间隔，而无论是在时间上隔离还是在空间上的隔离，都需要特别研究，都不失为隔离犯。第二，在我国，既然间接正犯作为一种独立的犯罪形态在刑法被研究，并且其成立范围我国刑法理论在很大程度上已达成共识，因此，不宜将隔离犯再作为间接正犯的情形之一对待。

（二）关于隔离犯的着手

1. 观点的争论

在隔离犯的情形，由于行为的危险和结果的危险存在时空的间隔，因此，是立足行为的危险还是立足结果的危险，抑或是具体考察，从而在着手的问题上形成了“寄送说”、“到达说”和“折中说”的不同主张。

“寄送说”认为，只要行为人实施了寄送的行为就是实行的着手。在意图杀人而寄送毒药的场合，行为人向邮局交付毒药之时就是杀人罪实行的着手。团藤重光、大塚仁主张该说。大塚仁教授认为间接正犯、原因自由行为都或多或少具有隔离犯性质，与间接正犯中主张“利用行为说”和原因自由行为主张“原因行为说”的

① 参见［日］团藤重光著：《刑法纲要总论》，创文社 1975 年版，第 84 页。

立场相一致，隔离犯中着手应当是寄送行为时。① 另外，最近，日本学者黑木忍在详细比较了“寄送说”、“到达说”和“折中说”之后，阐述了他赞同“寄送说”的理由。他说，隔离犯也好，间接正犯也好，和其他犯罪一样，当开始实施符合构成要件的行为或者接近构成要件的行为时，就应当认为是实行的着手，是否到达，不过是因果关系的过程而已，从而，出于毒杀的目的而邮寄毒药时视为是着手的观点是正确的。②

“到达说”认为，寄送行为还不能认为是实行的着手，只有在寄送物品到达时才是实行的着手。在意图杀人而寄送毒药的场合，只有在毒药到达对方或者处于对方可能饮用的状态时，才是实行的着手。在当今的日本，与寄送说相比，持到达说的学者并不多，一般来说，只有在原因自由行为着手问题上持“结果说”的学者和在间接正犯着手上持“被利用者行为说”的学者才会支持该说。中山研一和曾根威彦是主张该说的为数不多的代表学者。中山教授从未遂犯是具体危险犯的立场出发，认为只有当行为具有发生结果的具体危险时才是实行的着手，在寄送邮件时，虽然含有结果发生的危险，但由于该危险还没有到达具体化阶段，所以，还不能认为是实行的着手。③

“折中说”强调，隔离犯的着手应当根据具体情况具体分析，既有可能以发送时为实行的开始，也有可能以到达时为实行的着手。折中说以平野龙一、西原春夫和大谷实的观点最具特色。平野龙一教授将未遂犯的处罚根据求之于法益侵害客观迫切的危险，在将未遂犯解释为具体危险犯的前提下，提出隔离犯着手的时期原则

① 参见［日］大塚仁著，冯军译：《刑法概说（总论）》，中国人民大学出版社 2003 年版，第 158 页。

② 参见［日］黑木忍著：《实行的着手》，信山社 1998 年版，第 168 页。

③ 参见张明楷著：《未遂犯论》，法律出版社、成文堂 1997 年版，第 110 页。

上是到达时，在例外的情况下则是发送时。他说：“隔离犯是行为地与结果发生地在场所上相隔很远的情况，其间大多有介入者。例如，从东京邮寄毒药意欲杀死住在大阪的人时，邮局职员不知情地实施了中介行为。可以说，判例是等到发生客观危险时认定实行的着手。”“但是，在邮寄这种毒药的场合，由于寄出时确实会到达，在已到达的场合与寄出的场合，其危险性没有太大的差别，所以，隔离犯中，也有以寄送时认为是实行着手的情况。”① 西原春夫教授则在将隔离犯作为间接正犯类型之一的同时，从间接正犯是作为利用行为的作为和基于先行行为的防止义务违反的不作为形成的“复合结构”的观念出发，认为隔离犯着手的时期原则上是到达时，在例外的情况下则是发送时。②

2. 判例

在日本，关于隔离犯的着手，自大审院以来，一直采取的是到达说。比如，大审院 1918 年 11 月 16 日在 X 为杀人将毒药混入砂糖之中，邮送给某甲的案件中，判文指出：“在某甲收到了混有毒药的砂糖时，该砂糖就处于某甲及其家人能够食用的状态，可以说，已经具有毒杀的着手。”判文显然采纳的是到达说。大审院 1916 年 8 月 28 日在给他人邮送恐吓信的案件的判决中，也强调了信件到达时才是实行的着手的观念。

（三）评析

我认为，对于隔离犯的着手，既应坚持理论上对于着手实行行为的一般理解，也必须考虑隔离犯的特殊性。如前文所述，实行的着手表明了行为人实施的已经是犯罪的实行行为，既然行为人实施了犯罪的实行行为，则必然表现出实行行为的基本特征，如危险的定型性、急迫性等。

第一，在隔离犯的场合，虽然寄送行为存在法益侵害的危险，

---

① ［日］平野龙一：《刑法总论》，有斐阁 1975 年版，第 320 页。

② 参见［日］黑木忍著：《实行的着手》，信山社 1998 年版，第 153 页。

有时危险发生还具有相当的确定性，但由于发生结果的危险在时间上还较为遥远，没有达到紧迫的程度，并不具备着手的基本特征。

第二，实行行为与法益的侵害结果之间一般具有直接的因果关系，在隔离犯中，寄送行为本身并不具有直接造成法益侵害属性。

所以，寄送行为在本质上仍然只是属于为犯罪创造条件的行为，隔离犯的着手还是以“到达说”为宜，这也是长时期日本刑事司法判例坚持“到达说”的原因所在。

二、不作为犯的着手

（一）观点的争议

不作为犯，是指负有作为义务，能够作为而不作为的犯罪。虽然在刑法理论上，不作为犯一般被区分为真正不作为犯和不真正不作为犯，但学者们对于不作为犯着手的研究主要集中在不真正不作为犯上。

关于不真正不作为犯的着手，德国和日本的观点差别较大。在德国，对于不真正不作为犯着手的判断存在以下不同认识：一种见解指出，当行为人的不作为而使第一个救助可能性丧失时，即为着手实行；另一种观点如学者阿明·考夫曼认为，因不作为而迟延最后一个救助机会时，始为犯罪的着手。① 德国学者的观点为我国台湾地区的部分学者所继受，林山田教授在论及不真正不作为犯的着手时表达了对第一种见解的赞同。他说，在不真正不作为犯场合，只要行为人出于其行为决意，不为诫命应为之行为，亦即使第一个救助可能性丧失，破坏保证人义务之瞬间，已为着手实行。②

在日本，学者们是从形式客观说和实质客观说的立场展开对不作为犯着手问题分析的。比如学者黑木忍从形式客观说中的密接行为说的立场出发，指出不作为犯的着手时期，不管是在真正不作为

---

① 参见林山田著：《刑法通论》（下），台大法学院图书部2006年版，第240页。

② 参见林山田著：《刑法通论》（下），台大法学院图书部2006年版，第240页。

犯的场合还是在不真正不作为犯的场合，都应当被认为是作为义务的发生时。① 但多数学者并不赞同将不作为犯的着手认定为作为义务发生之时，强调只有当违反作为义务的行为具有法益侵害的现实危险性，才是实行的着手。大谷实、大塚仁、野村稔教授等都持该认识。大谷实教授说，不作为犯的实行着手，是负有防止结果的法定义务的人，违反该义务而不实施作为，在引起发生构成要件结果的现实危险时才能被认可。②

我国传统的刑法理论对不作为犯着手问题的探讨较少，过去学者们一般也是从形式客观说的角度进行论述的，如有学者指出，对于不作为犯的着手，应当以从开始负有义务起而故意不履行时，或者行为人一直在履行义务而故意终止履行时，就是已经着手实行犯罪。③ 现在，由于受到日本刑法的影响，主张从实质客观说的立场认识不作为犯着手的观点也逐渐为我国学者重视。④

（二）评析

关于不真正不作为犯实行着手的认定，正如我国学者强调，既应从我国刑法理论对于着手实行行为的一般理解出发，也必须考虑不真正不作为犯实行行为的特殊性。⑤ 不真正不作为犯是以违反特定的作为义务为构成犯罪的必要条件，因此，立足于作为义务以确定实行行为的着手，应当说基本思路是正确的。但是，由于不真正不作为犯的特殊构造，行为人是否违反作为义务有时只能决定行为是否违法，并不能决定行为的违法类型。不真正不作为犯是以不作

---

① 参见［日］黑木忍：《实行的着手》，信山社 1998 年版，第 219 页。

② 参见［日］大谷实著，黎宏译：《刑法总论》，法律出版社 2003 年版，第 277 页。

③ 参见张明楷著：《犯罪论原理》，武汉大学出版社 1991 年版，第 486 页。

④ 参见黎宏著：《日本刑法精义》，中国检察出版社 2004 年版，第 195 页。

⑤ 参见高铭暄、马克昌主编：《中国刑法解释》（上卷），中国社会科学出版社 2005 年版，第 401 页。

为的方式实现了通常是由作为构成的犯罪，如前文分析，要使不作为成立特定犯罪，不作为实现的不法构成要件与作为实现的不法构成要件在刑法上之非价必须具有等价性，换句话说，必须要求违反作为义务的不作为行为对法益侵害与作为行为一样达到了现实危险的程度。如果违反作为义务的不作为没有对法益的侵害形成现实的危险，不可能存在不作为的实行行为，自然也不存在实行的着手。从等价性的立场出发，所以，只有当行为人开始负有作为义务能够履行而故意不履行，或者行为人一直在履行义务而故意终止履行，不履行作为义务的行为对特定法益构成现实的危险性时，才是不作为犯的着手。

上述德国学者对不真正不作为犯着手的认识，实际上走向了两个极端。强调只要在“第一个救助可能性丧失时，即为着手实行”的观点，忽视了不真正不作为犯实行行为的等价性，实践中容易造成实行着手的提前，若按照这种意见，在父亲眼看落水的儿子面临生命危险而故意不救助的案件中，当父亲一开始不救助溺水的儿子时，就会被认为是故意杀人罪的着手。如果按照考夫曼提出的只有在“不作为而迟延最后一个救助机会时，始为犯罪的着手”的观点，那么，即使在不履行作为的行为具有法益侵害的危险性时，由于最后的救助机会还存在，仍然不能认定为着手，这实际上会导致不真正不作为犯着手认定的过迟。

三、复行为犯的着手

（一）概述

1. 概念

复行为犯，也称复杂行为犯，是我国刑法针对抢劫、强奸等类型的犯罪提出的。关于其概念，目前我国理论并不存在争议，一般认为是指一个独立的基本犯罪构成的客观方面包含数个不独立成罪的实行行为的犯罪。① 或者说，构成某种犯罪必须具备两个或两个

① 参见王明辉：《复行为犯若干问题探讨》，载吴振兴主编：《犯罪形态研究精要Ⅰ》，法律出版社 2005 年版，第 43 页。

以上实行行为的情况。①

2. 特征

根据上述概念，复行为犯具有以下特征：

第一，复行为犯的实行行为虽然由数个行为要素组成，或者说由两个或两个以上实行行为构成，但其只是符合我国刑法分则规定的一个犯罪构成，属于一罪。

第二，复行为犯的实行行为是由复合要素构成，只有同时具备刑法规定的数个行为要素，该罪的实行行为才能定型化，才能实现实行行为的犯罪个别化机能。

第三，构成复行为犯要素的每一个实行行为，单独看都不独立成罪，这一点是复行为犯与结合犯的区别所在。

3. 类型

我国刑法规定的复行为犯具有不同的构造和性质，对于有些类型的复行为犯，如强奸罪，行为人实行前一行为而未实行后一行为的，成立犯罪的未遂或中止；而对于另一些类型的复行为犯，如诬告陷害罪、招摇撞骗罪，行为人只实施前一行为还未实施后一行为的，则不成立犯罪。② 我国学者根据复行为犯的这一特点，将我国刑法规定的复行为犯区分为紧密整体型复行为犯和松散型复行为犯。所谓紧密整体型复行为犯，是指构成行为内部的数个实行行为之间结合得比较紧密，不但在基本犯罪构成中要对数行为进行整体考查，而且在修正形态的犯罪构成中也要对数个实行行为进行整体性考查的复行为犯；松散型复行为犯是指构成行为内部的数个实行行为之间结合得相对较弱，虽然在基本形态中具有一个行为的意义，但在修正形态的未完成形态的犯罪构成中却不以整体性考察为

① 参见赵瑞罡、张雪花：《复行为犯的着手问题》，载《法学论坛》2002 年第 6 期。

② 参见马克昌主编：《犯罪通论》，武汉大学出版社 1999 年版，第 189 页。

必须的复行为犯。①

（二）关于复行为犯的着手

1. 观点争议

关于复行为犯的着手，理论上有以下观点：

（1）“后行为说”。认为复合行为的着手与未遂，一般是以两个行为中后一行为的实行情况为准的。具体地说，就是在前一行为业已实施的基础上，后一行为的开始实行即为该种犯罪的着手。②

（2）“前行为说”。认为只要行为人开始实施了第一个符合构成要件的行为，即为实行着手。即使对于紧密整体型复行为犯也不例外。理由在于：

第一，实行行为是刑法分则规定的构成要件的行为，复行为犯客观方面的行为包括两个行为，行为人开始实施第一个行为就已经是开始实施客观构成行为了，就应视为着手。

第二，犯罪构成行为是作为一个行为要件为犯罪必需的行为，它既包括单一实行行为，又包括复合实行行为的情形，但无论哪种情形，都应当把构成行为作为一个整体看待。数个实行行为都是构成行为的一部分，开始实施了前一实行行为，尽管未实施后一行为也等于开始实施了构成行为，既然开始实施了构成行为就应当视为着手。

第三，刑法规定的复行为犯较复杂，有些复行为犯如抢劫罪，只要行为人开始实施了构成行为，就构成犯罪；但也存在一些复行为犯，行为人虽然开始实施了构成行为，但不一定就构成犯罪，行为人成立犯罪，需要一个渐进的量化过程。诬告陷害罪、招摇撞骗罪就属于该种情形，实行的着手解决的是实行行为开始的问题，不

① 参见王明辉：《复行为犯若干问题探讨》，载吴振兴主编：《犯罪形态研究精要Ⅰ》，法律出版社2005年版，第44、47页。

② 参见吴振兴：《刑法中的复合行为》，载《法学》1992年第11期。

能因为后一行为未实施不构成犯罪，而将犯罪的着手推迟。①

（3）“具体分析说”。认为复行为犯的的着手应具体分析：第一，行为人只实施了前后各一行为的，均不构成犯罪，自然不能称之为犯罪的着手，如诬告陷害罪，行为人只有捏造他人犯罪事实的行为而不告发，或虽有告发行为而没有捏造他人犯罪事实的。第二，行为人只实施了前一行为而未实行后一行为的情况，也需要具体分析，如强奸罪，只要行为人出于奸淫妇女的故意，对被害妇女实施了暴力强制手段，就应当为本罪的着手。②

（三）评析

以上分析可见，关于复行为犯的着手争议主要集中在对前述所谓“紧密整体型复行为犯”的认定上。从实行着手的概念和功能出发，我赞同“后行为说”的观点。

从形式上看实行行为，必须是刑法分则规定的行为，对于诬告陷害、招摇撞骗等犯罪，我不否认应当将捏造犯罪事实的行为和冒充国家工作人员的行为理解为两罪的实行行为，而且，也只有将两行为理解为两罪的实行行为，才能实现实行行为的构成要件类型化机能以及犯罪个别化机能。但是，正如在前文第二节所论述，实行着手的机能不仅在于解决实行的开始，更在于界定未遂犯与预备犯的界限。实行的着手不仅应当理解为开始实施刑法分则规定的构成要件的行为，更应当理解为对法益侵害具有现实危险性的行为，以实现对未遂犯处罚范围的限定。对于诸如诬告陷害、招摇撞骗等犯罪，只有行为人实施后一行为时，才存在法益的侵害的现实危险，也只有实施后一行为未得逞时，才有未遂犯存在的可能。以对实行着手概念和机能的实质解释为前提，自然应当持“后行为说”的观点。

---

① 参见王明辉：《复行为犯若干问题探讨》，载吴振兴主编：《犯罪形态研究精要 I》，法律出版社 2005 年版，第 45—46 页。

② 参见刘晓安、刘凌云：《论刑法上的复杂危害行为》，载《法学评论》1994 年第 4 期。

第五章 实行行为的其他问题

第一节 实行行为的认定

一、实行行为与预备行为的区别

（一）关于预备行为

刑法中的不少故意犯罪，和日常生活中的行为一样，都是首先基于某种动机产生实施犯罪的意图，然后经过阴谋、预备、实行最后达到犯罪的既遂，在这样一个完整的故意犯罪进程中，预备行为无疑是该犯罪过程中的一个重要阶段。但是由于各国刑事立法思想存在差异，对于预备这种社会现象，各国刑法的规定不尽相同。归纳起来，主要有以下三种立法模式。

1. 对预备行为一律不加处罚。持该种立法例的国家或地区的刑法主要基于两点考虑：第一，认为犯罪预备行为只是为犯罪的实行创造可能的条件，并没有对刑法保护的利益造成直接、现实的危险，缺乏承担刑事责任的基础；第二，在证据的认定上，某种行为是属于犯罪的预备行为还是属于正当的行为，往往不易确定。如购买农药，可能是为了杀人，也可能是为了杀虫灭鼠；筹措资金可能是为了治病救人，也可能是用于犯罪活动。现代采用这种立法体例的如 1940 年《巴西刑法典》和 1954 年《格陵兰刑法典》，这些刑法典中由于没有处罚预备犯的规定，从罪刑法定的立场出发，预备行为不可罚。

2. 对预备犯原则上都加以处罚。采用这种立法例的国家刑法重视行为人的主观恶性，强调刑法的预防机能，认为犯罪的预备行为虽然没有造成现实的社会危害，但具有造成社会危害的危险性，预备行为与实行行为同样表现了犯罪人的犯罪恶性，应当加以处罚。1926 年《苏俄刑法典》和 1960 年《苏俄刑法典》① 就是持这种立场。由于受到当时国际环境和社会意识形态的影响，不少社会主义国家的刑法也作出了类似的规定。

3. 对预备犯原则上不处罚，只对严重的犯罪或者在刑法分则、特别刑法有特别规定时才处罚。在当今大陆法系，多数国家或地区的刑法都是采取该种立法体例。比如，日本刑法典仅对分则明文规定的以下 8 种预备罪进行处罚：内乱预备罪（第 78 条）、外患预备罪（第 88 条）、私战预备罪（第 93 条）、对建筑物放火预备罪（第 113 条）、伪造通货预备罪（第 153 条）、杀人预备罪（第 201 条）、以要求赎金为目的的拐取（绑架勒赎）预备罪（第 228 条之三）、强盗预备罪（第 237 条）。②

对于采取该种立法体例的原因，大陆法系的学者们曾做过专门解说。德国著名学者马拉哈（Maurach）对德国刑法原则上不处罚预备犯，只是在严重的犯罪场合有刑法分则的规定时才处罚的原因阐述如下：第一，犯罪预备行为本身并非刑法上重要刑罚客体，犯罪意思证明极具困难；第二，刑法不处罚犯罪预备，旨在为行为人

① 到目前为止，俄罗斯（前苏联）共颁布过四部刑法，即 1922 年《苏俄刑法典》、1926 年《苏俄刑法典》、1960 年《苏俄刑法典》以及 1996 年颁布 1997 年 1 月 1 日生效的现行的《俄罗斯联邦刑法典》。其中，1922 年《苏俄刑法典》对预备犯的规定为，未遂行为应当受到处罚，而预备行为只有在他本身就是应受惩罚的行为时才受到惩罚，即犯罪预备原则上不受处罚。

② 注意：在德、日的刑法理论上对预备犯的种类，存在形式预备犯和实质预备犯的划分。上述冠以预备的称为形式预备犯，而未命名预备，其性质属于预备阶段的行为，称为实质预备罪。如日本刑法 153 条规定：“以供伪造、变造货币、纸币或者银行券之用目的，准备器械或原料的，处 3 个月以上 5 年以下惩役。”形式预备罪处罚一切预备行为，而实质预备罪处罚特定的预备行为。所以，在日本处罚的预备行为范围，并不局限于上述 8 种犯罪。

搭建迷途知返的黄金桥。目的行为论大师威尔哲尔（Welzel）也说，预备行为由于犯罪内容不足，加之现实把握之困难，只有为保护特别重要法益时才受处罚。①

俄罗斯（前苏联）曾采取的是对预备行为原则上都加以处罚的立法例，但1996年颁布、自1997年1月1日生效的现行《俄罗斯联邦刑法典》对预备行为的态度也发生了转变，与过去原则上处罚预备行为不同，该法典第30条第1、2款规定："为实施犯罪而寻求、制造或加功犯罪手段和工具，寻求共同犯罪人，进行犯罪勾结或者以其他方式故意为犯罪创造条件，如果在这种条件下由于犯罪人意志以外的情况而未将犯罪进行到底的，是预备犯罪。""只有对预备严重犯罪和特别严重的犯罪，才追究刑事责任。"俄罗斯现行刑法关于预备行为的处罚规定，明显表现出接近大陆法系的倾向。

在我国，自新中国成立以来，关于预备犯及预备行为的处罚，虽然历次刑法草案都有规定，但立场并不一致。②从两部刑法典的规定来看，我国刑法对预备行为原则上采取的是处罚的立场。1979年刑法第19条规定："为了犯罪，准备工具、制造条件的，是犯罪预备。"第2款规定："对于预备犯，可以比照既遂犯从轻、减轻处罚或者免除处罚。"由于这一规定被我国立法者认为基本上符合我国的司法实践和社会情况，1997年在对1979年刑法进行修订时，关于犯罪预备没有做任何修改。根据我国现行刑法的规定，犯罪的预备行为主要包括两种类型，即为实行犯罪准备工具的行为和为实行犯罪制造条件的行为。

（二）实行行为与预备行为的关系

在我国刑法中，实行行为和犯罪预备行为具有紧密的关系：两

① 参见沈鸿年著：《刑法上预备罪》，台湾中国文化大学出版部1986年版，第25页。

② 参见高铭暄、马克昌主编：《中国刑法解释》，中国社会科学出版社2005年版，第357—358页。

者都存在法益侵害的危险，都被认为是犯罪行为，二者在犯罪发展的进程中表现为前后衔接的阶段类型。其中，犯罪的预备行为是为犯罪实行行为制造工具、创造条件的行为，是实行行为的前提和基础；实行行为是预备行为的进一步发展，在主观上，二者都具有实现犯罪的目的。

实行行为与预备行为的区别表现在：

1. 二者的法律表现形式不同

实行行为是我国刑法分则规定的构成要件的行为，判断某种行为是否属于实行行为，必须考察该行为是否为我国刑法分则所规定。当刑法分则将特定行为类型化时，该行为就是特定犯罪的实行行为，如故意杀人中的杀害行为、盗窃罪中的秘密窃取财物的行为，都为刑法分则的罪状所明确描述，这些行为都是我国犯罪的实行行为。而预备行为成立犯罪，其符合的是修正的犯罪构成，预备行为在我国为刑法总则所规定，因此，具体犯罪预备行为的确定需要结合刑法总则和分则的规定进行。当然，由于我国刑法总则规定的行为并非都是预备行为，还包括共同犯罪中的组织行为、帮助行为、教唆行为等犯罪的非实行行为，因此，判断某种行为是否属于预备行为，而不是属于其他类型的非实行行为，还必须进行性质的判断，考察该行为是否具有为实行犯罪准备工具、制造条件的属性。

2. 二者所具有的危险属性不同

犯罪的实行行为和预备行为都具有侵害法益的危险，但危险的程度和属性并不相同。首先，从危险的确定性程度上看，实行行为的危险具有定型、类型化的属性，比如，在一般情况下，我们之所以将向他人头部和心脏开枪射击的行为认定为杀人行为，是因为向头部和心脏开枪的行为具有剥夺他人生命的定型属性；而预备行为的危险并不具有类型化的属性，比如，前文所举的购买农药的行为，可能是为了杀人，也可能是为了杀虫灭鼠，所以，购买农药的行为是否具有犯罪的危险，具有何种犯罪的危险，在行为的当时从客观上往往难以确定。其次，从时间上看，实行行为的危险具有现实、紧迫的特征，而预备行为虽然也具有法益侵害的危险，但相对于实行行为来讲，其危险还较为遥远，并没有达到紧急、紧迫的程度。正是由于实行行为和预备行为所具有的危险属性不同，所以，二者对揭示犯罪意图的程度也不同。实行行为由于是刑法分则规定的具体犯罪构成客观方面的行为，实行行为的实施，已经能够比较准确地揭示行为人的犯罪意图。而预备行为的实施，通常情况下还不能准确表明行为人的犯罪意图。①

3. 二者在犯罪中的地位和作用不同

首先，从二者在犯罪中的地位看，任何犯罪的完成都有赖于实行行为，没有实行行为法益侵害将无法实现，所以，实行行为是犯罪完成的必备要素。但并非任何犯罪都需要存在预备行为，有些犯罪、特别是突发性犯罪，往往并没有经过犯罪的预备行为，行为人就直接进入了犯罪的实行阶段，即使没有犯罪的预备行为，法益侵害同样可以完成。

其次，从法益侵害的因果关系看，实行行为是法益侵害的直接原因，在犯罪到达既遂造成法益侵害结果的场合，法益侵害的结果与实行行为间具有直接的因果关系，但预备行为对法益侵害结果的实现只具有间接的原因，预备行为与法益侵害间的关系是间接的因果关系。

再次，从对法益侵害的作用看，由于实行行为与法益侵害的结果间存在直接的因果关系，法益侵害的结果是实行行为直接造成的，所以，实施实行行为者一般责任较重，而预备行为只是为犯罪的实现准备工具、制造条件，因此，相对于实行行为，实施预备行为的人责任一般较轻，正因为如此，我国刑法规定“对于预备犯，可以比照既遂犯从轻、减轻处罚或者免除处罚”。

实行行为与预备行为的区别，有必要说明的一个问题是：由于某种行为是属于实行行为，还是属于犯罪的预备行为，都是相对于

---

① 参见高铭暄、马克昌主编：《中国刑法解释》，中国社会科学出版社2005年版，第361页。

特定法益侵害而言的。在我国，刑法保护的法益具有多元性，从而使得实行行为和预备行为的区分呈现出相对性特点。对于某特定法益来说，一行为是实行行为，但相对于另一法益来说，该行为可能只是预备行为。比如，意图杀人而盗窃枪支、弹药、爆炸物的行为，相对于意图实施的杀人罪而言，该盗窃行为是预备行为，但由于盗窃行为本身已经对公共安全造成现实的危险，相对于盗窃枪支、弹药、爆炸物罪，盗窃行为则属于实行行为，因此，考察某种行为是属于实行行为还是属于预备行为，还必须结合刑法的具体规定。

二、实行行为与帮助行为的界限

（一）关于帮助行为

帮助行为，在刑法上有广义和狭义之分。广义的帮助行为是指帮助他人犯罪的行为，不仅包括帮助犯中的帮助行为，还包括帮助犯之外的一切具有帮助性质的行为，如我国刑法第 358 条第 3 款规定的协助组织卖淫罪中的协助行为。狭义的帮助行为，只是指帮助犯中的帮助行为。作为实行行为与帮助行为的界限所要探讨的帮助行为应当是指狭义的帮助行为。

关于帮助行为的内涵，学者们的表述并不相同。日本的理论和判例一般认为帮助行为是指正犯以外的人实施的使正犯的行为容易实行的行为,① 或者说使正犯的行为容易进行的加功或加担行为。② 我国台湾地区的学者也多持该意见。林山田教授说：“帮助行为乃指对被帮助者之犯罪行为，予以物质或精神之支持，而使其

① 参见［日］大谷实著，黎宏译：《刑法总论》，法律出版社 2003 年版，第 330 页。

② 参见［日］野村稔著，全理其、何力译：《刑法总论》，法律出版社 2001 年版，第 427 页。

得以或易于实现构成要件，或者使其行为造成更大之损害。”① 在我国，有的学者根据我国刑法第 27 条的规定对帮助行为作出解释，强调帮助行为是指在共同犯罪中起辅助作用的行为，或者为犯罪提供方便条件的行为；② 也有学者表现出了与德、日刑法相近的立场，认为帮助行为是指实行行为以外的使侵害行为更为容易的行为。③

对于帮助行为内涵的上述种种解释，有的立足于帮助行为的本质，有的立足于刑法的规定，只是理解角度的不同，并不存在观点的对立，应当说都是可取的。从多个角度解释帮助行为，有助于完整理解帮助行为的内涵。根据我国刑法的规定，在我国刑法理论上理解帮助行为的内涵，笔者认为，至少从以下方面是必要的：

1. 从本质上看，帮助行为是使实行行为更为容易实施的加功或加担行为。帮助行为不管是有形的物质性帮助，还是无形的精神性帮助，也不管是作为的帮助，还是不作为的帮助，都不可能对法益侵害造成直接的危险，必须从属于正犯的实行行为才能实现犯罪。帮助行为在客观上都只能促成实行行为的实施与完成，在本质上都只能是为犯罪实行提供方便条件的行为。

2. 从作用上看，帮助行为对法益侵害往往起辅助作用，帮助犯在我国成立从犯。在我国的刑法理论上，虽然也有学者指出“帮助”和“辅助”不同，辅助行为在共同犯罪中是起次要作用，但实施帮助行为的可能对犯罪的完成起主要作用，所以，实施帮助行为的人也可能成立主犯。④ 但传统的刑法认为，既然帮助行为只是为犯罪完成提供便利条件的行为，与法益侵害并无直接的因果关

① 参见林山田著：《刑法通论》（下），台大法学院图书部 2006 年版，第 110 页。

② 参见马克昌主编：《犯罪通论》，武汉大学出版社 1999 年版，第 571 页。

③ 参见张明楷著：《刑法学》，法律出版社 2003 年版，第 351 页。

④ 参见梁世伟主编：《刑法学教程》，南京大学出版社 1987 年版，第 210 页。

系，而且既不是正犯犯意的制造者，对正犯犯罪实行行为的实施也无支配作用，所以，帮助行为难以对法益侵害起主要作用。从法益侵害的立场看，笔者认为，我国传统刑法理论将帮助行为理解为对法益侵害起辅助作用，实施帮助行为的人成立从犯的观点仍然是科学的。

3. 从与法益侵害的关系上看，实行行为是法益侵害的直接原因，具有直接侵害法益的现实危险。而帮助行为，只是随正犯行为起舞，升高本来就存在的法益危险。① 帮助行为与法益侵害间的这种关系，也是世界各国普遍处罚帮助行为的根源所在。

（二）实行行为与帮助行为的区分

1. 概述

帮助行为和预备行为在我国都是与实行行为相对的犯罪的非实行行为，与前述实行行为与预备行为的关系一样，实行行为与帮助行为的界限也同样存在以下三点：第一，二者的法律表现形式不同；第二，二者所具有的危险程度及属性不同；第三，二者在犯罪中的地位和作用不同。由于前文对实行行为与预备行为的关系已作了详细分析，实行行为与帮助行为的区分与实行行为与预备行为的区分具有相同的思路，因此，这里对于实行行为与帮助行为的一般界限不再赘述。此外，在我国刑法中，与实行行为和预备行为的区分一样，实行行为与帮助行为的区分同样具有相对性，也需要结合刑法分则规定的具体犯罪进行具体分析，即使某种行为在本质上属于帮助性质的行为，但只要刑法分则将其规定为独立的罪名，那么，该行为就不再属于帮助行为，而是属于特定犯罪的实行行为。

2. 特殊问题

（1）概说。实行行为与帮助行为的区分，实践中特别成为问题的是关于放风行为的行为属性问题，为此，有必要特别探讨。

所谓放风，又称望风、把风，指为进行秘密活动者在外守望、

---

① 参见林东茂著：《刑法综览》，台湾学林文化事业有限公司 2003 年版，第 210 页。

观察动静的行为。① 如甲、乙基于共同的故意实施盗窃罪，甲侵入家中窃取财物，乙在外把风放哨，遇有情况立即通知甲。那么，在这样共同犯罪的案件中，乙的行为究竟应当评价为实行行为，还是成立帮助行为，便是问题所在。

(2) 大陆法系国家或地区的争论与判例。在大陆法系国家或地区的刑法理论上，主要有以下不同认识。

第一，“帮助行为说”。认为放风行为应当是帮助行为。该说主要为在正犯与共犯区分上持客观说学者所主张，其中，既有持形式客观说（主要为该说中持“构成要件说”）的学者，也有持实质客观说的学者。如持形式客观说中的“构成要件说”的学者说，放风行为系于实施之际所为之重要帮助，尚非实施犯罪构成要件要素之行为，应成立从犯。② 又如持实质客观说的大塚仁教授以盗窃罪为例论道：“放哨行为本身一般不能说是实行行为，盗窃罪的实行行为不外乎是诸如进入房主不在的房中寻找有无什么值钱的物品的行为、拿走找到的财物的行为等，是排除他人对财物的占有，犯人取得其占有这种包含着实现盗窃罪的现实危险性的行为。而以房主和警察一来就通知屋里同伙的意思在屋外放哨的行为，仅此是不存在实现盗窃罪危险的，这种放哨行为不是盗窃罪的实行行为，把他看成使屋内盗窃犯人的盗窃行为更加容易实施的行为即帮助行为较为妥当。”③

第二，“正犯行为说”。认为放风行为应当成立正犯的实行行为，持该认识的有：①“形式客观说”中的“时间说”。该说强调放风行为，由于其在他人犯罪实施之际予以帮助，自应为正犯或准

① 参见《辞海》，上海辞书出版社 1979 年版，第 1214 页。

② 参见韩忠谟著：《刑法原理》，中国政法大学出版社 2002 年版，第 214 页。

③ 参见［日］大塚仁著，冯军译：《犯罪论基本问题》，中国政法大学出版社 1993 年版，第 77 页。

正犯。① 这种认识在立法上曾得到旧中国《暂行新刑律》的支持，其第29条第2款规定："于实施犯罪行为之际帮助正犯者，准正犯论。"②"共同意思主体说"。认为共谋者中一部分实施犯罪，其他人没有参与实施的共谋者，也都是共同正犯。所以，参与共谋担当放风的行为人，当然可以看做是共同正犯，② 放风行为应评价为实行行为。

第三，"具体分析说"。该说强调放风行为究竟成立正犯行为还是属于帮助行为，应当根据具体事态具体分析。如林山田教授强调应当根据行为人主观上有无共同行为决意具体判断。"放风者与其他参与实行构成要件行为之正犯间，若具有共同行为决意，而有相互补充与担负彼此责任之意愿，且放风行为系行为人在共同犯罪中之分工角色者，则成立共同正犯；相对地，放风者与其他参与实行构成要件之正犯间，若无共同行为决意，而无法共同支配犯罪之进行者，则属于帮助犯。"③ 也有学者提出应当根据行为人在整体犯罪中的所占比例和发挥作用进行判断，如果放风行为充当了作为整体行为的某一部分，是共同正犯的实行行为，反之应评价为帮助犯的帮助行为。④

从判例考察，各国判例的立场前后也不尽一致。在日本，判例有时基于共谋共同正犯的概念，认为共谋者中一部分人实施犯罪，其他没有参与实施的共谋者，也都是共同正犯。当杀人谋议者中一人，在共犯者实行杀害之际，伫立于门外放风的场合，强盗的共谋者，在犯罪实行场所实施放风的场合，这些放风行为都认为是共同

① 参见蔡墩铭著：《刑法总则争议问题研究》，台湾五南图书出版公司1976年版，第278—279页。

② 参见马克昌著：《关于共犯的比较研究》，载高铭暄、赵秉志主编：《刑法论丛》（第三卷），法律出版社1999年版，第331页。

③ 林山田著：《刑法通论》（下册），台大法学院图书部2006年版，第78—79页。

④ 参见［日］木村龟二主编，顾肖荣等译：《刑法学词典》，上海翻译出版公司1991年版，第378页。

正犯。① 从而将放风行为认定为实行行为。而有时则强调，需要研究不同事态中守望行为的具体意思，作出从犯或共同正犯的解释。比如在日本的一个时期，判例认为赌博的守望行为属于从犯；而盗窃、强盗、杀人、骚乱的守望行为属于共同正犯。②

在旧中国，判例的态度也几经变迁。暂行新刑律实行时期（1912～1928 年），由于《暂行新刑律》第 29 条第 2 款规定："于实施犯罪行为之际帮助正犯者，准正犯论。"当时，对于在他人实施犯罪中实施放风行为的人一般以正犯论，所以，这一时期将放风行为解释为实行行为是罪刑法定的要求。如 1913 年 10 月 23 日司法部指令 1522 号指出："查陈老公等行劫汪氏一家，陈老公在外把风，系于实施犯罪行为之际帮助正犯，应依《暂行新刑律》第 29 条第 2 款准正犯论。"③ 另外，当时也有判例从"实质客观说"立场出发，认为当放风为实施行为的重要职务时，是正犯。如 1915 年上字第 31 号大理院判例指出："强盗在门瞭望，系防备发生有碍实施之动作，为实施行为重要之职务，是虽分任之部分不同，其为实施行为则一，不得仅系帮助。"④ 1928 年以后，旧刑法实行时期（1928～1935 年），由于客观主义共犯理论盛行，当时不少判例转而采纳客观共犯论中的"行为说"或"构成要件说"，强调放风行为是帮助行为。如有判例认为，强盗行为之构成，以实施强暴、胁迫或其他方法使被害人不能抗拒、而索取他人所有物或使其交付为要件，如仅在外放风，而未分担强暴、胁迫及劫取财物的行为，只不过是正犯实施中，为其排除妨碍的帮助行为。1935 年刑法公

---

① 参见马克昌著：《比较刑法原理》，武汉大学出版社 2002 年版，第 678 页。

② 参见［日］木村龟二主编，顾肖荣等译：《刑法学词典》，上海翻译出版公司 1991 年版，第 378 页。

③ 陈子平著：《共同正犯与共犯论——继受日本之轨迹及其变迁》，台湾五南图书出版公司 2001 年版，第 12 页。

④ 陈子平著：《共同正犯与共犯论——继受日本之轨迹及其变迁》，台湾五南图书出版公司 2001 年版，第 13 页。

布施行以后（2006年7月1日废止），特别是在我国的台湾地区，判例采纳“主客观择一标准说”，认为以自己犯罪的意思而参与犯罪构成要件之行为者为正犯；以帮助他人犯罪的意思而参与犯罪构成要件之行为者为正犯；以帮助他人犯罪意思而参与，其所参与之行为为构成要件以外之行为者，为从犯；以自己犯罪的意思而参与，其所参与之行为为构成要件以外之行为者，为正犯。① 现在，我国台湾地区“最高法院”认为，放风者如以自己犯罪意思而参与犯罪的，应成立正犯。② 放风行为人是否以自己犯罪意思而参与犯罪，是评价行为是属于实行行为还是属于帮助行为的关键。

（3）我国刑法理论的认识。在我国刑法理论上，关于放风行为的性质，虽然不如日本和我国台湾地区的争论激烈，但也是一个存在不同认识的问题。

第一，“帮助行为说”。这种认识从形式客观说的立场出发，在我国为大多数学者主张。如还在1979年刑法刚颁布时，就有学者指出，放风是帮助行为，例如甲、乙二人合谋抢劫，当甲在对丙实施暴力时，乙在路口放风，事后从甲处获得一部分赃物。在这里，乙就是帮助甲实行抢劫行为，而不是直接实行此种犯罪。③ 又如姜伟教授说：“把风放哨行为不是共同犯罪实行行为，仅仅把风放哨不会直接侵犯犯罪客体、危害社会。把风放哨不是犯罪构成要件的行为，当然不是实行行为。”④

第二，“具体分析说”。该说为陈兴良教授提出，他认为：“在大多数犯罪中，例如盗窃、抢劫、杀人、放火，都可以把放风视为实行行为的分担。因为在这些犯罪中，各个犯罪分子是围绕着一个

① 参见许玉秀主编：《学林分科六法—刑法》，台湾学林文化事业有限公司2000年版，第66页。

② 参见蔡墩铭著：《刑法总则争议问题研究》，台湾五南图书出版公司1976年版，第278—279页。

③ 参见杨春洗主编：《刑法总论》，北京大学出版社1981年版，第208页。

④ 姜伟著：《犯罪形态通论》，法律出版社1994年版，第234页。

共同的犯罪目的而有分工的进行犯罪活动，在这种情况下，将放风视为实行行为的一部分是正确的。但在某些犯罪行为具有他人不可替代性质的犯罪中，放风只能视为帮助行为。例如甲在强奸妇女，乙为之户外放风，乙的放风只能认为是强奸罪的帮助行为，而不能认为乙也是强奸罪的实行犯。”①

（4）放风行为性质的再认识。犯罪构成是认定某一行为是否构成犯罪以及构成何种形式犯罪的基本依据，因此，对放风行为法律性质的认识也必须从我国犯罪构成的一般理论入手。在对该问题展开论述之前，有必要首先对前述我国学者的意见作简要评析。根据我国共同犯罪的基本理论，笔者并不赞同陈兴良教授的观点。在共同犯罪的场合，各行为人之间存在分工是客观存在的，但我们并不能因为“行为人之间存在分工”，“各个犯罪分子是围绕着一个共同的犯罪目的进行犯罪活动”，就将各个行为人都评价为正犯，如果这样，帮助犯就没有存在的余地。相反，我们必须根据共同犯罪中各行为人的分工的实际情况，对其进行规范评价，分析行为的属性。从前述实行行为的一般特征以及实行行为与帮助行为区分的基本标准出发，笔者的意见如下：

第一，在一般情况下，由于放风行为本身不可能对法益直接造成侵害，而在客观上大都只是对犯罪的实行和完成起到加功的作用，因此，对于此种放风行为不宜认定为犯罪的实行行为，而应当是帮助行为，对行为人应当以从犯或者胁从犯论处。

第二，即使行为人实施的是客观上帮助他人犯罪的行为，若刑法分则已将其规定为独立的犯罪，此种情形下，该行为在刑法上应当视为犯罪的实行行为，亦即成为具有“帮助性质的实行行为”，而不再是从犯中的帮助行为。如我国刑法第 383 条第 3 款规定的协助组织卖淫罪。该罪处罚的行为就是为他人组织卖淫进行“协助”行为，而协助行为当然可以包括组织卖淫活动中的放风行为。此种

① 参见陈兴良著：《共同犯罪论》，中国社会科学出版社 1992 年版，第 63 页。

情形下本属帮助性质的放风行为由于刑法的特别规定，而成为犯罪的实行行为。因此，对于该种场合的放风行为人应当以实行犯论处。

第三，在间接正犯的情形下，一般认为，由于无故意或者无责任能力的被利用者不具有应以刑法规范评价的意义，实际上等于行为人利用工具亲自实施犯罪，所以，即使利用者实施的是放风行为，但其行为仍具有实行行为的性质，对其应以实行犯论处。

实践中具体犯罪的情况不同，即使是相同性质的犯罪行为，由于具体的犯罪方法行为的不同，使得放风行为在不同的共同犯罪中所处的地位和作用也存在一定的差异，在有些情况下这种差别决定了法律性质的不同，因此，认定我国共同犯罪中放风行为法律性质及刑事责任，还需要注意以下情形：

其一，在有组织犯罪或犯罪集团中，若行为人实施组织行为之后，按照分工，组织者又实施了放风行为，这就形成共同犯罪中的组织行为与帮助行为的竞合。根据犯罪竞合的一般理论，当共同犯罪一个人外观上具有数个共同犯罪行为时，由于该数个共同犯罪行为具有相同的罪质，因此，不以数罪论，而应视为吸收犯。在这种情形下，事中的放风行为的轻行为被事前属于重行为的组织行为所吸收，失去了独立评价的意义。根据我国刑法第 26 条第 1 款至第 3 款的规定，组织、领导犯罪集团进行犯罪活动的是主犯，对其首要分子按犯罪集团所犯全部罪处罚。因此，该种情况其行为性质自应为组织行为，应当以主犯论。

其二，在事前有共谋的共同犯罪中，若行为人实施教唆行为，在他人实施所教唆之罪时实施了放风行为的，成立教唆行为帮助行为的竞合。按照高度行为吸收低度行为的原则，应以教唆的高度行为论。根据我国刑法第 29 条第 1 款之规定，教唆他人犯罪的，应按照他在共同犯罪中所起的作用处罚，可能是主犯，也可能是从犯。反之，如果他人事前已具有犯罪意图，行为人仍然为其放风放哨，在这种情况下，行为人实施的是帮助行为，应当以帮助行为论处，其法律性质根据我国刑法第 27 条之规定，应按从犯论罪。

其三，二人以上共同犯罪，放风行为人在实施放风行为的过程中如又实施了其他足以使行为性质发生变化的行为，那么，放风行为的法律性质就可能发生转变。如甲、乙共同盗窃丙的财物，根据分工，甲入室窃取财物，乙负责在外放风放哨，在物主丙发现的情况下，乙为了保证犯罪得以完成，对丙实施了暴力行为，此时，乙放风行为的性质就发生了根本的变化，不再是单纯的盗窃罪的帮助行为，而转化成为构成抢劫罪不可缺少的手段行为。对于转化的行为，如果放风者与盗窃者不具有共同故意，则属于放风行为者的行为的过剩，其过剩部分的行为，由于共同犯罪人之间不存在共同的犯罪故意，当然不能认定为共同犯罪行为，只能由放风行为者单独承担刑事责任。所以，上述案件，若乙对丙实施暴力时，甲不存在意思联络，那么，对于甲的行为只能按照盗窃犯论处，乙的行为性质应当是盗窃罪的帮助犯与抢劫罪的竞合，应当以抢劫罪论处，而不再论其放风行为。

第二节　实行行为与相关概念

一、实行行为与构成行为

（一）关于构成行为

1. 概念

在当今奉行罪刑法定主义的时代，犯罪构成是认定行为是否成立犯罪的法律依据，因此，在理论上便产生了构成行为的概念。“构成”即“犯罪构成”或“构成要件”，所以，“构成行为”，也可称为“构成要件的行为”。在我国的刑法上，构成要件是形式和实质的统一，符合构成要件的行为在具有违法性的同时，也具有严重的社会危害性，因此，构成行为理论上又称“构成要件的危害行为”。

对于构成行为的概念，我国主要存在两种观点：一种观点认为，构成行为是指构成某种犯罪不可缺少的实行行为①；另一种观点指出，构成行为是指刑事法律规定的犯罪构成客观方面的行为。② 从我国刑法处罚的客观实际看，我国刑法不仅处罚犯罪的实行行为，还处罚犯罪的预备行为以及共同犯罪中的组织行为、教唆行为和帮助行为等非实行行为，这些犯罪的非实行行为之所以受处罚，从法律上看，是因为它们同样符合了我国刑法规定的犯罪构成，因此，共同犯罪中的组织行为、教唆行为和帮助行为也不失为构成行为。在这个意义上，笔者认为，不宜将构成要件的行为仅仅理解为构成犯罪不可缺少的实行行为。

2. 特征

构成行为具有以下重要特征：

（1）法定性。构成行为的法定性，即构成行为的规范性，在现代社会，由于罪刑法定是刑法的根本原则，某种行为之所以构成犯罪，就是因为该行为符合了刑法规定的犯罪构成。在我国，犯罪构成是事实与规范的统一，某种行为之所以能够称为构成行为，就是因为其符合我国刑法规定的犯罪构成。

（2）多元性。无论是在大陆法系，还是在我国，犯罪构成在理论上都被区分为基本的犯罪构成和修正的犯罪构成。基本的犯罪构成是为单独犯的既遂模式设定的，修正的犯罪构成适用于共同犯罪以及犯罪的停止形态，需要结合刑法总则和分则来规定。既然犯罪构成被区分为基本的犯罪构成和修正的犯罪构成的观念在刑法理论上已被广泛接受，那么，构成行为自然也可分为基本构成行为和修正构成行为。我国刑法分则规定的实行行为属于基本构成行为，而刑法总则规定的预备行为以及共同犯罪中的组织行为、教唆行为和帮助行为属于修正构成行为。

（3）独立性。在我国，犯罪构成是认定犯罪的唯一依据，只

---

① 参见马克昌主编:《犯罪通论》,武汉大学出版社 1999 年版,第 180 页。

② 参见吴振兴著：《罪数形态论》，中国检察出版社 1994 年版，第 22 页。

要某种行为符合了犯罪构成，就可以认定为成立犯罪或成立特定形态的犯罪，换句话说，行为是否具有犯罪性以及犯罪类型属性评价的基础是犯罪构成，而不再依赖其他事物。

（二）实行行为与构成行为的关系

实行行为与构成要件行为的关系，因各国犯罪论体系的不同也各异。在德、日采取构成要件符合性、违法性、有责性的犯罪论体系中，由于构成要件被认为是抽象、定型的判断，因此，符合构成要件的行为并不一定具有法益侵害的现实危险，所以，也不一定属于犯罪的实行行为。在我国，犯罪构成是形式与实质的统一，只有具有严重社会危害性的行为才能被认为是符合构成要件的。具体来看，我国实行行为与构成行为的关系如下：

1. 实行行为都是构成行为。在我国，实行行为为我国刑法分则规定，是符合刑法分则规定的基本犯罪构成的行为，属于构成行为的具体类型。

2. 实行行为只是构成行为的基本类型之一。我国的犯罪构成分为基本的犯罪构成和修正的犯罪构成，实行行为符合的是基本的犯罪构成，而预备行为、组织行为、教唆行为、帮助行为等犯罪的非实行行为也是符合犯罪构成的行为，只是符合的是修正的犯罪构成，所以，实行行为和构成行为的内涵和外延并不相同，实行行为只是构成行为的类型之一，是构成行为的主要部分，二者是种与属的关系。

二、实行行为与正犯

（一）关于正犯

1. 正犯的观念

在大陆法系，特别是德、日刑法中，正犯有广义和狭义之分。[1] 狭义的正犯仅指单独正犯，由于德、日刑法理论认为，刑法

① 参见郭君勋著：《案例刑法总论》，台湾三民书局1988年版，第419页。

分则及其他刑罚法规各条文所规定的构成要件，主要是以单独正犯（除必要共犯外）的既遂模式建立的，因此，行为人单独实施刑法分则规定的构成要件的行为时，即成立狭义的正犯。广义正犯认为正犯除单独正犯外，还包括二人以上共同实现刑法分则规定构成要件行为的共同正犯。

正犯的概念除了有狭义正犯和广义正犯的区分外，德、日刑法理论中还存在“限制的正犯”与“扩张的正犯”的对立。

“限制的正犯”概念原为德国学者迈耶（M. E. Mayer）所创，① 主张刑法分则各条文规定的行为为正犯所设，行为人只有自己实现构成要件行为时，才成立正犯，非自己实现构成要件行为的，则不成立正犯。按照限制正犯概念，正犯行为的范围甚为狭窄，只包括刑法分则各条文所规定的构成要件的行为，教唆犯和从犯的教唆行为与帮助行为，以及犯罪的预备行为都被排除在正犯行为之外。由于罪刑法定主义的要求，任何行为的处罚必须存在刑法上的依据，教唆行为和帮助行为由于不是构成要件行为，所以除刑法有特别规定外，不得进行处罚。为了处罚教唆行为和帮助行为，刑法特别设立共犯一章。因此，刑法关于共犯规定，实为刑罚扩张原因，亦即本来只是适用于正犯之刑罚法规，将其扩张适用于非正犯行为的处罚。所以在刑法理论上“限制的正犯”概念又被称为是“刑罚的扩张事由”。

“扩张的正犯”概念认为刑法分则及其他刑罚法规所规定的构成要件，并非仅适用于正犯，教唆犯和帮助犯也同样适用。正犯的范围不仅仅局限于自己实行构成要件行为的人，凡对法益侵害的结果给予任何条件，不论直接或间接，积极或消极，也不论是帮助或教唆，皆成立正犯。由于在扩张正犯的概念中，正犯的范围甚为宽广，为了限制正犯的范围，刑法对于本应属于正犯者特设以教唆、帮助等共犯规定，所以，刑法上有关共犯的规定实际上限制了正犯

---

① 参见郭君勋著：《案例刑法总论》，台湾三民书局 1988 年版，第 422 页。

的处罚范围，故理论上又称其为“刑罚缩小原因”。

在现代刑法学中，由于“扩张的正犯”概念往往与主观主义共犯论联系在一起，① 而且与现行刑法主要以客观描述和限制构成要件组成的结构原理相互矛盾，② 难以有效实现构成要件的限定机能，所以，德、日等大陆法系各国多是采用“限制的正犯”概念。在我国传统的刑法理论上，虽然不存在“限制正犯概念”和“扩张正犯概念”的称谓，但由于刑法分则所规定的各种犯罪也都是以单独犯（除必要共犯外）的既遂形态为模式，单独犯符合的是刑法规定的基本构成要件，组织犯、共同正犯、教唆犯、帮助犯被认为符合的是修正的构成要件，因此，我国实际上也采纳的是“限制的正犯”概念的体例。

2. 正犯的概念

正犯在大陆法系许多国家的刑法典中都有明确规定，是一个法定的概念。长期以来，学者们对正犯的定义多是以刑法典的规定展开的，争议并不大。在德国，学者耶赛克以刑法典第 25 条规定为依据写道：“正犯是自己实现了全部构成要件要素的人。”③根据这一定义，我们可以看出，耶赛克教授对正犯的概念的表述具有以下两个鲜明特征：其一，耶赛克教授对正犯的概念是在行为人形态意义上使用的；其二，耶赛克教授强调正犯必须是自己实现全部构成要件，这种定义实际上是针对单独正犯而言的，并未能充分涵盖正犯的其他类型。

在日本，很多学者也同样是在行为人形态意义上使用正犯的概念，对正犯概念的界定也同样是围绕着刑法的规定展开的，如大谷

① 参见［德］汉斯·海因里希·耶赛克，托马斯·魏特根著，徐久生译：《德国刑法教科书》（总论），中国法制出版社 2001 年版，第 785 页。

② 参见［德］汉斯·海因里希·耶赛克，托马斯·魏特根著，徐久生译：《德国刑法教科书》（总论），中国法制出版社 2001 年版，第 786 页。

③ 参见［德］汉斯·海因里希·耶赛克、托马斯·魏特根著，徐久生译：《德国刑法教科书》（总论），中国法制出版社 2001 年版，第 876 页。

实教授指出："所谓正犯，是出于亲自实现构成要件的意思，实施具有实现构成要件的现实危险的行为人。"并分析道："亲自直接实现犯罪的是直接正犯；把他人作为道具加以利用，以在法律上可以评价为就像是自己亲自动手实施犯罪一样的形态来实施犯罪的，是间接正犯。"①

我国刑法中的正犯并非是一个法定概念，但理论上对正犯概念的认识却相当一致。学者们几乎一致认为："正犯，指实行刑法分则规定的构成要件行为的犯罪人。"②根据通说的定义，我国的正犯也是在行为人形态意义上使用，并且成立我国刑法中的正犯必须以实施刑法分则规定的构成要件行为为前提。

3. 正犯的形态

正犯可以根据不同标准，进行不同的形态划分。

（1）根据行为人是否直接实行刑法分则规定的构成要件的行为，正犯可以分为直接正犯和间接正犯。

直接正犯是指行为人直接实行刑法分则规定的构成要件的行为的情况。直接正犯既可以是单独直接正犯，也可以是共同犯罪中的直接正犯。在我国刑法理论上，由于通说认为刑法分则主要是以单独（直接）正犯的既遂为模式建立的，当一人实现刑法分则规定的构成要件行为时，就成立直接正犯，如甲一人单独故意开枪杀害了乙，甲即为故意杀人罪的单独直接正犯。共同犯罪中的直接正犯如甲教唆乙实施盗窃罪，乙就是盗窃罪共同犯罪中的直接正犯。所谓间接正犯，是指利用他人为工具实施犯罪的情形。如甲教唆12周岁的乙实施盗窃，或意图杀人的医生，利用护士的不知情，将毒药给病人注射致病人死亡的案件均属之。

（2）根据正犯者数量的单复和正犯者之间有无意思联络，正

① ［日］大谷实著，黎宏译：《刑法总论》，法律出版社2003年版，第299—300页。

② 陈兴良著：《本体刑法学》，商务印书馆2001年版，第520页。

犯可具体分为单独正犯、同时正犯和共同正犯。①

所谓同时正犯，即同时犯，我国台湾学者林山田教授又称其为平行正犯②，是指二人以上的行为者没有共同实行犯罪的意思联络，同时或在近乎同时对同一目标实行同一犯罪的情形。如甲、乙二人与丙素有积怨，在没有意思联络的情况下，同时对丙开枪射击，导致丙的死亡。同时犯是介于单独正犯与共同正犯之间的一种中间形态。同时犯与单独犯的区别在于行为主体的单复，成立同时犯需要两个以上行为人。就同时犯的主观方面而言，同时实施犯罪行为的人主观上既可能都是故意，也可能都是过失，还可能是一部分行为人主观上是故意，另一部分行为人主观上是过失。同时犯在本质上实际是单独正犯在实施犯罪时间上的竞合，属于单独犯罪的范畴，各个行为人只需要对各自的行为承担刑事责任。

所谓共同正犯是指二人以上共同实行犯罪的情况。具体来说，二人以上基于犯罪的意思联络，形成一个有机的犯罪共同体，各个行为人的行为互相加功、互相利用、互相补充，共同实施犯罪。共同正犯的成立在主体上需要二人以上，这一点与单独犯相区别；在主观方面需要行为人之间存在犯罪的意思联络，这又与同时犯不同。在共同正犯场合，由于各行为人存在主观上共同实行犯罪的意思，客观上实施了犯罪的实行行为，因此，各个行为人应当对整个犯罪承担共同犯罪的责任。

（3）根据正犯的主观罪过形式，正犯可以分为故意正犯与过失正犯。

故意正犯是指行为人基于犯罪的故意实施刑法分则规定构成要件行为的情况。由于现代刑法以处罚故意犯为原则，以处罚过失犯为例外，因此，刑法分则规定的大部分犯罪都是故意正犯。其中，

① 参见［日］大塚仁著，冯军译：《刑法概说》（总论），中国人民大学出版社2003年版，第236页。

② 参见林山田著：《刑法通论》（下册），台大法学院图书部2006年版，第68页。

一行为人单独故意实行犯罪的，是单独故意正犯，二人以上共同故意实行犯罪的，则是共同故意正犯，即共同正犯。过失正犯是指行为人基于犯罪的过失实施刑法分则规定构成要件行为的情况。由于刑法对过失犯的处罚以刑法的明文规定为限，因此，成立过失的正犯，必须以有刑法的明确规定为前提。过失正犯也有单独的过失正犯与共同过失正犯的分类。当一人基于犯罪的过失实施刑法分则规定构成要件行为时，为单独的过失正犯；二人以上违反了共同注意义务，实现刑法分则规定构成要件的，属于过失的共同正犯。

除了上述传统的分类外，晚近一个时期，关于正犯，在德、日刑法理论和实践中又出现了一种新的类型，即“正犯后正犯”。根据我国台湾学者的理解，德国“正犯后正犯”的概念主要包括以下四种情形：(1) 利用所谓“层级上构成要件错误”。如甲引诱并假装对乙说：丙之古董花瓶系仿制品，毁损它。据此，乙毁损自认为“无价值”的丙物；但如甲所知悉的，丙物系属真品。(2) 利用所谓“对人或对物之错误”或“利用他人之犯罪决意”。如：甲知悉乙具有杀害丙的意图。甲为早日除掉事业上的竞争伙伴丁，乃设计丁前往行凶地点。乙在误认为丁是丙的情况下，结果丁为乙所杀。(3) 利用所谓“组织支配”；(4) 误导或利用对于“加重构成要件错误”。如甲为引诱乙对丙的房屋实施纵火，对乙佯称道：丙屋系属不吉祥之空屋。乙据此烧毁了丙的房屋，但如甲所设计、知悉的那样，丙屋系现供人居住之住宅。①

犯罪是一种社会现象，更是一种法律现象，提出何种刑法概念总是离不开一国的立法实际。在德国，由于其刑事立法没有如我国刑法规定的组织犯的概念，加之学者们对间接正犯的解释与我国也存在差别，因此，提出正犯后正犯的概念以避免处罚漏洞的出现应当说是必要的。但在我国，对于德国学者提出的属于正犯后正犯的情形完全可以通过组织犯、间接正犯以及刑法的错误的理论予以圆

---

① 参见黄常仁著：《间接正犯与正犯后正犯》，台湾汉兴书局有限公司1998年版，第107—129页。

满解决，因此，并没有承认“正犯后正犯”概念的必要。

（二）实行行为与正犯的关系

如上所述，正犯包括多种具体形态，因此，实行行为与正犯的关系需要分别考虑正犯的不同形态。但一般而言，实行行为与正犯的关系可以从以下三个层次理解：

1. 正犯必须以实施实行行为为必要。无论是我国还是在大陆法系，实行行为是正犯成立的核心要素，没有实行行为的存在，行为人一般不成立正犯。比如行为人欲成立盗窃罪的正犯，必须实施了刑法分则规定的秘密窃取财物的行为；行为人欲成立强奸罪，必须实施了刑法分则规定的强制性交的行为。尚未着手实行犯罪的预备行为以及实施的不是刑法分则规定行为的教唆行为和帮助行为，都不成立正犯。

2. 虽然强调正犯必须以实施实行行为为必要，但实施实行行为并不都要求行为人在事实上亲自动手实施实行行为，只要能够在法律上评价为亲自实施实行行为即可。在单独正犯的情况下，由于犯罪是行为人单个人完成的，因此，欲成立正犯，必须要求行为人亲自实施了实行行为。但在间接正犯以及共同正犯的场合，成立正犯并不要求行为人亲自动手。行为人以他人为工具实现刑法分则规定的构成要件行为时，仍然是（间接）正犯，如行为人甲利用12岁孩童乙实施盗窃，虽然甲未亲自实施盗窃罪，但仍然应当成立盗窃罪的正犯；此外，在二人以上共同实行犯罪的共同正犯的场合，即使其中一个行为人未亲自动手实施实行行为，也有可能评价为正犯。

3. 面对当前德、日刑法出现的正犯概念实质化的倾向，固然实施实行行为的是正犯，即使没有实施实行行为的，而是实施了犯罪的组织、领导、策划等对法益侵害具有支配作用的行为时仍然应当被评价为正犯。在德、日，基于社会实践需要而导致的正犯概念的实质化，为实行行为概念和正犯的概念带来了值得关注的新变化。

主要参考文献

一、中文文献

1. 马克昌著：《比较刑法原理——外国刑法学总论》，武汉大学出版社 2002 年版。
2. 马克昌主编：《犯罪通论》，武汉大学出版社 1999 年版。
3. 马克昌、吕继贵、杨春洗主编：《刑法学全书》，上海科学技术文献出版社 1993 年版。
4. 马克昌主编：《近代西方刑法学说史略》，中国检察出版社 1996 年版。
5. 马克昌、莫洪宪主编：《中日共同犯罪比较研究》，武汉大学出版社 2003 年版。
6. 高铭暄、马克昌主编：《中国刑法解释》（上卷）、（下卷），中国社会科学出版社 2005 年版。
7. 高铭暄、马克昌主编：《刑法学》（上），中国法制出版社 1999 年版。
8. 高铭暄、马克昌主编：《刑法学》，北京大学出版社、高等教育出版社 2000 年版 。
9. 高铭暄主编：《刑法学》，法律出版社 1982 年版。
10. 高铭暄：《刑法总论精义》，天津人民出版社 1986 年版。
11. 高铭暄主编：《中国刑法学》，中国人民大学出版社 1989 年版。
12. 王作富主编：《中国刑法适用》，中国人民公安大学出版社 1987 年版。

13. 赵秉志著:《犯罪未遂的理论与实践》,中国人民大学出版社 1987 年版。
14. 赵秉志著:《犯罪主体论》,中国人民大学出版社 1989 年版。
15. 赵秉志主编:《香港刑法纲要》,北京大学出版社 1996 年版。
16. 赵秉志主编:《刑法争议问题研究》(上卷),河南人民出版社 1996 年版。
17. 赵秉志主编: 《刑法总论问题研究》,中国法制出版社 1996 年版。
18. 赵秉志、吴振兴主编:《刑法学通论》,高等教育出版社 1993 年版。
19. 赵秉志主编:《海峡两岸刑法总则比较研究》,中国人民法学出版社 1998 年版。
20. 赵秉志主编:《犯罪总论问题探索》,法律出版社 2003 年版。
21. 林亚刚著:《犯罪过失研究》,武汉大学出版社 2000 年版。
22. 朱华荣、莫洪宪主编:《各国刑法比较研究》,武汉出版社 1995 年版。
23. 陈兴良著:《本体刑法学》,商务印书馆 2001 年版。
24. 陈兴良著:《刑法适用总论》(上卷),法律出版社 1999 年版。
25. 陈兴良著:《刑法哲学》,中国政法大学出版社 1996 年版。
26. 陈兴良著:《共同犯罪论》,中国社会科学出版社 1992 年版。
27. 张明楷著:《未遂犯论》,法律出版社、成文堂 1997 年版。
28. 张明楷著:《法益初论》,中国政法大学出版社 2000 年版。
29. 张明楷著:《外国刑法纲要》,清华大学出版社 1999 年版。
30. 张明楷著:《刑法格言的展开》,法律出版社 2003 年版。
31. 张明楷著: 《刑法的基本立场》,中国法制出版社 2002

年版。
32. 张明楷著:《犯罪论原理》，武汉大学出版社 1991 年版。
33. 张明楷著:《刑法学》，法律出版社 2003 年版。
34. 杨春洗主编:《刑法总论》，北京大学出版社 1981 年版。
35. 储槐植著:《美国刑法》，北京大学出版社 1996 年版。
36. 熊选国著:《刑法中行为论》，人民法院出版社 1992 年版。
37. 吴振兴著:《罪数形态论》，中国检察出版社 1994 年版。
38. 吴振兴主编:《犯罪形态研究精要》Ⅰ、Ⅱ，法律出版社 2005 年版。
39. 李洁著:《犯罪既遂形态研究》，吉林大学出版社 1999 年版。
40. 姜伟著:《犯罪形态通论》，法律出版社 1994 年版。
41. 黎宏著:《日本刑法精义》，中国检察出版社 2004 年版。
42. 黎宏著:《不作为犯研究》，武汉大学出版社 1997 年版。
43. 肖中华著:《侵犯公民人身权利罪》，中国人民公安大学出版社 1998 年版。
44. 刘凌梅著:《帮助犯研究》，武汉大学出版社 2003 年版。
45. 陈家林著:《共同正犯研究》，武汉大学出版社 2004 年版。
46. 林维著:《间接正犯研究》，中国政法大学出版社 1997 年版。
47. 范德繁著:《犯罪实行行为论》，中国检察出版社 2005 年版。
48. 阴建峰、周加海主编:《共同犯罪适用中疑难问题研究》，吉林人民出版社 2001 年版。
49. 徐文崇著:《论刑法的原因自由行为》，北京大学出版社 2006 年版。
50. 陈子平著:《刑法总论》(上)，元照出版有限公司 2005 年版。
51. 陈子平著:《刑法总论》(下)，元照出版有限公司 2006 年版。

52. 韩忠谟著:《刑法原理》，中国政法大学出版社 2002 年版。
53. 韩忠谟著：《刑法原理》，台湾雨林美术印刷有限公司 1986 年版。
54. 高仰止著:《刑法总论理论与实用》，台湾五南图书出版公司 1986 年版。
55. 洪福增著:《刑法理论之基础》，台湾刑事法杂志社 1978 年版。
56. 洪福增著:《刑法判例研究》，台湾汉林出版社 1983 年版。
57. 苏俊雄著:《刑法总论Ⅱ 犯罪总论》，台大法学院图书部 1997 年版。
58. 林山田著:《刑法通论》（上册）（下册），台大法学院图书部 2006 年增订九版。
59. 林山田著:《刑事法论丛（一)》，台大法学院图书部 1997 年版。
60. 林山田著:《刑事法论丛（二)》，台大法学院图书部 1997 年版。
61. 林山田、许泽天著:《刑法要论》，台湾元照出版有限公司 2006 年版。
62. 林山田教授退休祝贺论文编辑委员会编辑：《战斗的法律人》，台湾元照出版有限公司 2004 年版。
63. 甘添贵著:《刑法总论讲义》，台湾瑞兴图书股份有限公司 1992 年版。
64. 甘添贵著：《刑法的重要理念》，台湾瑞兴股份有限公司 1996 年版。
65. 蔡墩铭著:《刑法总则争议问题研究》，台湾五南图书出版公司 1976 年版。
66. 蔡墩铭:《犯罪心理学》（下），台湾黎明文化事业股份有限公司 1979 年版。
67. 蔡墩铭主编:《刑法争议问题研究》，台湾五南图书出版公司 1998 年版。

68. 张丽卿著：《探索刑法》，台湾神州图书出版有限公司2003年版。
69. 柯耀程著：《变动中的刑法思想》，中国政法大学出版社2003年版。
70. 柯耀程著：《刑法总论释义修正法篇》（上）（下），台湾元照出版有限公司2005年版。
71. 黄荣坚著：《基础刑法学》（上）、（下），台湾元照出版有限公司2003年版。
72. 黄荣坚著：《基础刑法学》（上）、（下），台湾元照出版有限公司2006年版。
73. 郭君勋著：《案例刑法总论》，台湾三民书局1988年版。
74. 沈鸿年著：《刑法上预备罪》，台湾中国文化大学出版部1986年版。
75. 甘添贵教授祝寿论文集编辑委员会：《刑事法之理想与探索》（第一卷），台湾学林文化事业有限公司2002年版。
76. 陈弘毅著：《刑法总论》，台湾鼎茂图书出版公司1998年版。
77. 林东茂著：《刑法综览》，台湾学林文化事业有限公司2003年版。
78. 陈子平著：《共同正犯与共犯论——继受日本之轨迹及其变迁》，台湾五南图书出版公司2001年版。
79. 许玉秀主编：《学林分科六法——刑法》，台湾学林文化事业有限公司2000年版。
80. 许玉秀著：《主观与客观之间》，台湾春风煦日论坛1997年版。
81. 黄仲夫著：《刑法精义》，台湾五南图书出版有限公司2002年版。
82. 黄东熊著：《刑法概要》，台湾三民书局1998年版。
83. 黄常仁著：《刑法总论》，台湾汉兴出版有限公司1995年版。

84. 黄常仁著:《间接正犯与正犯后正犯》,台湾汉兴书局有限公司 1998 年版。
85. 林钰雄著:《新刑法总则》,台湾元照出版有限公司 2006 年版。
86. 余振华著:《刑法深思·深思刑法》,台湾元照出版有限公司 2005 年版。
87. 台湾刑事法学会:《二〇〇五年刑法总则修正之介绍与评析》,台湾元照出版有限公司 2005 年版。
88. [日] 福田平、大塚仁编,李乔等译:《刑法总论讲义》,辽宁人们出版社 1986 年版。
89. [日] 木村龟二主编,顾肖荣等译:《刑法学词典》,上海翻译出版公司 1991 年版。
90. [日] 西原春夫主编,金光旭等译:《日本刑事法的重要问题》(第二卷),法律出版社、成文堂 2000 年版。
91. [日] 大塚仁著,冯军译:《犯罪论的基本问题》,中国政法大学出版社 1993 年版。
92. [日] 大塚仁著,冯军译:《刑法概说》(总论),中国人民大学出版社 2003 年版。
93. [日] 西原春夫著,戴波、江溯译:《实行行为论》,北京大学出版社 2006 年版。
94. [日] 大谷实著,黎宏译:《刑法总论》,法律出版社 2003 年版。
95. [日] 小野清一郎著,王泰译:《犯罪构成要件理论》,中国人民公安大学出版社 2004 年版。
96. [日] 川端博著,余振华译:《刑法总论二十五讲》,中国政法大学出版社 2003 年版。
97. [日] 日高义博著,王树平译:《不作为犯的理论》,中国人民公安大学出版社 1992 年版。
98. [日] 曾根威彦著,黎宏译:《刑法学基础》,法律出版社 2005 年版。

99. [日] 野村稔著，全理其、何力译：《刑法总论》，法律出版社 2001 年版。
100. [德] 李斯特著，徐久生译：《德国刑法教科书》，法律出版社 2000 年版。
101. [德] 汉斯·海因里希·耶赛克、托马斯·魏特根著，徐久生译：《德国刑法教科书》，中国法制出版社 2001 年版。
102. [德] 克劳斯·罗克辛著，王世洲译：《德国刑法学（总论）》，法律出版社 2005 年版。
103. [韩] 李在祥著，韩相敦译：《韩国刑法总论》，中国人民大学出版社 2005 年版。
104. [法] 卡斯东·斯特法尼等著，罗结珍译：《法国刑法总论精义》，中国政法大学出版社 1998 年版。
105. [意] 杜里奥·帕多瓦尼著，陈忠林译：《意大利刑法原理》，法律出版社 1998 年版。
106. [英] J·C·史密斯、B·霍根著，赵秉志等译：《英国刑法》法律出版社 2000 年版。
107. [美] 迈克尔·D·贝勒斯著，张文显等译：《法律的原则——一个规范的分析》，中国大百科全书出版社 1996 年版。
108. [美] 约翰·罗尔斯著，何怀宏等译：《正义论》，中国社会科学出版社 1988 年版。

二、外文文献

1. [日] 西原春夫著：《实行行为论》，成文堂 1998 年版。
2. [日] 黑木忍著：《实行的着手》，信山社 1998 年版。
3. [日] 木村龟二著、阿部纯二增补：《刑法总论》，有斐阁 1978 年版。
4. [日] 西原春夫等编：《判例刑法研究 未遂·共犯·罪数》，有斐阁 1981 年版。

5. ［日］西原春夫著：《刑法总论》（上卷），成文堂 1993 年改订版。
6. ［日］西原春夫著：《刑法总论》（下卷），成文堂 1993 年改订准备版。
7. ［日］团藤重光著：《刑法纲要总论》，创文社 1990 年版。
8. ［日］牧野英一著：《日本刑法上卷》，有斐阁 1937 年版。
9. ［日］黑木忍著：《中止未遂的诸问题》，信山社 1989 年版。
10. ［日］宫本英修著：《刑法大纲》，弘文堂 1935 年版。
11. ［日］前田雅英著：《刑法总论讲义》，东京大学出版会 1998 年版。
12. ［日］川端博著：《刑法总论讲义》，成文堂 1997 年版。
13. ［日］中山研一著：《刑法总论》，成文堂 1982 年版。
14. ［日］前田雅英著：《刑法总论讲义》，东京大学出版会 1998 年版。
15. ［日］中山研一、西原春夫等编：《现代刑法讲座》（第 3 卷），成文堂 1982 年版。
16. ［日］阿部纯二等编：《刑法基本讲座》（第 2 卷），法学书院 1994 年版。
17. ［日］平野龙一著：《刑法总论Ⅱ》，有斐阁 1975 年版。
18. ［日］曾根威彦著：《刑法中的实行·危险·错误》，成文堂 1991 年版。
19. ［日］植松正、川端博等著：《现代刑法论争Ⅰ》，劲草书房 1983 年版。
20. ［日］堀内捷三著：《不作为犯论》，青林书院新社 1978 年版。
21. ［日］内藤谦著：《刑法讲义总论》（上），有斐阁 1983 年版。
22. ［日］山中敬一著：《刑法总论》Ⅰ、Ⅱ，成文堂 1999 年版。

23. [日] 植松正著:《刑法概论 I 总论》(再订版), 劲草书房 1974 年版。
24. [日] 福田平、大塚仁著:《对谈刑法总论》(上), 有斐阁 1986 年版。
25. [日] 佐久间修著:《刑法讲义总论》, 成文堂 2000 年版。
26. [日] 佐佐木养二著:《共犯论序说》, 南窗社 1990 年版。
27. [日] 高桥则夫著:《共犯体系与共犯理论》, 成文堂 1988 年版。

三、论文资料

1. 马克昌著:《关于共犯的比较研究》, 载于高铭暄、赵秉志主编:《刑法论丛》(第三卷), 法律出版社 1999 年版。
2. 储槐植:《三论第三种犯罪行为形式“持有”》, 载《中外法学》1999 年第 5 期。
3. 赵秉志:《关于我国生理醉酒人刑事责任问题的研讨》, 载《法学研究》1989 年第 1 期。
4. 林亚刚:《共同正犯相关问题研究》, 载《法律科学》2000 年第 2 期。
5. 林亚刚:《对犯罪既遂标准通说观点的辩护》, 载刘明祥主编:《马克昌教授八十华诞祝贺文集》, 中国方正出版社 2005 年版。
6. 林亚刚:《共谋共同正犯研究》, 载《法学评论》2001 年第 4 期。
7. 林亚刚:《犯罪预备与犯意表示、阴谋犯》载《国家检察官学院学报》2003 年第 4 期。
8. 莫洪宪、叶小琴:《不宜借鉴原因自由行为来完善我国刑法》, 载《河南省政法管理干部学院学报》2004 年第 1 期。
9. 张明楷:《教唆犯不是共犯人中的独立种类》, 载《法学研究》1986 年第 3 期。
10. 张明楷:《“客观超过要素”概念之提倡》, 载《法学研究》1999 年第 3 期。
11. 张明楷：《论不作为的杀人罪》，载陈兴良主编：《刑事法评论》（第 3 卷），中国政法大学出版社 1997 年版。
12. 黎宏：《论未遂犯的成立要件》，载《云南大学学报》（法学版）2004 年第 2 期。
13. 黎宏：《刑法中的危险及其判断》，载《法商研究》2004 年第 4 期。
14. 陈家林：《论实行行为的着手》，载刘明祥主编：《马克昌教授八十华诞祝贺文集》，中国方正出版社 2005 年版。
15. 段立文：《犯罪既遂与未遂的宏观研究》，载《法律科学》1996 年第 5 期。
16. 刘之雄：《关于故意犯罪既遂标准的再思考》，载《法商研究》1998 年第 6 期。
17. 张波：《刑法学的若干基本理论探讨》，载《现代法学》2004 年第 6 期。
18. 叶良芳、荣俊德：《论刑法中持有行为的归属》，载《人民检察》1999 年第 2 期。
19. 李晓龙、李成：《论不纯正不作为犯的等价性》，载《法律科学》2002 年第 2 期。
20. 刘士心：《不纯正不作为犯的等价性问题研究》，载《法商研究》2004 年第 3 期。
21. 杨建军：《不纯正不作为犯的等值性》，载《河南师范大学学报》（哲学社会科学版）2005 年第 4 期。
22. 苏彩霞：《论不真正不作为犯的作为义务来源》，载《政法论丛》2000 年第 1 期。
23. 朴宗根、高荣云：《论间接正犯》，载《延边大学学报》（哲学社会科学版）2003 年第 4 期。
24. 何庆仁：《原因自由行为理论的困境与诠释》，载《中国刑事法杂志》2002 年第 2 期。
25. 徐文崇：《原因自由行为立法例概述》，载《环球法律评论》2003 年夏季号。
26. 王充：《日本刑法中的原因自由行为理论》，载《法商研究》2004 年第 2 期。
27. 马松健、陈庆安：《原因自由行为的理论出路》，载《河南公安高等专科学校学报》2003 年第 4 期。
28. 邓定一：《共谋而未实行，不构成共同犯罪吗?》，载《法学》1984 年第 6 期。
29. 王明辉：《复行为犯若干问题探讨》，载吴振兴主编：《犯罪形态研究精要》Ⅰ，法律出版社 2005 年版。
30. 赵瑞罡、张雪花：《复行为犯的着手问题》，载《法学论坛》2002 年第 6 期。
31. 吴振兴：《刑法中的复合行为》，载《法学》1992 年第 11 期。
32. 刘晓安、刘凌云：《论刑法上的复杂危害行为》，载《法学评论》1994 年第 4 期。
33. 洪福增：《共同正犯与从犯之区别》，载刁荣华主编：《最高法院判例研究》（下），台湾汉林出版社 1983 年版。
34. 陈子平：《从共犯规定论正犯与从犯之区别》，载蔡墩铭主编：《刑法争议问题研究》，台湾五南图书出版公司 1998 年版。
35. 卢军杰：《原因自由行为之可罚性基础及适用问题》，台湾大学法学研究所 1990 级硕士论文。
36. 蔡墩铭：《共犯立法之变迁》，载蔡墩铭著：《现代刑法思想与刑事立法》，台湾汉林出版社 1977 年版。
37. 甘添贵：《共同正犯之客观行为》，载《月旦法学杂志》第 12 期。
38. 许玉秀：《论西德刑法上保证人地位之实质化运动》，载许玉秀著：《主观与客观之间》，台湾春风煦日论坛 1997 年版。
39. 冯军：《论“原因中自由的行为”》，载林永谋等编：《法治国之刑事立法与司法——洪福增律师八十五寿辰祝贺论文集》，台湾春风煦日论坛 1999 年版。
40. 郑善印：《犯罪之着手》，载蔡墩铭主编：《刑法争议问题研究》，台湾五南图书出版公司 1998 年版。
41. 黄荣坚：《不能犯》，载蔡墩铭主编：《刑法争议问题研究,》台湾五南图书出版公司 1998 年版。
42. 尹章华：《试论犯罪行为态样（方法与手段）之法理结构——兼论原因自由行为之法理比较》，载台湾《法律评论》第 60 卷第 6 期。
43. 黄惠婷：《预备行为与未遂行为之区别》，载《月旦法学杂志》第 108 期。
44. ［日］川端博：《正犯与共犯的区分标准》，载《现代刑事法》1999 年第 2 期。
45. ［日］大谷实：《日本刑法中正犯与共犯的区别》，载《法学评论》2002 年第 6 期。
46. ［日］高桥则夫：《间接正犯》，载马克昌、莫洪宪主编：《中日共同犯罪比较研究》，武汉大学出版社 2003 年版。
47. ［日］泷川幸辰著：《犯罪论序说》（下），王泰译，载高铭暄、赵秉志主编：《刑法论丛》（第 4 卷），法律出版社 2000 年版。
48. ［日］板仓宏、铃木裕文：《实行的着手》，载［日］阿部纯二等编：《刑法基本讲座 未遂、共犯、罪数论》（第 4 卷），法学书院 1992 年版。
49. ［日］团藤重光：《自招的精神障害》，载［日］鸭良弼等编：《松植博士还历祝贺·刑法和科学·法律编》，有斐阁 1971 年版。
50. ［日］佐久间修：《故意责任和原因中的自由行为》，载《现代刑事法》1999 年第 8 期。
51. ［日］平川宗信：《原因中的自由行为——否定说和立法

解决的提案》，载《现代刑事法》2000 年第 12 期。
52. [日] 井田良：《未遂犯和实行的着手》，载《现代刑事法》2000 年第 12 期。

后　记

2006年，对我来说是喜庆之年。喜事有三：其一，三月的和煦春风迎来了我女儿“何煦”的诞生，从此，我将拥有一个幸福的三口之家。其二，经过了四个多月的艰苦思索，终于完成了博士论文的写作，并顺利通过答辩，获得了我多年来一直孜孜以求的博士学位。其三，我被北京师范大学刑事法律科学研究院批准，有幸师从著名刑法学家赵秉志教授从事博士后研究工作。

本书是在我的同名博士论文《实行行为研究》的基础上修改而成的。随着本书的付梓出版，我的学生生活将成为一段美好的回忆。珞珈山上度过的10年，对我来说，是脱胎换骨的10年，是充满亲情、友情的10年。在学业上，因为有了老师们的教导，我慢慢地懂得并初步掌握了独立思考的科学精神；在生活上因为有了老师、朋友和同学们的帮助，使我体会到了生活的快乐与意义。回首过去温馨的10年学生生活，我必须感谢为我的成长付出辛勤劳动的老师、朋友及家人们！

特别感谢师祖马先生。作为我国刑法学界的泰山北斗，马先生在我国法学界享有盛誉。6年前，出于对刑法学的热爱和对马先生的景仰，毅然放弃了保研的机会报考了刑法学专业。在过去的6年中，有幸多次聆听马先生的教诲，亲身目睹大师的风采。特别是在我攻读博士学位的3年间，曾多次登门向马先生请教，马先生不仅耐心地为我解答学术之惑，勉励我勤学上进，而且每次都语重心长地教诲我要重为人之道、为学之道，教育我作为法律学人，必须心存是非观念。马先生的谆谆教诲使我受益匪浅，不仅为我指明了做人的方向，也坚定了我从事学术研究的信心。

特别感谢导师林亚刚教授和师娘姚绯绯女士。林亚刚教授是我硕士和博士导师，我的成长倾注了导师的大量心血。6 年来，导师一直对我严格要求、悉心指导，无数次给我以教诲，把我引入刑法学研究之路。导师渊博的学识和淡泊名利、坦荡宽厚的人格，潜移默化地给我以深深的影响。博士论文的完成也得益于导师的精当指点，从论文选题直至定稿都凝聚着导师的心血。特别是在初稿提交之时，正值导师父亲仙逝，在百忙之中，导师仍然给我论文以细心批阅、指导，纠正了论文很多错讹之处。师娘姚绯绯女士为人豁达，待我如己所出，生活上给予我无微不至的关心和爱护，使我远离家乡仍然能够享受到母爱的温暖。

特别感谢莫洪宪教授和哲学系徐水生教授。虽然在形式上我不是莫老师指导的研究生，但莫老师从不把我当“外人”。6 年来，他们一直关注着我的成长，不仅在学业上，而且在生活上给予了我言之无尽的真诚帮助。毕业在即，莫老师又煞费苦心，和马先生一道极力推荐我到北京师范大学刑事法律科学研究院从事博士后研究，再一次为我创造进一步成长的难得机会。莫老师的帮助重塑着我的人生，是我成长中的贵人。

感谢李希慧教授、刘明祥教授、康均心教授。硕士期间，有幸聆听他们的授课，促成我在刑法学的学习和研究中健康成长。在博士论文开题报告会上，李老师对我的论文大纲和写作思路给予了多方面的指导，使我能够更好的把握了论文写作的脉络。

感谢刘少雄老师对我的帮助、鼓励以及为我提供的成长机会！感谢许发民教授，许老师学识渊博，平易近人，多次给我以指导和鼓励，让我深受启发。皮勇副教授待我如师如友，感谢他多年以来对我的教导和帮助。感谢陈家林副教授和田蒿老师为我的论文写作提供的资料和对我学业的帮助。感谢厦门大学法学院的李兰英师姐，谢谢她不远千里为我寄来的宝贵资料。

特别感谢睢海刚、华丽、陈福强、黄丽、谢超，他们待我情同手足，像亲弟弟一般爱护我、关照我，生活上给我极大的帮助。与他们交往，为我枯燥的学术生活带来了无限的快乐，跟他们相处，使我懂得了很多为人处世的道理。他们是我人生中最真挚、最难得的朋友。

在论文写作的过程中，常常遇到一些难题让我困惑难解，数次与师兄弟们的讨论使我深受启发。谢谢封志晔、胡嘉金、陈珊珊、叶小琴、杜辉、欧阳本祺等给我的启迪。柯泽亚、何帆、赵慧、周娅、张芳英、唐煜枫、雷山漫、谷德近、黎晓方、苏洪水、张忠国、赵辉、谢雄伟、黄旭巍、刘爱军、王树茂、张亚军、胡隽、李娜、邓小刚、王燕飞、李成、张阳、高巍、徐立、王昭振、陈皓、张波、赵波、樊建明、肖本山、刘丁炳、詹红星、黄丽勤、行江、易建国、陈航、李磊、周恒阳、康诚、秦永峰等兄弟姐妹是我多年朝夕相处的同学与朋友，与他们的相处使我体会到了纯洁而温暖的同学之情。

最后，我还要特别感谢我的家人。我的追求与进步虽然使我的家人备感骄傲，但多年的求学生涯却给他们带来了巨大的负担。在中学和本科阶段，由于过度的劳累，母亲终于积劳成疾，不幸于去年身患脑溢血而至今生活仍不能自理，年近八旬的奶奶和我的父亲不仅要从事农业生产，还要照顾母亲的日常生活，每每想到他们，心中总是充满着无限的愧疚与不安。在千里之外，我只能每天祈祝奶奶健康长寿！祝母亲早日康复！

特别感谢我的爱人彩云女士。她贤惠、漂亮、能干、善解人意。多年以来，她独自辛勤的劳动支持我的学业，支撑着我们的家。她无怨无悔，是我生命中的贵人。祝愿她永远健康、漂亮！

感谢岳父、岳母对我的支持，特别是在爱人怀孕、分娩与哺乳这段时期，他们的辛勤劳动使我能够抽身仍然安心地完成学业。

武汉大学出版社积极支持本书的出版，郭园园博士为本书的出版付出了大量的心血，对此，我深表感谢与敬意！

何荣功

2006 年 4 月初记于珞珈山

2007 年 3 月补记于北京师范大学

图书在版编目(CIP)数据

实行行为研究/何荣功著．—武汉：武汉大学出版社，2007.8
武汉大学刑法学博士文库
ISBN 978-7-307-05746-3

Ⅰ.实…　Ⅱ.何…　Ⅲ.刑事犯罪—行为—研究　Ⅳ.D914.04

中国版本图书馆 CIP 数据核字(2007)第 131966 号

责任编辑：郭园园　　责任校对：黄添生　　版式设计：支　笛

出版发行：**武汉大学出版社**　(430072　武昌　珞珈山)
(电子邮件：wdp4@whu.edu.cn 网址：www.wdp.com.cn)
印刷：湖北省通山县九宫印务有限公司
开本：880×1230　1/32　印张：10　字数：273 千字　插页：2
版次：2007 年 8 月第 1 版　　2007 年 8 月第 1 次印刷
ISBN 978-7-307-05746-3/D·749　　定价：17.00 元